政府质量奖
管理模式编写指南

刘天峰 吴竹南 杨全敏 孙良泉 编著

机械工业出版社
China Machine Press

图书在版编目（CIP）数据

政府质量奖管理模式编写指南 / 刘天峰等编著. --北京：机械工业出版社，2022.3
ISBN 978-7-111-70303-7

Ⅰ.①政… Ⅱ.①刘… Ⅲ.①企业管理 – 质量管理 – 奖励制度 – 中国 – 指南
Ⅳ.①F279.23-62

中国版本图书馆CIP数据核字（2022）第039398号

政府质量奖管理模式编写指南

出版发行：机械工业出版社（北京市西城区百万庄大街22号　邮政编码：100037）	
责任编辑：吴亚军	责任校对：殷　虹
印　　刷：三河市宏图印务有限公司	版　　次：2022年5月第1版第1次印刷
开　　本：170mm×230mm　1/16	印　　张：20
书　　号：ISBN 978-7-111-70303-7	定　　价：79.00元

客服电话：（010）88361066　88379833　68326294　　投稿热线：（010）88379007
华章网站：www.hzbook.com　　读者信箱：hzjg@hzbook.com

版权所有·侵权必究
封底无防伪标均为盗版

前　言

我国进入高质量发展新时代。党的十九大报告指出，我国经济已由高速增长阶段转向高质量发展阶段。党的十九届五中全会通过的《中共中央关于制定国民经济和社会发展第十四个五年规划和二〇三五年远景目标的建议》中40次提及"质量"，可谓事事有质量，事事讲质量。"十四五"时期经济社会发展要以推动高质量发展为主题，高质量发展再次成为关键词。

设立国家层面、政府管理的质量奖，是世界各国和地区的通行做法。国内外广泛认可质量奖项目作为组织改善产品和服务质量、提升竞争实力的重要手段的有效性。目前，世界上近90个国家和地区设立了国家（地区）质量奖，其中最知名的三大奖项分别是美国"波多里奇国家质量奖"、日本"戴明奖"和"欧洲质量奖"。我国已有30余个省（自治区、直辖市）、超过100个市（地、州）设立了政府质量奖。中国质量奖是2012年6月经党中央、国务院批准设立的，由原国家质量监督检验检疫总局（现国家市场监督管理总局）负责组织实施，是目前国内质量领域最高的政府性荣誉，每两年评选一次。

在质量领域，中国质量奖获奖组织（个人）具有典型性、代表性、广泛性。从产生过程来看，四届中国质量奖都经过缜密评选、好中选优，不仅注重产品质量，还注重质量理念、质量管理和社会影响。从行业分布来看，获奖组织涉及制造、服务、工程等30多个领域，代表着经济全球化、社会信息化、数字经济时代各行各业质量发展的方向。当然，客观、公平、公正地评好质量奖，增强质量奖的公信力和美誉度，真正发挥质量奖引领质量发展、推动质量强国的作用，也面临着艰巨的挑战。今后，我们不仅要以更科学的方法、更严谨的作风做好中国质量奖各项工作，还要强化评选后的跟踪、监督和管理，力争做到"评得准""管得好"，从而更好地发挥获奖组织（个人）的典型示范作用，不断完善中国质量奖的激励和约束机制。

中国质量奖旨在促进质量管理创新，立足于"评管理""评理念"，要求每个参评组织（个人）总结并提炼质量管理模式和方法，通过树立质量管理标杆，激励质量管理创新，进而探索出具有中国特色、国际影响力的质量管理理论，向世界展示中国质量的最高水平和中国管理的最新成果，为全球质量发展贡献中国智慧和中国方案。越来越多的地方政府质量奖开始采用管理模式评审方式，比如，在山西省质量奖和天津质量奖评价的地方标准中，明确要求申报组织（个人）梳理和提炼自己的管理模式。

改革开放40多年来，经过引进、消化、吸收、再创新，中国逐步构建起现代制造业的新格局，产生了一系列根植于中华优秀传统文化、兼具企业家特质的管理实践或做法。然而，要想通过中国实践升华中国理论，进而运用中国理论阐释中国实践，打造融通中外的新概念、新范畴、新表述，以更充分、更鲜明地展现中国故事及其背后的思想力量和精神力量，中国还有很长的路要走。因此，挖掘、总结、提炼这些优秀组织的成功管理实践、模式与方法，并进行推广学习，成为各级政府质量奖评审的一项重要工作。

在实践中，组织对管理模式的理解和提炼方法仍存在很多问题。虽然政府质量奖对管理模式的评审实施了许多年，但是管理模式的框架和格式，以及评审关注点还未能达成共识，市面上也找不到管理模式编写方面的参考书籍。组织在提炼管理模式的过程中存在很多困惑，而且在政府质量奖的申报和评审过程中，经常与评审专家在管理模式的提炼和理解上产生分歧，缺乏相应的评审标准、理论来指导和规范。

本书从管理模式的定义和结构、管理模式的作用和意义、管理模式与政府质量奖的关系、管理模式提炼的流程和方法等方面，对管理模式进行了全面阐述。本书的案例篇从各类政府质量奖历年获奖组织中选择了井冈山旅游发展总公司、航天科技、华为、宣武医院、鞍钢、谢家湾小学、京东方等来自不同行业、不同领域、不同体制的组织，通过解读它们的管理模式，更好地帮助读者理解管理模式的结构和编写方法。同时，希望通过本书抛砖引玉，吸引更多读者关注和思考管理模式，以政府质量奖项目为抓手，在组织内部全面开展质量提升活动，实现高质量发展。

编者

目 录

前 言

理 论 篇

管理模式的理论基础

第 1 章　管理模式与质量奖　2

1.1　质量奖评价方式　3
1.2　管理模式的作用和意义　6
1.3　质量奖的本质　37

第 2 章　管理模式解析　50

2.1　什么是管理模式　50
2.2　管理模式的格式和框架　55

第 3 章 　政府质量奖概述　　　　　　　　　60
3.1　世界三大质量奖　　　　　　　　　61
3.2　我国质量奖制度简介　　　　　　　74
3.3　政府质量奖　　　　　　　　　　　84

第 4 章 　管理模式提炼流程和方法　　　　　105
4.1　管理模式提炼流程　　　　　　　　105
4.2　管理模式提炼原则　　　　　　　　110
4.3　管理模式提炼的关注因素　　　　　112
4.4　管理模式提炼的注意事项　　　　　165

案　例　篇

优秀组织管理模式汇编

第 5 章 　井冈山旅游发展总公司："红色 +"旅游发展模式　　　　　　　　　　　　172
5.1　管理背景　　　　　　　　　　　　172
5.2　模式框架　　　　　　　　　　　　173
5.3　理论基础　　　　　　　　　　　　174
5.4　典型做法　　　　　　　　　　　　176
5.5　管理成果　　　　　　　　　　　　180
5.6　推广价值　　　　　　　　　　　　182

第 6 章 　航天科技：质量问题"双归零"的系统管理方法　　　　　　　　　　　　　185
6.1　管理背景　　　　　　　　　　　　185
6.2　模式框架　　　　　　　　　　　　187

6.3	理论基础	192
6.4	典型做法	193
6.5	管理成果	199
6.6	推广价值	200

第 7 章　华为：以客户为中心的 IPD 模式　202

7.1	管理背景	202
7.2	模式框架	204
7.3	理论基础	205
7.4	典型做法	209
7.5	管理成果	214
7.6	推广价值	215

第 8 章　宣武医院："P-ACT"规范化质量管理模式　217

8.1	管理背景	217
8.2	模式框架	218
8.3	理论基础	222
8.4	典型做法	223
8.5	管理成果	228
8.6	推广价值	229

第 9 章　鞍钢："鞍钢宪法"　230

9.1	管理背景	230
9.2	模式框架	231
9.3	理论基础	235
9.4	典型做法	239
9.5	管理成果	245

9.6　推广价值　245

第 10 章　谢家湾小学：小梅花素质教育模式　248

10.1　管理背景　248
10.2　模式框架　250
10.3　理论基础　251
10.4　典型做法　253
10.5　管理成果　257
10.6　推广价值　258

第 11 章　京东方："创新引领产业"发展模式　260

11.1　管理背景　260
11.2　模式框架　261
11.3　理论基础　263
11.4　典型做法　265
11.5　管理成果　270
11.6　推广价值　272

附录 A　世界各国或地区质量奖设立情况一览表　274

附录 B　中国内地各地方政府质量奖一览表　278

附录 C　中国质量奖获奖组织（个人）管理模式汇总　281

附录 D　我国常见的产品认证　302

附录 E　常见管理体系认证　304

参考文献　306

理 论 篇

管理模式的理论基础

我们在研究和梳理国内外各种优秀企业的成功案例时,发现它们成功的真正原因在于具有非常鲜明的个性和特点。一个企业未必要面面俱到,也很难把每一点都做到最好,但是在运营方式、管理模式上有很强的创新意识,具有独特性、个性化特点的企业,更容易取得成功。从某种意义上讲,企业的成功就是管理模式的成功。

自 2013 年首届中国质量奖提出管理模式评审以来,很多地方政府质量奖也增加了管理模式的评审要求,使越来越多的企业认识到提炼管理模式的重要性。但是,还没总结出一套完整的有效提炼组织的管理模式的方法。

本篇从管理模式提炼流程和方法、提炼原则、关注因素、注意事项等方面对提炼管理模式进行了全面的阐述。

第 1 章

管理模式与质量奖

  优秀企业的管理理论和模式是国家软实力的重要组成部分。改革开放 40 多年来，经过引进、消化、吸收、再创新，我国逐步构建起了现代制造业的新格局，而我国在经济管理领域的地位和话语权与经济实力不太相符，对管理理论的贡献也乏善可陈。因此，总结优秀企业的成功管理理论、模式和方法，加以提炼概括，并在国内外进行广泛研究和推介，成为评审各级政府质量奖的一项重要工作。

  质量奖的评审是一个遴选和树立标杆的过程，以评促建，总结提炼优秀企业的最佳实践和管理模式并进行推广应用，以提升行业和地区的竞争力。本章从质量奖评价方式、管理模式的作用和意义、质量奖的本质三个方面来阐述质量奖与管理模式之间的关系——管理模式评价是质量奖评价的一种重要形式；成功的企业都具有鲜明的特色和模式，管理模式决定了企业的成败；质量奖是一个标杆奖，从政府层面系统地挖掘真正的标杆企业及其特色和管理模式,探索真正适合国内企业普遍推广的管理模式;同时,以标杆激励和引导企业引进先进的质量理念、适宜的工具和方法,不断提升管理水平。

1.1　质量奖评价方式

虽然质量奖评价方式因各国国情不同而有所差别,但是这些质量奖评价体系的宗旨是一致的。总的来说,质量奖评价主要有三种方式:成熟度评价、案例式评价和管理模式评价。

1.1.1　成熟度评价

成熟度评价是通过一套体系反映企业成熟度,由此反映企业的管理水平和管理能力。在采用成熟度评价方式的质量奖中,最具代表性的是美国波多里奇国家质量奖。在国际上,采用这种方式的还有欧洲质量奖和新加坡质量奖等。此外,ISO 9004 也采用成熟度评价模式。

1. 美国波多里奇国家质量奖 ADLI 评价模式

美国波多里奇国家质量奖的成熟度评价主要采用卓越绩效模式,它的评价体系 ADLI(approach, deployment, learning, integration)意为方法、展开、学习、整合。美国波多里奇国家质量奖将成熟度分为四级:

- 对问题的被动反应(0~25%):运行基于活动而非过程,且大多是对即刻需要或问题的反应。基本没有建立目标。
- 早期系统的方法(30%~45%):组织处于基于具有重复性评价和改进的过程来运行的早期阶段,组织的单位间有一些早期的协调。确定了战略和定量的目标。
- 校准的方法(50%~65%):运行基于通过重复、定期评价而进行改进的过程，组织的单位间能够学习共享和协调。过程对应组织关键战略和组织目标。

- 组织的分析与创新（70%～100%）：运行基于通过重复、定期评价而进行变革和改进的过程，变革和改进是以一种与其他受影响单位协同的方式进行的。通过分析、创新、信息及知识共享，寻求和实现跨单位间的效率。过程和测量指标追踪着关键的战略目标和运行目标的进展情况。

2. 欧洲质量奖 RADAR 评价模式

欧洲质量奖的成熟度评价依靠 RADAR（result，approach，deployment，assessment，review）矩阵，即结果、途径、部署、评估与回顾五个要素，每一个要素又分五个等级：

- 无法证明（0～10%）：没有证据，或只提供零星的信息；没有结果，或只有零星的信息。
- 展示能力有限（15%～35%）：能提供一些证据，方法在四分之一的相关领域得以实施，结果涵盖了约四分之一的活动，约四分之一的结果达成目标且呈良好趋势。
- 能够展示（40%～60%）：有证据显示方法的系统性，方法在二分之一的领域得以实施，结果涵盖约二分之一的活动，约一半的结果可以实现且呈良好趋势。
- 完全能够证明（65%～85%）：有明显证据显示方法的系统性，方法在四分之三的相关领域得以实施，结果涵盖约四分之三的活动，约四分之三的结果达成目标且呈良好趋势。
- 被公认为全球榜样（90%～100%）：有全面证据证实方法的系统性，方法在所有相关领域得以实施，结果涵盖所有的相关活动，所有结果达成目标且呈良好趋势。

3. ISO 9004 质量管理体系成熟度评价

ISO 9004 作为质量管理体系模式与其他体系之间的桥梁，其标准框架和评价方式不断改进，试图与其他体系保持关联和一致。ISO 9004 成熟度评价模式包括 28 个要素，每个要素按五级进行评价：

- 起步（0 ~ 10%）。
- 应对（15% ~ 35%）。
- 规范（40% ~ 60%）。
- 领先（65% ~ 85%）。
- 卓越（90% ~ 100%）。

1.1.2 案例式评价

案例式评价是通过一个比较经典且有代表性的案例，反映企业的管理水平和管理能力。所谓麻雀虽小，五脏俱全，案例式评价运用"解剖麻雀"的方法，深入研究具体典型，着眼于细微处，反映这个企业的整体管理水平和能力。很多大的体系都可以通过小案例形象地体现出来，这就是案例式评价的优势。

案例式评价的代表是日本的戴明奖。戴明奖评审往往从一个企业的典型案例入手，以小见大。戴明奖的案例式评价包括四个要素，即有效性、一贯性、持续性、彻底性。每个要素包括以下五个等级（5 分制）：

- 没有开展：没有可以进行的评价活动（1 分）。
- 没有差别：与其他活动相比，没有什么区别（2 分）。
- 有一些差别：开展的活动比较好，但不是特别突出（3 分）。
- 有较好开展：活动很好，成为核心技术的一部分（4 分）。
- 全面开展：活动非常好，能够成为标杆典范（5 分）。

1.1.3 管理模式评价

管理模式评价是通过申报单位的管理模式，反映企业的管理能力和管理水平。管理模式评价方式以国内的中国质量奖为代表。很多国内地方政府的质量奖正逐渐由成熟度评价方式向管理模式评价方式转型。目前，多个省、自治区、直辖市已经开始采用管理模式评价方式来评选质量奖，如山西、浙江、河北、天津、山东、江苏、内蒙古、黑龙江等，在政府质量奖申报阶段，都要求申报单位在材料中提炼出自己的管理模式。中国质量奖的管理模式评价按以下四级进行：

- 无特色（0～29%）：模式特色亮点不突出，未达到行业先进水平，没有示范作用。
- 有一定的特色（30%～59%）：模式具有一定的特色和亮点，达到行业先进水平，标杆示范作用有限。
- 有明显特色（60%～79%）：模式具有较明显的特色和亮点，达到国内或行业领先水平，具有较强的标杆示范作用。
- 鲜明特色（80%～100%）：模式的特色和亮点鲜明，达到国内领先或国际先进水平，堪称国内组织的标杆。

1.2 管理模式的作用和意义

虽然管理的基本理念和原则是相通的，但是在不同的国家和地区、不同的历史发展阶段、不同的文化背景下，必然会产生差异化的结果。各地质量奖都是结合当地情况，反映本地的企业发展现状，在标准中融合了政府对企业的宏观指导理念和政策导向。目前，国内质量奖评审的重点越来越倾向于对管理模式的评价。形成此种趋势的原因是什么呢？以下将从三个方面来回答这个问题。

1.2.1 引进的管理方法和工具需要本地化改造

质量奖评价准则的本质是对本地区优秀企业成功经验的总结和提炼，以期望能找到企业成功的基因和密码，通过把这些最佳实践标准化，引导和帮助其他企业去学习和推广这些最佳实践，提升企业管理水平，提高竞争力。因此，各国质量奖标准都聚焦于各国经济发展的关键因素。各国经济基础不同，关注的因素也不一样，比如，美国作为世界上最发达的经济体，本国企业以高端制造业和服务业为主，低端制造业基本上外包给其他国家和地区，因此，美国波多里奇国家质量奖标准更关注战略品牌定位和技术是否领先，在过程管理上更关注外包控制和供应链管理。我国以低端制造业为主，目前正处于产业转型升级的关键阶段，因此我国的经济重点是三个转变："从制造向创造转变，从产品向品牌转变，从速度向质量转变。"

虽然管理不分国界，但思想上还是有所区别的，比如从西方的素描和中国的水墨写意，可以看出两种不同的思想。西方的素描要求写实，像拍照片一样，但是中国的水墨写意更讲求意境。从更深层次看，中外的哲学思想、文化内核有很大不同。

1. 管理：基于实践的科学

管理大师彼得·德鲁克（Peter Drucker）曾说："管理是一门基于实践的科学。"何为实践的科学呢？实践的科学和纯理论科学不一样，纯理论的科学，如实验室科学，就像物理、化学实验，只要实验的条件和环境一致，无论在任何一个地方做实验都是可以的，也就是说，实验的内容是可以复制的。而管理这种实践的科学不一样，管理科学会随着文化、地域、时间、环境、经济制度等种种因素的不同而调整、变化。物理、化学追求精确，而管理强调适用性，追求一种适用的模式和方法。某种管理方法在 A 地运用得特别好，可到了 B 地，却完全变味了，就是因为这种管理方法在 B 地并不适用。

政府质量奖的设立,就是给各类组织提供一个自我梳理、挖掘提炼管理经验和最佳实践的机会。通过质量奖申报,鼓励各类组织总结经验,形成适合我国国情的管理理念、管理模式和管理方法,在各个地区和行业进行推广,共同提高。

2. 各国和地区管理模式存在差异

世界上每个国家和地区的情况都不相同,管理模式之间也存在着或多或少的差异。管理意在寻求一种适用的模式和方法,这种思想包含了对学习和借鉴的鼓励。我们经常看到许多先进的管理理论和方法在某些国家和地区得到广泛应用,并取得显著效果,但是,在其他国家和地区就没有什么效果,这不是理念和方法有问题,而是没有考虑适用性,急于求成,一味照搬过来。

3. 从日本的 QC 到美国的六西格玛看管理模式差异

要说因各地情况不同而导致的管理模式的差异,日本的 QC 和美国的六西格玛无疑是最具典型性的一对案例。

(1) 何为 QC? QC 即质量控制(quality control),最早出现于日本的工厂。日本质量管理专家石川馨先生曾经说过,日本的 QC 小组实际上借鉴了"鞍钢宪法"中工人参加管理这一原则,到了日本以后,逐渐全员参与起来,QC 成为全面质量管理(TQM)的重要方式之一。比如在工厂里,有一批产品出现了一些问题。某个人认为这批产品的质量存在问题,他便作为发起者,组织可能涉及的相关部门人员——这些人员中可能包含生产线上的员工、负责设备的人员、检验人员及技术人员等,下班后找个时间,找个地点,大家聚在一起来讨论为什么这个地方会出现质量问题。各部门人员共同探讨,各抒己见,并运用一些统计管理工具,一步一步去寻找问题,然后把事情解决了。这就是 QC。

（2）QC 的特点。一是强调员工的自发性。QC 中有一个发起者，这个人把相关人员组织起来，共同讨论并解决问题。这个过程更加体现员工的主动性和员工的主人翁意识，充分调动了员工的积极性。二是 QC 利用的更多的是下班以后的时间。QC 在日本逐渐发展成为一种文化，成为日本人下班以后相聚交往的理由。人们下班之后，找个地方一边小酌，一边讨论工作事宜，这成为很多日本人的习惯。

（3）国情差异导致"照搬"QC 失败。QC 在日本发展得非常好，美国看到了它的先进性，于是想要学习。然而美国的企业很少能够推行 QC。这种在日本极富生命力的管理方式，在美国却泛不起任何波澜。这是为什么呢？其实根本原因就在于国情的差异。这些差异主要体现在以下两个方面：

一是员工的文化水平差异。日本自战后开始推广 QC，当时日本企业员工的平均文化水平是非常低的，而 QC 作为一个简单实用的工具，即使员工的平均文化水平不高，也可以运用起来。相比之下，当时的美国企业员工受教育程度比日本员工要高得多，普遍达到了高中以上的教育程度，QC 里面的工具就显得过于简单了。对美国员工来说，要是成天开展 QC 活动，可谓十分枯燥，因此，QC 自然难以在美国推行。

二是思想上的差异。日本人普遍具有一种危机意识，从企业到个人都有一种紧迫感，因此在日本，加班文化比较流行。另外，日本人强调团队精神。QC 要求大家利用下班后的时间群体合作，这在日本都是没有问题的。而到了美国，情况完全不一样了。QC 是非常日本化的工具，拿到美国以后，很多不适用之处立刻暴露无遗。比起日本企业的强调奉献，呼吁大家以厂为家、以单位为家，美国企业更强调契约精神。对美国的员工来说，下班以后的时间完全属于个人。如果一个日本人在凌晨接到老板的电话，布置临时工作，这没什么；但在美国，下班之后老板还给员工打电话属于冒失的行为。在这种强调契约精神的国情下，像

QC这种要求下班以后自发工作的模式，在美国根本推行不下去。

（4）六西格玛的诞生。虽然QC在美国推行不下去，但是QC的理念和精神非常有价值。QC的核心理念是员工参与管理，使员工具有主人翁意识，强调员工给公司的贡献更多在于智慧，而不完全在于其体力。一个员工的体力可以被机器设备替代，但是智慧却不能，这是QC的精髓。美国人舍不得放弃QC的理念和精神，但又受制于文化地域差异，那怎么办呢？美国人找到了一个方法，就是保留QC的精髓，并结合美国的国情，加以调整，使得这种管理工具在美国更加具有适用性。1986年，时任摩托罗拉工程师的比尔·史密斯提出了六西格玛的管理策略。调整主要分为三方面：

一是目标调整。从QC到六西格玛并不仅仅是命名的差异，他对QC进行改版，强调高可靠性，制定明确的改进目标，收集数据以及分析结果，通过这些来减少产品和服务的缺陷。如果一个企业要想达到六西格玛标准，那么其出错率不能超过百万分之三点四。

二是流程调整。美国人虽然借鉴了QC，但对其中的步骤和方法策略都加以改动，有意识地要与QC做出差异。QC有四个主要步骤，即PDCA循环，又称戴明环。而美国人把它改成DMAIC五个步骤。六西格玛的五个步骤和QC的四个步骤，总体来看大同小异，但还是存在一些细微的差别。譬如，六西格玛中运用了很多专业化的工具，要想很好地应用这些工具是需要一定的水平的，这也更符合美国员工平均文化水平较高的实际情况。

三是方式调整。在美国，六西格玛往往作为公司的一个主导策略，很多时候六西格玛都应用在工作时间，让员工们解决公司一些重要的问题。虽然从QC演变到六西格玛，已经不完全需要员工自发进行了，但是把员工们集中起来，共同讨论并解决问题，让员工们更好地融入，成为一个整体团队，这个理念精髓是不变的，被六西格玛保留了下来。

（5）六西格玛与 QC 的步骤对比。通过六西格玛与 QC 小组活动的步骤对比（见表 1-1），我们可以看出，两种改进活动基本上都是按照 PDCA 循环的逻辑来展开的。

表 1-1　六西格玛和 QC 的步骤对比

QC		六西格玛	
阶段	关键特点	阶段	关键特点
Plan 计划	目标确定—现状调查—原因分析—要因确认—对策制定	Define 定义	辨认需改进的产品或过程，确定项目所需的资源
Do 实施	按制定的解决对策认真付诸实施	Measure 测量	定义缺陷，收集此产品或过程的表现作底线，建立改进目标
Check 检查	调查分析对策在执行中的效果	Analyze 分析	分析在测量阶段收集的数据，以确定一组按重要程度排列的影响质量的变量
Act 处置	总结执行对策中的成功经验，并整理为标准；汲取执行对策中的失败教训，将遗留问题转入下一个 PDCA 循环解决	Improve 改善	优化解决方案，并确认该方案能够达到或超过项目质量改进目标
		Control 控制	确保过程改进一旦完成能继续保持下去，而不会回归先前的状态

（6）六西格玛与 QC 工具的对比。通过 QC 活动与六西格玛两个改进活动中常用工具的对比分析，我们发现，QC 活动虽然也大量地使用统计工具，但是更多的是以老七种工具（帕累托图、因果图、调查表、分层法、直方图、控制图、散布图）、新七种工具（关联图、树图、亲和图、PDPC 法、矩阵图、矩阵数据分析法、矢线图），以及简易图表（饼分图、折线图、柱形图、水平对比图、推移图、流程图、雷达图等）为主，这些都是比较初级的统计工具，一般具有初中及以上文化水平的人都可以很快掌握。日本质量管理专家石川馨曾说："不分层次不能搞质量管理……企业 95% 的问题可以用简单的技法来解决。"

而六西格玛高度依赖统计数据，以数字来说明一切，所有的生产表现、执行能力等，都量化为具体的数据。因此，改进活动运用大量的统计技术（见表 1-2），使用者必须具有较高的统计技术方面的功底，因此，它需要专业的质量管理人员来完成。

表 1-2　QC 和六西格玛各阶段常用工具比较

QC		六西格玛	
阶　段	常用工具	阶　段	常用工具
Plan 计划	调查表、排列图、因果图、矩阵图、系统图、关联图、亲和图,以及头脑风暴法、简易图表	Define 定义	QFD/COQ、VOC/VOB、CTQ、SIPOC、德尔菲法等
Do 实施	分层法、直方图、矢线图、矩阵图、PDPC 法,以及正交试验等	Measure 测量	IPO 分析、因果矩阵、测量系统分析 MSA、控制图、过程能力分析等
Check 检查	调查表、帕累托图,以及简易图表等	Analyze 分析	多变量分析、假设检验、正态检验、方差分析、ANOVA、劣质成本分析、多变量回归分析、试验设计(DOE)等
Act 处置	调查表、帕累托图、简易图表、水平对比图、纠正预防措施,以及文件标准	Improve 改善	试验设计、正交试验、QFD、EVOP、测量系统分析等
		Control 控制	流程图、控制图、标准化、防错防呆、FMEA

（7）管理方法和工具引用需要结合本土实际。日本的 QC 在美国无法顺利推行,缘于 QC 是在日本的国情下产生的,已经日本化的 QC 体系与美国国情不符,因此无法直接移植到美国的土壤上。而六西格玛因为契合美国的现实情况,在美国推行得十分顺利,收效良好,甚至成为美国的一种特殊文化,却很少能引入日本企业。日本企业界和质量管理理论界有着较强的自主意识。当"目标管理"引入日本企业后,日本企业迅速发现该方法过于强调结果而忽视过程,于是在短短的两年内就将其改造成重视过程的"方针管理"。同样,日本企业从美国学习了各种设备管理知识后,将其改造成全员设备管理（TPM）;即便是全面质量管理进入日本后,也很快就被改造成全公司范围的质量管理（company wide quality control, CWQC）,其中的变化是在全面质量管理的基础上增加了全员的质量管理。至此,也就能理解为什么日本本土企业几乎没

有开展六西格玛管理。

（8）中国在引进先进质量方法和工具问题上的反思。当我国引进一些西方的管理工具时，也需要考虑国情。我们的国情和日本的不一样，与美国的不一样，跟欧洲的也不一样，所以引进其管理工具时，我们更应该注重适用性，保留精髓部分，并根据我国特有的国情改造不适用的部分。如何对西方的管理工具进行适用性改造，是现在国内管理界面临的一大问题。

尽管有事后诸葛之嫌，但我国仍有必要反思当初引进日本全面质量控制（TQC）过程中存在的问题。即便现在，中国的企业管理者大多也不了解日本企业质量管理的全貌，以为读了石川馨先生撰写的《日本的质量管理》一书就了解日本企业质量管理的实践了。其实，石川馨先生在书中明确地写道："日本质量管理的特点是日本质量管理和欧美质量管理相比较得出的。"日本企业和欧美企业都有各自的特点，当年欧美企业关注的日本质量管理的内容大都是 QC 小组、方针管理、社长诊断等与欧美企业不同的部分。实践证明，这些产生于日本的 QC 小组活动和方针管理，带有明显的东方文化色彩，最终也未在欧美得到成功的推广应用。

设想当年石川馨先生如果将中国和日本企业的质量管理进行对比分析，得出的特点则可能是：科学的抽样、缜密的过程分析、系统的过程控制、翔实的研发设计、丰富的工艺优化、全员参与的设备保全、严谨的可靠性管理……换言之，当年欧美和日本等发达国家和地区的很多企业同时采用的质量管理工具方法，并没有进入我们的视野。现实中，即便是一些获得卓越绩效管理奖项的企业，号称从优秀走向了卓越，实际上连优秀企业必须做好的很多基础性工作都几近空白。

同属东方文化圈的中国学习或移植日本成功企业的质量管理经验，倒不存在什么文化鸿沟。相反，摩托罗拉这些欧美企业则长期纠结于无法顺利地开展 QC 小组活动，最终根据自身的文化特征，弄出以专家管理（绿带、黑带、黑带大师）为特点的六西格玛管理，走上了符合本国国情的质量管理道路。从管理基础乃至产业素质看，引进、学习那些大工业生产共通的内容，对我们的企业来说反而更加急迫，否则就不会出现用随意抽样代替随机抽样；不进行统计过程分析就开始统计过程控制；产品开发部部长没听说过 FMEA 等各种让人难以置信的现象了。于是，就可以理解为什么当年开展全面质量管理的主要内容是 QC 小组、方针管理了。

4. 从美国波多里奇国家质量奖和欧洲质量奖看我国质量奖的发展方向

（1）适合美国国情的波多里奇国家质量奖。20 世纪 50 年代，日本设立了戴明奖。戴明奖具有一套很成熟的体系，其作用和显著成效引起了美国的广泛关注。但是美国人在想要将其引入的时候，发现这个体系并不符合美国企业的实际情况。其差异主要有以下几点：

- 一是思想不同。日本企业非常强调持续改善，而美国企业则更强调战略性的进展。

- 二是企业基因上就存在差异。日本有很多家族化的企业。大型上市公司在日本非常少见，所谓的上市公司也都是家族企业，从企业名称中就能体现出这种特点，比如松下、索尼、丰田，都是一些家族化的企业，而在美国很多都是公司化的企业。

- 三是企业管理方式不同。日本的戴明奖强调方针管理，又因为日本企业中大部分都是家族企业，所以在戴明奖体系中并没有探讨公司治理的内容。而美国很多大型企业和知名企业都是公司化的企业，比如苹果、微软。流行公司制的美国企业因此非常强调企业的股权结构以及公司治理，而这种需求在戴明奖体系中是空缺的。

- 四是企业形态不同。日本企业以传统制造业为主,而美国企业以高科技企业为主。

美国人见识了日本戴明奖的巨大影响和宝贵价值,意识到日本戴明奖的体系是非常优秀的,它的精髓可以让本国企业快速实现全面质量管理。但是,由于思想、企业基因、企业管理方式和企业形态等各种因素并不一致,这套体系并不能照搬到美国。于是,美国人结合美国企业的实际情况,做了很大的改动,让这套体系更强调战略性,更强调公司治理。最终完成的波多里奇质量奖体系和日本戴明奖体系相比,有着较大的差异。波多里奇国家质量奖无疑是更适合美国国情的,实际上,波多里奇国家质量奖也成功地为美国的全面质量管理做出了卓越贡献。

(2)适合欧洲地区的欧洲质量奖。欧洲想要引用质量奖体系的时候,意识到美国的企业制度和欧洲的企业制度同样存在差异,于是结合本地区的实际情况重新制定了欧洲质量奖。与美国波多里奇国家质量奖相比,欧洲质量奖中体系和标准化的影子比较重,比如,欧洲质量奖中除了员工开发外,还单独把资源作为一个章节,与 ISO 9004 标准相似,重点关注了供应商和合作伙伴、财务资源、基础设施、自然资源、技术资源、信息和知识等资源。另外,欧洲质量奖与其他各国质量奖的不同之处在于,除了卓越大奖外,还设立了卓越水平奖,按照企业成熟度评价得分分为三星(300分~399分)、四星(400分~499分)、五星(500分以上),使得企业可以直观了解自身的管理成熟度水平。

(3)中国的质量奖应该何去何从?管理是一种实践。由于各国情况不同,各国管理模式存在差异,因此,各国的质量奖也存在差异。那么,我们自己的质量奖应该何去何从?

现在,我国的质量奖体系在成熟度评价方面,基本可以说套用的是美国波多里奇国家质量奖。在有的地方,这套体系运行得还不错,但在多数地方则并不尽如人意。美国的这套评价体系是否适合中国，依然有待商榷。

国内有些地方也在尝试引入日本戴明奖的体系，但是中国和日本的国情也存在差异。戴明奖的评审模式要求申报企业广泛且熟练地应用统计技术和工具，并需要大量熟悉并掌握统计技术和先进管理方法的评审员。目前，中国还不具备这样的基础，因此，在中国广泛推广应用戴明奖评价体系的时机还不是很成熟，但是，戴明奖采用的案例式评价方式值得我们借鉴。

要寻找最适合我国的管理模式，最重要的一点就是管理本地化。管理本身就是一种实践，是具有本地化特色的，我们的中国质量奖也需要本地化。现如今，我国的管理模式基本基于中国国情，我们的政府质量奖是一个比较有效的方式。政府设立质量奖的初衷是引导先进的思想；督促企业应用先进的管理思想、方法和工具；树立标杆、共同进步；通过模式的遴选，形成一种比较好的评价方法。当然，我们也需要进一步推敲这个模式，它的真正优势在哪儿？是不是适合中国各地区的企业？每一套成熟的管理体系，都是在学习、借鉴、改版、不断推敲中成长成熟起来的。

当中国经济从高速发展阶段转向高质量发展阶段时，当中美贸易战的炮火让许多人开始反思英美模式的局限性的时候，我们应该重新审视长久固化了的参照系，想象多种可能性，探索、发现、开拓与中国更加契合的发展道路，这是中国企业的必由之路。

就今天的"中国企业管理研究"而言，问题已经不再是与谁比较，而是如何"直面中国企业管理实践"；企业鲜活的实践，甚至让作为消费者的我们都应接不暇，更何况作为研究学者来迎接挑战。我们需要从"看天"回到"看地"，从"中外比较"转向"学干比较"。

"以我为主、博采众长、融合提炼、自成一家"。我们现在已经在中国看到了许多行之有效的、既具有中国特色，又融合了现代性的管理之道，如华为、阿里巴巴等企业的管理方法。我们需要在借鉴学习各国管理模式优点的基础上，直面鲜活的中国企业管理实践，走出一条充满善意且极具效率的道路，才能在未来与世界同行，甚至引领世界。

1.2.2 优秀企业都具有鲜明的特色

我们通过质量奖项目来梳理国内外各种优秀企业情况的时候，发现每个企业真正成功的原因都在于其有非常鲜明的个性和特点。一个企业未必面面俱到，但是这个企业在运营方式、管理模式上有很强的创新意识，具有独特性、个性化的一面，通常就会是一个成功的企业。企业的成功是管理模式上的成功。

1. 谷歌：创新型互联网公司

谷歌是一家创新型互联网企业，也是一家典型的成功企业。谷歌的创新机制和做法形成了一套完整且独特的管理模式，其给时代带来的红利跨越行业和地区范围，对全球有着深远的影响。

（1）谷歌创新的九大原则。第一，创新无所不在。自上向下也好，自下向上也罢，创新可以来自任何地方，甚至是你最想不到的地方。比如，一位给谷歌员工看病的医生指出谷歌有责任帮助那些搜索"如何自杀"的人。这番话令谷歌调整了搜索结果显示方式，使得屏幕顶端显示出美国预防自杀热线的号码。拨打热线的人次很快增加了 9 个百分点，后来许多国家也进行了相应调整。

第二，聚焦用户。钱的事情以后再担心，首先要聚焦用户，其他东西都会水到渠成。当用户输入几个字母时就展示搜索建议，谷歌通过这样的预测性分析提高搜索速度。该即时搜索功能为每位用户的每次搜索都节省了若干毫秒。虽然谷歌的销售人员担心此举会缩短客户浏览广告的时间,但是公司仍继续提供该服务并相信此举值得冒险。

第三,以好10倍为目标。如果你只想着改进10%,那你只会看到增量式的变化。如果你希望进行激进的、革命性的创新,那就想想10倍的改进,这会迫使你跳出固有的思维模式。

第四,靠技术洞见放手一搏。每一个组织都有自己独特的洞察力,如果放手一搏,就能引发重大创新。想出无人驾驶汽车的是谷歌的工程师而非汽车业从业者,因为谷歌的工程师们没有对数百万因人为错误产生的交通事故遇难者熟视无睹。

第五,早交付、多迭代。不要等到一切皆完美,要早交付、多交付,让用户帮你"升级"。2008年Google Chrome发布时,每6周谷歌就会推出一个改进版。

第六,给员工20%的自由时间。允许员工利用工作时间的20%从事自己热爱的项目,哪怕该项目并不属于公司的核心任务或使命范围。在谷歌,工程师和项目经理每周有一天的自由时间去折腾自己喜欢的创意。这些创意有很多最后都转化成了产品或改进了产品。

第七,默认开放流程。把流程向所有用户开放,集思广益,靠用户集体的力量去获取奇思妙想。谷歌创建安卓平台时,知道自己无法将地球上最好的开发者都招至麾下。因此,它"默认开放",鼓励谷歌员工以外的开发者为每天使用安卓设备的10亿用户开发App。

第八,好好地失败。失败不应该背负污名。如果你不怎么失败,说明你的尝试还不够。在谷歌,只要产品无法发挥出最大潜力就会被扫地出门,但公司会从中择取最好的功能。谷歌奉行的理念是"失败是通往创新和成功之路,你可以自豪地失败"。

第九,要有使命感。谷歌的每个人都有强烈的使命感和目标感,相信自己的工作能以积极的方式影响千百万人。

(2)谷歌创新的特色和做法。一是建立创新文化。不断创新是互联网企业的生存法则之一，以工程师为主体是互联网行业的人才架构的特色。谷歌是以研发人员为中心的公司，倡导"工程师文化"。因此，谷歌倡导并鼓励一种创新、民主的企业文化，从工程师的观念创新，落实到产品设计营销，最后延伸到管理，这种企业文化在谷歌的每一个环节都有体现。谷歌的成功，在很大程度上要归功于其吸引人才的能力，以及适合新人发挥才能的企业文化。谷歌一直秉承吸引最聪明的人才来谷歌工作的理念，要想吸引最聪明的人来创新，就要先给人才创造一个非常开放、宽松的环境。管理上的"民主"要求每一个管理者对下属的提议不能直接回复"No"，而是得说可以考虑如何帮助他发展。公司强调：①要允许你做；②给你资源帮你做；③允许你犯错误。谷歌拥有谷歌文化委员会，在督导文化推广的同时，也倡导一些活动主题，由员工来组织相应的活动，如社区活动、环保活动和资助残疾人活动等。员工拥有更多的主动权，参与的兴趣也会更加浓厚。

二是时间管理创新。谷歌的员工从来不用在乎早上闹铃会不会准时响起，员工可以悠闲自得地去上班。如果你看见急匆匆赶往办公室的员工，那绝对不是担心迟到，也许是为了和同事会合去享受谷歌提供的免费大餐。谷歌提倡的弹性工作制与众不同，谷歌充分相信员工，把工作时间的掌控权交由员工，由员工根据自己的喜好自由安排时间。很多人评价，在谷歌工作更像在自己家办公——饿了可以去吃东西，中式的、西式的，如果你不怕发胖，可以尽情地吃；困了可以小睡；玩兴大发时可以和同事打一场桌球；哪里不舒服了，随时可以享受到按摩师到位的服务。在谷歌看来，这是福利，更是为员工打造宽松、自由的环境。谷歌相信每一位来谷歌工作的员工都是聪明人，聪明人都会自己安排好时间，自己主动去工作。谷歌有数不清的项目经理，但没有人坐在那里等待上级安排工作，大家都积极主动地去寻找项目。

三是组织管理创新。谷歌的组织架构非常扁平，不是传统的金字塔型组织结构。老板与员工之间并没有强烈的职位等级观念，他们更倡导民主的工作氛围。员工可以随时表达自己的想法，甚至提出与管理层不同的想法，如果管理者过于专制，马上就会通过谷歌的方式反映出管理者的做法不符合谷歌的文化，如果管理者不注意修正自己的做法，很可能会影响其在谷歌的发展。在谷歌，员工晋升强调民主和自由，在每年的一到两次的晋升机会中，如果员工觉得自己合适，就可以在系统中提出申请，不必非要等主管提拔才行，只要同事认可，并顺利通过审核就可以实现晋升。

四是人才管理创新。作为互联网行业的巨头，谷歌一直秉承着"我们只雇用最聪明的人"的人才宗旨。谷歌相信，只有"最聪明的人"才能在全新的互联网领域不断创新。公司创办的初期，谷歌的两位创始人会参与所有人的面试，后因公司规模不断壮大而放弃。但即使到了今天，谷歌两位创始人仍然会审查招聘委员会每周的工作情况，并对一些应聘者的资格提出意见。在谷歌，最终获得工作职位的应聘者平均需要通过 6.2 次面试。参与面试的面试官，除了来自人力资源部和岗位需求部门，也会包含跨部门甚至跨区域的人员。如此严谨的招聘流程，是为了确保最终进入谷歌的员工真正适合谷歌。跨部门、跨区域的人员参与面试，一方面考察面试人员的协作能力，另一方面也考察其是否愿意与应聘者共事，同时还考察应聘者是否适应公司的文化。谷歌非常鼓励内部员工推荐应聘者。员工对于公司文化非常了解，员工推荐的人才更适应公司文化。如果员工推荐的人才最终被谷歌录用，公司会对员工进行奖励。谷歌员工有大约 45% 是通过内部员工推荐来的，事实证明这是一种非常有效的招聘方式。

五是营造轻松愉快的创新环境。人性化的工作环境、小团队的工作方式、20/80 法则的运用，以及每年 1 000 万美元的创业大奖等政策营造了谷歌良好的创新氛围。在创意人才时代，谷歌抓住了创意人才的核心需求，就是自主性。谷歌创新地提出了弹性工作制。一个员工坐在办公室和不坐在办公室，对制造型企业来说差距太大了，但是对谷歌来讲，员工不在办公室，效率和创意并不一定会低。这种制度更加适合激发员工的创意，在实践中也取得了良好成效，这就是谷歌特有的一套模式。创新的意识还源自灵活的小团队工作方式。公司针对关键问题将有智慧、有激情的员工分成3～5人的小团队，形成扁平化的组织，以海量的计算资源和数据作为支持，同时允许工程师抽出20%的工作时间，根据兴趣自己确定研究方向。在小团队中容不得"聪明人"浑水摸鱼，必须全力以赴才能被大家认可，在激发全体成员创造力的同时，也能更加客观地对成员进行绩效考核。

（3）谷歌创新的启示。一是让创新成为一种习惯。在时间安排上，谷歌制定了一个政策，将创新列入员工的工作时间预算，要求技术人员花80%的时间在核心的搜索和广告业务上，其余20%则用在他们自己选择的技术项目上，这就"迫使"员工腾出时间来创新。

二是文化也能促进创新。谷歌在行动上真正做到把员工当作最重要的资产。它为员工提供了很多激发智能的机会，并营造了很好的知识工作环境，以独特的公司文化吸引了最聪明的人才。同时，开发了一套以数据为驱动的创意评估流程，帮助员工更好地平衡创意构思与混乱无序之间的关系。

2. 微软：标准引领

微软公司一直是新技术变革的领导者。随着IT的普及，作为全球最大的软件公司，它成功的关键就是紧抓标准。微软率先制定某项标准，并不断推广和应用，使之成为行业标准。一旦在某领域形成了标准化，世界上所有的地方都必须遵从这个标准，微软因此引领了行业发展的潮流和趋势。比如键盘的标准、接口的标准等，很多操作标准基本都是微软制定或是由其主导的。

（1）微软标准化管理五大原则。原则一：里程碑管理。将大项目分成若干里程碑式的重要节点，各节点之间有缓冲时间，但不进行单独的产品维护。微软通常采用"同步–稳定产品开发法"。程序员极容易沉迷于技术，要么乐不思蜀，要么焦头烂额。里程碑就像心灵的灯塔，使忙碌的人群不混乱、不迷失。

原则二：产品要求负面清单。为了建立合适的开发框架，以使工作能持续进行，并且能容纳开发过程中出现的变化、保持足够的灵活性，微软采用想象性描述和概括性说明来指导项目开发，而不是在一开始就努力写出一份完整详细的说明。要尽量说明"产品不做什么"，而不是"产品要做什么"！

原则三：基于顾客声音的产品开发。对一个开发项目而言，如何确定最终产品中应包含什么特性通常是比较困难的一件事。为此，微软采用了一个称为"基于行为制订计划法"的方式来进行特性选择与优先级安排。基于行为制订计划法先对用户行为，诸如写信或做预算，做系统研究，然后根据某一特性在支持重要的或是经常的用户行为上的程序对其进行评价。这样做的优点是对特性的取舍更具理性，优点包括：对顾客想要做什么加以更好的安排；对某个给定特性是否方便了特定任务的更集中的辩论；可读性更强的说明；以及在市场营销、用户教育和产品开发中更好地同步。

原则四：模块化设计。微软用特性小组组织产品开发，这种方法使得每个人都容易明白小组是如何与整个产品相关联的。项目从规定概要说明开始。概要说明的形式是一份已确定了优先级安排的内容清单，涉及产品下一版本将要开发的相对独立的特性，以便由不同的特性小组开发。程序经理和开发员先把项目分成特性子集，再将之分配给每个特性小组，让他们围绕3～4个主要的内部项目里程碑进行生产。这种产品组织与开发方法使微软能靠简单地增加开发员和创建一个大的小组来渐进地增加产品的功能。

原则五：基于里程碑节点的个人负责制。对软件项目而言，精确估计产品的开发与交付进度是很困难的。为此，微软公司将安排进度和管理项目的责任交给最底层的开发人员和测试人员，推行"固定出品日法"——项目负责人确定产品的目标出品日，程序经理和开发员从出品日回溯，规定项目期间的里程碑节点日期。每个开发员根据里程碑节点设立自己的进度表，程序经理把单独的进度表汇总起来，再加上缓冲时间，制定出一个全面的项目进度表。这保证了每个开发员除了作为小组的一部分，还负有个人的责任。

（2）微软标准化的特色做法。第一，招最优秀的人。以提高组织当前的整体素质为宗旨，从文化、发展潜力等多方面衡量应聘者是否适合微软，保证人才的灵活性。同时，微软看重员工的潜力和多元化。微软注重给员工创造自己的发展空间的机会，通过工作评估寻求双方的共识，给员工一个自由发展的空间。一方面，员工应看出自己的不足，加以改进；另一方面，如果评估结果显示，公司现有的管理制度确实阻碍了员工发挥自己的工作潜能，公司就应该立刻改善自己的管理风格并调整计划。

第二，大学化的相对独立的工作环境。到过微软总部的人都会认为，这与其说是公司，不如说是一所大学。这里没有高楼大厦，30多座建筑的高度都比较低。公司的年轻员工们骑着单车上班，可以一直骑到走廊里。总部的每一位员工都有一间相对封闭的单人办公室，在那里，无论开发人员、市场人员，还是管理人员都可以保持个人的独立性。

第三，项目管理标准化。一是企业统一形象，实现用户操作、桌面背景、业务访问、终端程序部署的统一，提高用户满意度；同时，桌面管控平台统一发布镜像，节省网络开销。二是集中管理维护，统一管理软件版本，统一发布安全策略，远程管理终端、快速安装及恢复系统，降低维护工作量。三是系统顶层设计，把技术研发摆在关键地位，将技术看作公司唯一可长期延续的财富和优势。四是采用单一的主要开发语言，消除技术或项目管理交流的客观障碍，有利于员工使用与沟通，大大降低成本。

第四，应用微软平台进行知识管理。微软知识管理平台由知识桌面、知识服务和知识管理底层系统三部分组成。知识桌面以 Microsoft Office 为核心，为使用者提供了解公司所有知识资产的一扇窗；知识服务则为企业的核心知识资产提供中心化的管理，并且支持知识资产的发送和跟踪；知识管理底层系统是微软提供的一套可伸缩的服务，用来管理全部解决方案的所有核心元素，为企业知识管理系统提供基础。

（3）微软标准化的启示。第一，标准引领的生态链建立。微软在技术研发上投入大量的资金，以出售客户端软件为主，在每一个用户身上赚取少量的费用，依靠规模收益递增、边际成本递减的经济学原理营利，并不断地根据客户的要求改进自身产品，巩固市场地位，将在操作系统上的收入投入其他业务及产品研发中。在创业初期，微软通过"先得到客户，再制造产品"的方式，成功地将企业模式推广为 IT 行业标准。根据行业摩尔定律（集成电路上可以容纳的晶体管数目大约每经过 18 个月便会增加 1 倍，换言之，处理器的性能每隔 2 年翻 1 倍），微软必须在比较短的时间内完成下一代产品的开发，形成 Wintel 联盟，促使个人计算机工业整体生态链的形成。

第二，同步稳定开发。采用模块化开发方式，使每个模块的结构保持一致，团队在各个应用模块并行工作，时常将本团队的代码跟其他团队同步，并在整个开发过程中经常调试代码。

第三，项目全生命周期解决方案。微软企业项目管理解决方案覆盖了企业项目生命周期的全部过程，把各种知识、技能、手段和技术应用于项目活动之中，以达到项目的要求。

3. 丰田：精益管理

丰田汽车公司是世界十大汽车工业公司之一，2008年，成为全世界排行第一位的汽车生产厂商。纵观现在世界上的汽车企业，丰田是最赚钱的企业之一，销量增幅持续上涨，在全球影响力巨大。

丰田公司是一个制造型企业，又身处汽车行业。在制造型企业里，汽车行业就像是皇冠上的明珠，是整个机械行业里面最难的部分，既要有高安全性，又要有高普及率。面对众多的竞争对手，丰田公司采用精益生产的策略，非常强调加工能力和设计能力，把整个生产线都做得非常精致，再加上一些先进的技术，真正做到了高可靠性。丰田生产方式是继单件生产方式和大量生产方式之后，诞生的一种全新生产方式。

1985年，美国麻省理工学院国际汽车项目组织了世界上14个国家的专家、学者，耗资500万美元，对日本等国家的汽车工业的生产管理方式进行调查研究后总结出来的生产方式，在日本称为"丰田生产方式"（TPS），也叫精益生产方式。这种生产方式与传统的生产方式相比是一次巨大的变革，被誉为"改变世界的机器"。丰田生产方式已经成为全世界公认的先进管理模式。追根溯源，从理论渊源上看，它是美国企业管理理论与日本本土企业实践"嫁接"的产物。

（1）丰田精益的九大原则。原则一：建立看板体系。该体系包括"取货指令"和"生产指令"两类，在丰田汽车工业公司内部以及丰田汽车工业公司和协作企业之间运行，起到传递情报和指令的作用。

原则二：强调需求为王。依据顾客需求，在必要的时候生产必要量的东西，如果对没有需求的地方进行改进，不是改进的设想成为泡影，就是改进的效果达不到投资的预期目的。

原则三：标准作业彻底化。丰田为生产过程中的每个活动、内容、顺序、时间控制和结果等所有工作细节都制定了严格的规范，目的在于提高生产效率。

原则四：彻底消除浪费。消除任何一丝材料、人力、时间、能量、空间、程序、运力或其他资源的浪费。即消除生产现场的各种不正常与不必要的动作、时间及人力的浪费。

原则五：重复问五次为什么。要求每个员工在任何的作业环节里，都要重复地问为什么，然后想如何做，以严谨的态度完美地完成制造任务。

原则六：生产平衡化。丰田所谓的平衡化指的是"取量均值性"。假如后生产作业工程取量变化大，则前生产作业工程必须准备最高量库存，因而会产生高库存的浪费。所以丰田要求各生产作业工程取量尽可能达到平均值，也就是前后一致，为的是使需求与供应达成平衡，降低库存与生产浪费。

原则七：充分运用"活人和活空间"。通过不断地改善流程，丰田发现生产量不变，生产空间却可以精简许多，而这些剩余的空间，反而可以灵活运用；相同人员也是一样，例如，一个生产线原来有六个人在组装，抽掉一个人，那个人的工作空间就会空出来，而工作人员由六个人变成五个人，原来那个人的工作被其他五个人分担。丰田称这样灵活的工作体系为"活人、活空间"，即鼓励员工都成为"多能工"以创造最高价值。

原则八：养成自动化习惯。这里不仅包括指机器系统的自动化，还包括人的自动化，也就是养成好的工作习惯，不断学习创新。通过生产现场教育训练的不断改进与激励，人员的素质越来越高，反应也越快越精确。

原则九：弹性改变生产方式。正常的流水生产线作业方式是一个步骤接着一个步骤组装，但是，在丰田生产方式下有时会视情况调整成几个员工在一个作业平台上同时作业生产。

（2）丰田精益管理特点。第一，准时化（just in time，JIT），即以市场为龙头，在合适的时间，生产合适数量的高质量产品，JIT 需要以拉动生产为基础，以平准化（leveling system）为条件。

第二，人员自动化，即人员与机械设备的有机配合行为。生产线上产生质量、数量、品种上的问题会导致机械设备自动停机，并有指示显示，而任何人发现故障问题都有责任立即停止生产线，主动排除故障，解决问题。同时，将质量管理融入生产过程，变为每一个员工的自主行为，将一切工作变为有效劳动。

第三，持续改善是当今国际上流行的管理思想。它以消除浪费和改进提高的思想为依托，对生产与管理中的问题，采用由易到难的原则，不断地改善、巩固，经过不懈的努力，以求长期积累，获得显著效果。一是从局部到整体永远存在着改进与提高的余地。在工作、操作方法、质量、生产结构和管理方式上要不断地改进与提高。二是消除一切浪费。丰田式生产管理哲理认为不能提高附加值的一切工作（包括生产过剩、库存、等待、搬运、加工中的某些活动，多余的动作，不良品的返工等）都是浪费。这些浪费必须经过全员努力不断消除。

（3）丰田精益管理的启示。成本和质量并不矛盾，高质量并不代表一定就要提高成本。精益的目标就是低成本、高效率、高质量地进行生产，最大限度地使顾客满意。精益生产就是通过持续改进措施，识别和消除所有产品和服务中的浪费（非增值型作业）的系统方法。"杜绝浪费"是精益生产的基本思想，而贯穿其中的两大支柱是准时化和自动化。围绕这两大支柱的是 TPS 总结出的一系列独特的改善技术，如"看板拉动""标准作业""造物即造人"等，精益管理要求工人在细节上实现这一系列技术，提出了"持续改善"的基础理念，最大限度地消灭看得见和看不见的浪费。

4. 耐克：微笑曲线管理模式

耐克公司是全球著名的体育用品制造商。耐克公司的管理模式被称为双曲线,又叫微笑曲线。双曲线:一是销售,二是设计,耐克公司把销售和设计紧紧抓住,相对而言,基本放弃了生产加工,这是耐克公司的独特模式。

全球产业链分工以产品制造作为分界点,主要分为产品研发、制造加工和流通三大环节,其中制造加工因为风险较低,产业链回报率较低,居于微笑曲线"U"形底部位置,其余两侧则是回报率更高的研发及销售环节。显然,耐克的轻资产运营模式,决定了公司从事的正是微笑曲线"U"形回报率较高的产品研发及品牌营销业务,制造加工和终端销售交给供应商和代理商。

耐克公司虽然没有工人,没有厂房,但是为公司制造产品的工人和厂房遍及全球。耐克公司的成功就是因为其牢牢把握住了这条"微笑曲线"的两个价值制高点:上游的研发设计与下游的品牌管理。

(1)微笑曲线定义。顾名思义,这一曲线形似微笑,"嘴角"上扬的程度代表了企业经营活动所产生的附加价值的多少,反映了处在价值链上游、中游和下游的环节所带来的附加价值的变化。微笑曲线的底端代表着价值链的中间环节,是劳动力最为密集的环节。该曲线的左端代表价值链的上游,集中表现为设计和研发环节;右端代表产品品牌建立、服务及行销设计此类价值链下游环节。

每一个产业都有一条附加价值线,随着附加价值高低分布的不同而产生不同的形状。企业的产品与服务要有持续性的附加价值(盈余),才能生存下去。只有高附加价值的产品与服务,才能有高获利的潜力,方能确保企业的永续经营。而鞋业附加价值最高的是品牌营销,耐克、阿迪达斯就属于这个领域;原料生产次之,中国台湾生产 PU、PVC 人造皮革的厂商是典型代表之一;附加价值最低的是鞋厂,因此中国台湾制鞋业多半将产品移往东南亚或中国大陆加工。

(2)耐克"微笑曲线"模式的特点。第一,持续技术创新。耐克公司通过持续大规模的投入和研发流程的精细化，保持着在运动服装领域世界领先的地位。耐克在 1980 年就建立了运动研究实验室（sport research lab），1984 年设立了先进产品工程部门（advance product engineering）。这两个部门的运作，保证了耐克在运动服装领域的技术领先，确保其不断研发出新的产品。耐克自身在生物力学、运动生理学、工程学、工业设计及相关领域不断投入，还与研究委员会和顾问机构保持密切联系。这些外部组织由运动员、教练员、行业的经营管理人员、整形外科医生及其他专家组成。在研发阶段，耐克还雇用专业运动员测试和评估产品性能，充气鞋、减震器等运动鞋领域的重要创新技术都来自耐克。

第二，清晰的品牌定位。耐克始终注重品牌的强化与控制，极其重视商标和专利的保护，商标是公司与竞争对手区分、公司产品与竞争对手产品区分的一个重要因素。耐克的主要顾客群是年轻一代，对年轻人来说最大的价值是自我实现的价值。耐克通过强烈的心理暗示，树立意见领袖，帮助消费者尤其是年轻一代，获得了张扬自我个性的机会，这为耐克带来了庞大的忠诚消费群体。篮球飞人迈克尔·乔丹和高尔夫天才老虎伍兹为耐克品牌的成功立下了汗马功劳。他们的共同点是创造了常人不能创造的体育神话，其运动成绩的光环已经使其超越了纯粹意义上的运动员。这两个人的号召力是无与伦比的，他们代言耐克的产品使得耐克的"微笑曲线"发挥到极致。耐克极其重视商标和专利的保护，几乎在所有产品上都运用商标，耐克相信：商标是其最有价值的资产，并已经在 100 多个国家和地区注册。此外，耐克还拥有很多用于产品营销的其他商标。

第三，完善的供应链管理。耐克在生产上采取了一种虚拟化策略，所有产品都不由自己生产制造，而是全部外包给其他生产厂家加工。将公司的所有人才、物力、财力等资源集中起来，投入到产品设计和市场营销中去，培养公司的产品设计和市场营销能力。生产外包的目的就是让其他更具成本优势的企业来完成产品生产，在整个供应链上实行聚焦战略，专注于自己擅长的领域进行经营。耐克就是这一原则的成功实践者。耐克的生产采用全部外包方式的前提是其拥有强大的研发能力和市场营销能力，而这两点也是消费者的关注焦点。客户往往愿意为自己的偏好支付溢价，从客户出发，与客户交流、沟通可以帮助耐克认识到客户的偏好，并进一步明确了满足客户偏好是价值链中附加价值高的环节。耐克以客户为中心设计自己的外包运营模式，从而使公司获取超出传统经营模式的高额利润。

（3）耐克模式的启示。当前制造产生的利润低，全球制造也已供过于求，但是研发与营销的附加价值高，因此产业未来应朝微笑曲线的两端发展，也就是在左边加强研发，创造智慧财产权，在右边加强客户导向的营销与服务。

传统管理偏重"水桶理论"，即企业的管理重点是补齐短板，而随着社会分工越来越细，产业集群和区域化的发展势头明显，企业更关注核心竞争力的打造，而不是全面发展。根据微笑曲线发展出了两种经典管理方式："轻资产"模式和"虚拟生产"。

第一，"轻资产"模式。所谓"轻资产"模式，就是将产品制造和零售分销业务外包，自身则集中于设计开发和市场推广等业务；市场推广主要采用产品明星代言和广告的方式。这种模式可以降低公司资本投入，特别是生产领域内的大量固定资产投入，以此提高资本回报率。而这种"轻资产"模式，也在1992年由中国台湾宏碁集团创办人施振荣进一步演绎出"微笑曲线"理论：缘于国际分工模式由产品分工向要素分工的转变，参与国际分工合作的世界各国和地区的企业，开始由生产最终产品转变为依据各自的要素禀赋，只完成最终产品形成过程中某个环节的工作。最终产品的生产，经过市场调研、创意形成、技术研发、模块制造与组装加工、市场营销、售后服务等环节，形成了一个完整的全球产业链条。

"轻资产"模式容易被误解为品牌公司将生产"完全外包"后对生产漠不关心。耐克有一个部门，会根据短期、中期和长期不断跟踪考察全球诸多地区的劳动力成本变化状况，进而结合耐克产品在全球不同市场销售份额的变化，确定向不同地区制造商下达订单的份额，提高耐克适应多变市场的能力，达成公司运营效益的最优解。

第二，培育核心竞争力。一个企业的自身资源有限，组织结构功能有限。为实现某一市场战略而组成的虚拟企业中，每个成员只充当其中某部分角色，通过信息网络，支持着为虚拟企业依托空间分布的生产而设立的复杂的后勤保障工作，这样的企业结构和传统的组织结构相比，有较大的结构成本优势，大大提高了企业的竞争力。耐克在生产上采取了一种虚拟化策略，将产品的生产制造全部外包给资质好、有能力的生产厂家，实施虚拟化生产。耐克公司将设计图样交给生产厂家，让他们严格按图样式样进行生产，而后由耐克贴牌，并将产品通过公司的行销网络销售出去。这种模式充分实现了优势互补的作用。耐克公司的这一战略，节约了大量的生产投资以及设备购置费用，将产品的生产加工外包给东南亚等地区的许多发展中国家的企业，利用当地廉价的劳动力，极大地节约了人工费用，这也是耐克运动鞋之所以能以较低的价格与其他名牌产品竞争的一个重要原因。

5. 奔驰：质量至上

奔驰是世界知名的德国汽车品牌，以高质量、高性能的汽车产品闻名于世。奔驰在全球品牌百强排名中位列前十，被认为是世界上最成功的高档汽车品牌之一。奔驰的管理模式被称为质量至上，一切都为了质量让步。奔驰公司打造高品质的质量，一直是汽车工业的楷模，其品牌标志已成为世界上最著名的汽车品牌标志之一。

在汽车业发展史中，尽管市场竞争愈演愈烈，但汽车厂家仍层出不穷，加之众多的影响因素，如供求关系、政府的关税政策、环保法规、经济形势、原材料和能源的价格等，更是加大了汽车市场的复杂性与不确定性。但是，奔驰车一直位居汽车界的领导地位。这得益于其元首座驾的定位，它代表了"高贵、王者、显赫、至尊"，且将高品质看成是取得用户信任和加强竞争能力的最重要的一环，讲究精工细作，强调"质量先于数量"。

（1）"行则致极"品牌理念。奔驰制定了以生产、服务为导向，以梅赛德斯－奔驰"行则致极"品牌理念为核心的企业品牌发展规划。同时，针对公司不同发展时期的不同特征，品牌传播主题亦会与时俱进。

高品质定位。在国际上一般汽车企业全力追求大的市场份额时，奔驰公司始终不为所动，而是坚持以高质量和品牌取胜。奔驰的定位是"高贵、王者、显赫、至尊"，而其广告中较出名的系列也是"世界元首使用最多的车"。奔驰汽车以"质量超群、造型精美、气派豪华和价格昂贵而著称于世"，它追求的是高质量与品牌效应。

（2）同一品牌、同一质量。奔驰以生产"客户认知的最佳产品"为目标，在全球统一质量管理体系与标准，利用先进的分析技术和方法，建立起全球化标准、流程化管理的质量管理模式。质量是由生产过程的各个环节把控的，质量体系受控于改进，永远以质量反馈环作为保障。

安全第一。据统计，每年全球因交通事故死伤的人数高达25万，汽车的安全问题尤其突出。奔驰车的安全性是大家有目共睹的，它的吸收冲击式车身、SRS安全气囊等安全设计被汽车工业界引为标杆，受到广大消费者的信赖，也获得"元首座驾"的称号，体现公司尊贵又安全的品牌定位。

（3）顾客满意从生产车间开始。在以消费者为中心的营销时代，顾客满意促销方兴未艾。它是指从顾客的需要出发，从产品结构、产品质量、销售方式、服务项目、服务水平等方面为顾客服务，满足顾客各种不同的需要，使顾客感到满意。

奔驰公司从顾客的需求出发，厂里未成型的汽车上挂有一块块牌子，上面写着顾客的姓名、车辆型号、式样、色彩、规格和特殊要求等。奔驰公司对于顾客千差万别的要求都能一一给予满足。从这一点来看，奔驰公司将市场细分，根据顾客需求设计制造汽车，它独特的售后服务使得它在同档次的产品中具有优势，体现出与众不同的风格。根据顾客的要求量身定做汽车，不仅使奔驰公司赢得了相当高的满意度，也为奔驰公司在许多领域建立了"进入障碍"，提高了顾客总价值，保持了牢固的顾客关系。其领导层远大的目光，还有其不断创新的尖端技术保证了奔驰领跑于同行业前列。一次次的世界纪录、一次次的荣誉美称对广大的顾客形成强大的广告攻势，使它的形象在顾客心中根深蒂固。

顾客满意从儿童开始培养。奔驰公司十分重视争取潜在的客户。它瞄准未来，使心理争夺战从娃娃开始做起。每个来取货的顾客驱车离去前，奔驰公司都赠送一辆可作为孩子玩具的小小奔驰车，使车主的下一代也能对奔驰车产生浓厚的兴趣，争取每一代都成为奔驰车的客户。这样客户对奔驰品牌的忠诚就世代地传承下来，从小喜爱奔驰车的幼童渐渐地被培养为终身喜爱奔驰车的客户。

（4）服务无处不在。奔驰公司的售后服务无处不在，使奔驰车主没有任何后顾之忧。在德国本土，奔驰公司设有1 700多个维修站，雇有5.6万人做维护和修理工作，在公路上平均不到25公里就可以找到一家奔驰车维修站。德国之外的维修站点也很多，据统计，它的轿车与商业用车在世界范围内共有5 800个服务网点，提供维修、租赁和信用卡等服务。国内外从事服务工作的人数竟然与生产车间的职工人数大体相等！如果车辆在途中发生意外故障，开车的人只要给附近的维修站打个电话，维修站就会派人来修理或把车辆拉到维修站去修理。无处不在的售后服务，使奔驰车主绝无半点烦恼。奔驰车一般需要每行驶 7 500 公里换一次机油，行驶 1.5 万公里需检修一次，这些服务都可以在当天完成。从急送零件到以计算机开展的咨询服务，奔驰公司的服务效率令顾客满意、放心。

（5）奔驰质量至上的启示。质量是市场竞争的核心。虽然奔驰从不降价，但在我国每年的销量增长率保持在两位数，奔驰已成为人们心目中豪华车的代名词。同样，在其他行业也是品质领先的企业赢者通吃，比如，手机行业中苹果占据全行业 70% 的利润。

6. 富士康：快速反应的代工模式

富士康科技集团位列全球企业五百强，现拥有 120 余万员工及全球顶尖的客户群。富士康的独特之处在于快速反应的代工，强调加快速度，与客户结成紧密的商业伙伴，形成"（客户）设计与品牌＋（富士康）制造"的商业模式。

消费电子产品的特点是产品生命周期短，因此，企业必须尽快占据市场，满足消费者需要，否则将面临被市场淘汰的危险。富士康的快速反应和强大的制造能力，是缩短新产品上市时间、迅速占领市场的利器；同时，关键客户的订单是调动富士康超乎寻常的生产能力的重点。富士康的客户专注于"产品设计"与"市场推广"两大优势，富士康则占据了支撑客户批量生产的市场。

（1）专注于制造领域。富士康把自身的科技研发能力集中到制造领域上来，为客户带来高品质的制造服务，赢得客户的认可；富士康把开发优势集中于客户所不熟悉的"模具"等制造领域，与客户创建合作基础，实现优势互补。

（2）与客户协同研发。通过在客户周围设立研发中心和制造基地等组织结构的安排，提高对客户的反应能力。富士康的研发机构多设置在客户周围，因此，在研发过程中能够快速与客户互动，与有潜力的客户共同成长。在 IT 领域，快速响应是客户最迫切的需求，在客户周边设厂使得公司能与客户同时开展研发工作。

富士康利用自身的技术与制造实力，与诸多客户共同开展研发，同时，由 OEM 或 ODM 升级为 JDM 的全方面服务。富士康的定位是 JDM（joint design manufacture 或 joint development manufacture），与客户共同研发新产品，深度介入客户的商务流程，与客户共同提升、发展。

（3）大规模生产和成本控制能力。富士康将中国大陆作为其最大的生产基地，利用中国大陆良好的基础设施和相对廉价的劳动力，实现从模具开发、零组件生产、准系统组配到整机出货的"一地化"，迅速形成大规模生产能力，实现了规模效应下的总成本领先。结合中国大陆劳动力教育水平相对低下的特点，富士康将生产过程详细分解，使这些员工也可以操作精密的机器。面对模仿者的竞争，富士康通过"收购"和"合资"，将业务延伸到其他领域，同时通过"知识产权"，提高代工市场准入门槛。

（4）规模经济。在多年的经营中，富士康与苹果、IBM、惠普、索尼等建立了长期稳定的联系。通过垂直整合，实现规模经济，提高制造服务价格竞争力。由于富士康承诺不发展自身品牌，因此不会与客户产生竞争关系，许多客户纷纷把自己的产品转移给富士康代工。

（5）快速的客户响应。富士康利用高品质与快速的客户响应的竞争优势，切入客户的商业流程。公司通过在客户周围设立应变能力高的小规模工厂，协助客户将产品迅速地推向市场。富士康还为客户提供物流与产品配送服务，通过 JIT 和供应链优化，进一步提高自身的响应速度；通过在境外设厂以及快速制造和分销，还可以帮助客户应对需求的短期波动，进一步加强了与客户商业流程的融合。

（6）富士康模式的启示。以往大家一谈起品牌，更多地想到面向消费者的终端产品生产商。富士康的崛起，使人们认识到品牌无处不在，即使代加工企业也可以创建自己的品牌。目前，富士康已成为电子产品加工知名品牌，为众多世界一流的电子巨头提供代工业务。富士康代工已成为普通电子产品企业具有质量保证的代名词。品牌管理的重点是差异化的价值定位，每个行业、不同领域都需要品牌管理，同质化、价格竞争终非企业的长久之计，只有那些定位清晰、核心竞争力突出的企业才能脱颖而出。

上述六家优秀企业在不同行业领域均取得了成功，它们的管理模式也都有很强的创新意识。由此可知，拥有独特的管理模式是成功的共性要素。

1.2.3 管理模式决定了企业成败

没有任何一个企业可以随随便便就成功，特别是在行业竞争日趋激烈的今天，能保持持续竞争优势，并取得成功的企业，大多具有特色鲜明的管理模式。

（1）独特的管理模式造就差异化竞争优势。随着社会发展，社会分工越来越细，生产力得到极大发展，社会财富得到极大丰富，客户需求日趋多元化和个性化，竞争已不再是单纯的成本竞争。稳定的竞争格局已基本形成，成功的企业都是那些特征鲜明的企业，比如，手机行业中苹果的产品和技术领先、华为的自主知识产权符合中国特色、小米的性价比优势等使得它们形成了差异化的竞争优势，牢牢控制了各自的目标市场，形成了稳定的竞争格局。

（2）管理模式没有好坏之分，只有合不合适。没有什么最佳的管理模式，只要是选择了适合自身的管理模式，把自身优势发挥到极致，都可以成为行业的翘楚，比如，奔驰以质取胜、富士康大规模低成本的制造优势、耐克的供应链控制，这些企业都选择了适合自身的管理模式，充分发挥自身的竞争优势，从而赢得了市场。

（3）管理模式是经过千锤百炼形成的。管理模式不是简单的总结成功经验。能称得上"管理模式"的，都是从企业经过多年实践反复验证并取得了明显成效的管理经验和方法中提炼出来的，很多模式还需要在行业、地区进行广泛推广和应用，并不断改进和完善后才能形成。

管理模式决定了企业的成败，只有那些以客户为关注焦点，立足于本土，发现并抓住本行业发展规律，充分发挥自身优势，形成特色鲜明的管理模式的企业，才能在激烈的市场竞争中脱颖而出、获得成功。

1.3 质量奖的本质

质量奖是一种标杆奖，意在选出真正成功的企业，选出示范标杆。通过设立质量奖，可以从政府层面系统地挖掘真正的标杆企业，探索真正适合国内企业普遍推广的最佳实践和管理模式；同时，引导企业制定自我评价的准则，把卓越绩效模式作为指导组织的计划活动和学习改进的实用工具，促进最佳实践的学习共享。

1.3.1 中国的管理发展历程

纵观我国的企业，很多企业都更"重荣誉，轻实践"。在这种情况下，很难还原成熟度的原本内涵并进行比较，很多时候，只局限于企业业绩的比较。这种业绩比较，通常只是盈利能力、规模大小等方面的比较，然而对这些方面起决定性作用的往往不完全是企业，而是政府。因此，采用成熟度这种评价方式，有时很难找出真正有价值的企业标杆。

从2001年全国质量奖以及各地政府质量奖评比开展以来，已有几百家企业获得了各类质量奖，但是，大多数企业只是把质量奖当成了一种荣誉，获奖前后没有什么变化。比如，国内汽车企业虽然不处于世界前列，但在我国各地经济中都是巨无霸式的存在，是各地财政和税收的重要来源，因此，汽车企业也是全国质量奖和各地质量奖的获奖常客。虽然国内车企数量超过世界上所有其他国家车企数量的总和，但国内车企普遍缺乏核心竞争力。国家希望通过市场换取技术，世界上几乎所有知名车企都在中国成立了合资公司，但这些合资企业大多成了国外车企在中国汽车市场赚取利润的工具。国内最大的几个国有车企的国产汽车制造没有获取太多突破性技术，中国汽车行业的竞争力并没有得到实质上的提升。

20世纪70年代末，日本经济快速崛起，全世界都被日本的经济奇迹吸引，世界各国的企业都开始关注和学习日本企业，"质量革命"被用于形容日本企业的快速发展，日本的全面质量控制（TQC）也自然进入人们的视野。当时，正值我国对外开放之初，企业纷纷将目光投向发达国家。一时间，中国企业从引进先进设备、先进技术入手，探讨"技术和管理是两个车轮"，最终发现"学习国外企业的先进管理"是必然选择。"先进"这两个字对发展中国家的企业来说就像"芝麻开门"一般，念诵一声，装满黄金珠宝的洞窟就会敞开大门。由于"先进"对发展中国家来说意味着不可抗拒的吸引力和毋庸置疑的权威性，因此，"先进管理"的提法也就堂而皇之地登上了历史舞台。

改革开放之初，企业不经思考地学习引进发达国家的企业管理理念和方法是可以理解的，即使是现在，通过将优秀企业的管理实践作为标杆，学习继而超越，也是企业追求卓越的主要途径之一。但在学习过程中，如果不考虑我国国情和企业的具体条件，将发达国家企业正在使用的方法直接贴上"先进"的标签，并原封不动地引进，会导致在实际应用过程中无法获得预期效果。这给企业带来的损失是多方面的：一方面，直接的负面效果是企业投入的人力、物力无法取得效果；另一方面，会导致企业对引入新的管理方法产生抵触心理，从根本上限制了企业的管理改进和管理创新。

从毛泽东同志当年提出"农村包围城市",走符合中国国情的革命道路,到如今国家提倡的走符合中国国情的社会主义道路,我国政府和领导人一直都有着很强的自主意识,积极主张要认识国情的不同。从早期洋务运动提出的"中体西用",到我国质量管理界德高望重的袁宝华同志提出的"以我为主,博采众长,融合提炼,自成一家",无一不是强调基于我国国情和实际条件,学习、移植发达国家的科技和管理。

1.3.2 东西方文化差异影响管理模式

质量管理学家朱兰有一个重要观点,即变革的阻力或文化的阻力才是所有问题的根源,任何质量管理模式都必须与其文化相一致,才能事半功倍、马到成功。一般来说,不同国家的企业有不同的管理模式,而且同一企业在不同时期也有不同的管理模式。目前公认在理论上比较有权威的管理模式有日本管理模式、美国管理模式,以及德国管理模式等。为了进一步探索各国管理模式,我们需要了解其背后隐藏的各地文化。

1. 美国文化

欧美文化是结构本位的、理性的、逻辑思维的文化,具有形而上学的思想递进力与结构观,正是这种文化观,导致了近代西方工业革命,而统计质量控制产生于美国也就不足为奇了。其中,美国文化更提倡自由、平等,强调民主、进取精神,关注个人的能力发挥,崇尚竞争和个人英雄主义。

美国管理模式是鼓励个人英雄主义及以能力为主要考核标准的模式。它在管理上的主要表现就是规范管理、制度管理、条例管理和以法制为主体的科学化管理。美国文化制度和规范性主要体现在以下几个方面:

- 在技术创新方面，作为市场导向的代表，美国倡导颠覆式创新，从休哈特的统计质量控制，到史密斯的六西格玛，美国企业一直注重引领技术创新，以苹果、Meta 为代表的美国公司均以技术领先，引领行业发展。
- 在系统思考方面，从泰勒制、统计质量控制（SQC）、TQC 到六西格玛、卓越绩效模式等，美国逐渐形成了一整套质量管理系统。
- 在制度完善方面，美国的质量监督机制完善，执法严格。
- 在强调个人作用方面，美国特有六西格玛管理专业技术管理人员的绿带、黑带、黑带大师的职业能力注册等级分级，充分体现美国个人英雄主义的文化。而这正是与日本强调的团体作用显著不同的一点。

2. 德国文化

在德国，人们比较崇尚社会秩序，愿意接受各种各样的社会经济政治的制度安排，以维系社会长期的和谐和稳定。德国管理模式的特点是以质量标准为基础，以信息化、自动化、智能化为手段，融入产品生产全过程，致力于建设不依赖人为判断的产品生产质量控制体系。德国强调质量标准，特别关注规则、流程和管理体系的建设；德国有统一、齐备的行业标准，其发布的行业标准约有 90% 被欧洲及其他国家作为范本或直接采用。

在创新管理方面，德国更注重持续性创新。在德国，数量众多的科学家和工程师与中小企业紧密合作，共同进行面向应用的研究，加快知识和技术转换的速度。德国中小企业经常采用一种混合创新的模式，就是对可用技术和现有知识进行以市场为导向的改进，尤其是通过把这些技术和知识、高技术组件结合，最终实现创新。德国企业所面对的是一种高度情境化的特殊知识，即一种黏滞的知识，该种知识很难进行迁移,更多的是以商业秘密和诀窍的形式存在,需要丰富的现场经验,而非高深的理论知识,学界把这种创新叫作黑手创新。这就是德国和日本在第二次工业革命,以及各种追赶型的经济发展中表现优良,而在第三次工业革命力所不逮的主要原因。

在人员管理方面,德国以中小企业为主,它们广泛分布在各个中小城市、乡村,甚至更加偏僻的山谷和森林里。它们的雇主和员工之间关系亲密,高度信任,经常出现两三代人服务于同一个企业的情况,终身雇用虽然不是明文规定,但是也非常常见。所以,不同于美国和中国企业的高流动性,长期雇用是德国企业用人体系的一个显著特点。

谈到德国工业体系强大的秘密,人们经常归因于德国独一无二的双元制教育体制和学徒制。与美国和中国的情况一样,在德国,从事制造业的普通工人一般也没有上过大学或大专,但是,德国工人有一个非常奇特的优势:受过正式和非正式的培训。而美国或中国的工人,要么突然辍学,要么干脆结束教育,不再继续高中以上的学业。与此相反,德国工人从小就开始受训掌握有价值的技能。德国的文科中学培养准备进入大学的学生,而实科中学培养要参加技术工作的学生。德国约有342类受认可的学徒职业(或称工种),提供技术和社会领域的公司内部培训及课堂教学。学徒培训一般持续两年半到三年半,在这段时间里,学徒做的是全职工作。每个学徒必须获得实习培训和实践经验,从中学习具有高度针对性的特殊技能。特别是地方职业学校往往与地方产业建立亲密关系,从而相辅相成、互助互利。

德国企业不求做大做强,更专注于做深,成为每个细分市场领域的第一,成为行业的隐形冠军。这些企业大多数持续经营超过两三代人。它们的特征是:拥有宏大的目标;保持专注;采用全球化的策略;勇于创新;亲近客户;通过创造价值而非价格战,长期保持竞争优势;拥有高效的员工和强有力的领导;一般都会进入要求非常苛刻的细分市场等。

2017年全世界有隐形冠军企业2 300多家，其中德国有1 307家，美国有366家，日本有220家，中国只有78家。

3. 日本文化

日本管理模式的特点则是以集体主义为核心的年功序列制、禀议制等，重视人际关系，以集体利益至上、家族主义等情感管理为主。日本企业注重创造灵活的组织环境和优秀的文化格局，使企业内外信息交流畅通，并重视家庭主义的集体行动。日本企业的组织特点是管理者以自主责任作为领导原则进行经营管理。日本企业的经营管理特色主要表现在以下几方面：

一是家族主义是日本企业精神的核心。企业一般采用终身雇佣制，风雨同舟；鼓励员工提建议，管理人员尽力帮助实现；管理人员实行现场管理，与工人自由交谈以促进了解；经营组织恳谈会、野餐会、联欢会，加强人际交流，形成上下级之间和同级同事之间的密切关系；管理干部开展家访活动，贺喜事、贺生日，增加员工的归属感；吸收员工入股，使员工的利益和企业联成一体；员工受到挫折可以让其发泄不满；关心员工的衣食住行，给予优厚的福利，尊重个人的隐私权；家族精神使日本企业内部职工和谐一致，配合默契，共同为企业目标努力。

二是员工参与意识。日本高度关注"人"的因素，把员工的作用发挥到极致，强调员工自主、主动、持续改进，调动全体员工融入日常工作的改善中，企业是员工的归属，使员工和企业联成一体。企业员工通过提建议、恳谈等多种形式积极参与企业决策，使决策和执行融为一体，保证决策的迅速贯彻。日本企业的员工对自己所属的集体有较强的献身精神，团队意识较强。日本企业家明白，当个人与企业的命运维系在一起时，这个企业的力量将是巨大的。

三是企业内合作意识强。由于企业内上下级平等相待、关系融洽可以促进企业内部全员管理的高度合作，许多高层管理者放弃特权地位，身体力行，身先士卒，其所向往的是同全体员工以合作的方式带领企业不断开拓、获得成功。

四是充分发挥激励的作用，激发员工自强不息、顽强拼搏的精神。日本企业习惯采用口号激励、参与激励、荣誉激励等形式来激励员工。如每个企业墙上都贴着自己的社训、社歌等。员工每天都要看诵社歌、社训以激励自己；凡员工提出的合理建议都能得到上司的奖励，以鼓励员工参与管理；实行年功序列制，只要工作一定年限，职位待遇都会相应提升；凡员工做出成绩都记功发奖，公司同时要向该员工家人祝贺。

五是注重学习。日本善于学习、消化、吸收国外的先进技术和方法，并在此基础上创新。唐朝时期，日本就派了大量遣唐使学习中国的先进技术和文明；西方工业革命后，日本转而向西方学习先进的科技。比如日本管理界在戴明介绍给大众的休哈特循环的基础上，发展出了现在广受认可的 PDCA 循环；在戴明和朱兰的理论基础上，发展了日本式质量管理理论，如 CWQC、QCC、QFD、DOE、JIT、5S、TPM、因果图等。日本引进、吸收、实施和创新的思路，是其获得质量优势的关键。

日本是长寿企业的大国，是永续经营的典范。据统计，持续经营超过 100 年的企业中，日本占 25 321 家，美国占 11 735 家，德国占 7 632 家。而持续经营超过 200 年的企业中，日本占 3 937 家，德国占 1 850 家；持续经营超过 300 年的日本企业有 1 937 家，超过 500 年的日本企业有 147 家，超过 1 000 年的日本企业有 21 家（《工匠精神：日本家族企业的长寿基因》，后藤俊夫，2018）。中国的百年老店有多少家呢？国家认定的老字号大约有 1 500 家。200 年以上的企业呢？严格意义上持续经营 200 年以上的中国企业几乎没有，更多的是传说。

日本经营学者后藤俊夫研究发现，日本企业长寿的基因主要包括以下几点：

- 立足于长期视野的企业经营理念；
- 重视持续的成长；
- 不断构筑和强化自身优势；
- 长期重视与利益相关者的关系；
- 确保安全，量力经营；
- 让下一代传承企业的强烈意愿；
- 大多数处于一些特殊的行业（比如酿酒、食品、旅馆、酒店、传统手工业等）。

这些长寿企业站在"企业乃社会公器"的立场上，对社会及于自己有恩的利益相关者进行持续报恩，不好高骛远，踏实地从事与企业能力相符的经营活动，也就是日本人所谓的"愚直精神"。

反观中国企业，初创企业的平均寿命不超过3年，美国的大概是7年，日本的则超过12年。浮躁的心态，缺乏工匠精神和聚焦主业的战略，是中国企业短命的重要原因。

4. 中国文化

中国企业文化是在中国文化的传统框架内形成和发展起来的。从中国文化的特点来看，中国企业文化的基本精神大致可以概括为四个方面：

第一，政治色彩浓厚，是一种政治与经济相结合的具有明显的社会主义公有制特征的企业文化，企业成了独具特色的政治与经济相结合的社会组织。

第二，注重伦理道德，表现出浓厚的伦理色彩。在很大程度上往往不是以客观经济效果作为价值评判的依据，而是以道德规范和伦理标准作为衡量价值的基本准则。

第三，"人治""情治""法制"相结合的非制度型的企业文化。在中国的企业管理中，占据主导地位的是"人治"。在我国的企业中，人情关系是一种看不见摸不着却十分强大的社会力量。

第四，企业个性不鲜明。中国传统文化中的天人协调观要求人们在处理人际关系时要把握一个合适的"度"，做到"适度"，以"中庸"为好。中国的企业追求稳定的发展，这使大多数的改革以失败告终。有许多大型企业试图并购国外企业，最终因为文化的差异而失败，其实是一种保守的思想阻碍了文化的融合。如果一个企业的新秀提出改革意见，必然会遭到其他保守者的反对，因为改革会威胁到其他人的安稳状态。

中华文化是关系本位、感性、顿悟的文化；强调血缘关系和忠信礼义孝；强调天地、物我、道法的合一与和谐，具有强大的大一统意识和同化力。所以任何质量管理在中国都有立足之处，我们在应用QCC的同时，也会接纳六西格玛管理和零缺陷运动。但是中国企业最大的问题是经常有一些企业会出现消化不良、见异思迁、追求时髦的现象，因此，中国企业在引进新的管理方法时，一定要注意，适合自己企业的才是最好的。

5. 各国文化差异对管理模式的影响

从日本和欧美质量管理的差异中，可以折射出东西方文明的差异，继而为我们理解东西方管理的差异，探索符合中国国情的管理之路提供思考的出发点。

（1）东西方文化差异。东西方文化差异可以从文化类别、生活方式、感知类型等几点进行比较，见表1-3。

表1-3 东西方文化差异的比较

比较项目	东方文化	西方文化
文化类别	"耻"的文化	"罪"的文化
生活方式	重视团队	重视个人

(续)

比较项目	东方文化	西方文化
感知类型	偏于感性	偏于理性
对人的判断	强调"路遥知马力"	重视"眼前的绩效结果"
管理特点	全员参与	专家管理
关注焦点	注重过程	注重结果

（2）西方管理模式的本质是个人本位下的"制度管理"。西方文化认为人性本恶，形成了以法律保护个人权利的个人本位价值观。在人力资源管理中，表现为与个人本位取向相一致的"工作分析"、与薪酬系统挂钩的"岗位评价"，明确界定各个岗位的岗位职责与职位价值，这是组织分工的价值观依据，也是科学管理在西方的本意。个人本位下如何实现合作？个人在群体、组织中形成合作的条件，体现为外在规章制度明文要求下形成的"他律"。即使表现在道德上也是如此，尽管康德说过，使他敬畏的是头上的星空与心中的道德律令，但是西方道德经过宗教改革后，其含义是超越个人之上的、只对上帝与法律负责的义务；激励力量主要来自个体成就感。

（3）东方管理模式的本质是群体本位下的"文化管理"。东方文化认为人性本善，形成了群体本位价值观。在企业管理中的积极成果包括制定集体奖励的激励制度、重视团队合作、更易出现员工公民行为等。个人在群体、组织生活中的合作，是以人们信仰的强势企业文化为核心，根据各自所处地位与身份产生的以"自律"为主的控制方式。中国文化下的道德自律与西方文化下的道德自律不同，是对群体中的他人负责，而不是对神（或规章制度）负责；激励力量主要来自以个体在所属群体中的相对地位为标志的公平感和荣誉感。

（4）中日文化差异。同为受儒家学说影响的文化，虽然中日文化在核心文化价值观上存在差异，中国文化以仁为本，日本文化以和为本，但都属于群体本位的文化模式。日本在发展市场经济过程中，形成了很多不同于西方企业管理原则要求的做法，这些做法值得我们仔细分析、思考与借鉴。在日本企业管理中，有质量圈活动、工作小组、全面质量管理、集体奖励制度等；在市场上，有大企业与小企业、企业与银行之间的结盟与共好。以上都是与日本的群体主义文化价值观相一致的管理活动与组织形态，共同形成以群体为形式的竞争主体。在知名的日本丰田生产方式中，无论是领导自上而下的强力推行，还是员工自下而上追求精益生产的自觉主动精神，没有凝聚在强势企业文化之中的群体本位价值观支撑，难以实现持续降低成本、提高效率的目的。这也是我国企业在学习借鉴丰田生产方式过程中效果不佳的原因——只学流程，没有文化支撑。

（5）管理模式依赖企业文化。美国管理学家敏锐地认识到造成管理模式差异的文化差异，是造就日本经济奇迹与日本企业竞争力的深层原因，提出了管理学中的"企业文化"理论。东方文化下的企业管理模式，在主要的约束与激励力量上，与西方企业管理模式存在明显差异。

1.3.3 管理模式是本地实践的总结

不同于英美，德国和日本充分地利用了全球化带来的优势，把部分低端产业外包到中国和印度等国，或果断地放弃了大众市场。例如，日本把 NEC 计算机公司甩卖给联想，把夏普液晶工厂卖给富士康，然后向高端制造业进军。日本企业与产业级的 B2B 客户近距离亲密接触，深入了解客户的需求，充分发挥小规模定制化生产的灵活优势，成为产业链中不可缺少的一环。2019 年 8 月开始的日韩贸易战就是一个鲜活的案例，日本通过限制三种重要的半导体元件面向韩国的出口，精准打击韩国半导体行业，让我们窥见日本企业所掌握的技术诀窍对整个产业链的影响。相反，中国制造业亟须转型升级，提升品牌声誉和质量，让自己变成产业链中无法替代的一环。

管理需要本地化，企业的成功是管理模式上的成功。国内企业受政策影响比较大，存在许多假象。有些企业虽然提出了自己的特色，但经不起科学的推敲。历史上曾经有过很多这样的模式，就像改革开放之初推出的马胜利、张兴让等一些典型。很多经验如果没有系统且科学的评价和验证，很容易成为一种假象，是虚假的繁荣，而且仅仅是一时的成功，没有持久性和延续性，更没有让他人复制的必要性。

1.3.4 政府质量奖需要管理模式的评价

只有在管理上有特色且能提炼出自己管理模式的企业，才能获得真正的、持久的成功。而只有通过筛选和评价管理模式，才可以真正比较企业的管理思想，找出那些具有一定科学性、实践性的管理模式，真正树立起标杆。

质量奖是一种标杆奖，政府通过设立质量奖，鼓励组织结合自身实践，探索适合本土组织现状的有效方法和模式，从政府层面系统地挖掘真正的标杆组织，通过提炼标杆企业的优秀做法，供其他企业学习和借鉴，引领企业整体质量水平提升。

2012年，中国质量奖的设立标志着我国在国家层面开展国家质量奖励制度，旨在推广科学的质量管理制度、模式和方法，促进质量管理创新，传播先进质量理念，激励引导全社会不断提升质量，建设质量强国。

目前，国内很多地区的地方政府质量奖也在关注管理模式的提炼和推广，浙江、天津、山西、河北、内蒙古等地增加了提炼管理模式的评审要求，特别是山西省和天津市，设立了质量奖评价地方标准（《山西省质量奖组织类评价规范》DB14/T 1463—2017、《天津质量奖卓越模式》DB12/T 630—2016），明确要求申报组织梳理和提炼企业的管理模式。比如,《天津质量奖卓越模式》是在《中国质量奖评审要点》的基础上,结合中国国情,通过"质量、创新、品牌"三个关键维度,探究、探索、落实三个转变路径和手段,引导组织探索适合中国企业发展的管理模式。

综上所述,我们可以看出,政府质量奖更需要采用的是管理模式评价的评审方式。

第 2 章

管理模式解析

虽然管理模式评审已提出多年,但它的内容表述方法和评审关注点目前还未能达成共识,多数组织在管理模式的总结和提炼上都需要系统的指导。本章首先从管理模式的定义、管理模式的变革与发展、管理模式和质量奖的关系来系统说明什么是管理模式,然后从管理模式的结构、管理发展史、管理模式表述等方面阐述管理模式的格式和框架,为总结和提炼管理模式奠定基础。

2.1 什么是管理模式

2.1.1 管理模式的定义

管理的定义:孔茨(Harold Koontz)认为,管理就是设计并保持一种良好环境，使人在群体里高效率地完成既定目标的过程；法约尔（Henri Fayol）提出，管理是以计划、组织、指挥、协调及控制等职能为要素组成的活动过程。总的来说，管理是在某一组织中，为完成目标而从事的对人与物资资源的协调活动。

模式的定义：《简明牛津词典》把模式定义为，为方便分析、计算和预测，而对一个系统做出的简练描述。模式是将一类不断重复发生的、类似的问题以及该类问题的解决方法，总结出共同点并抽象成一定的描述及规范，以便遇到此类问题时无须再做过多的考虑，直接使用已经总结好的解决方法。

管理模式的定义：管理模式是将一种或一套管理理念、管理方法和管理工具反复运用于企业，使企业在运行过程中自觉加以遵守的管理规则体系。换句话说，管理模式是指在管理过程中，管理者对所面临的问题，依其内容和性质分类、整理并分析，在归纳共性的基础上，应用相关的管理理论、方法，而总结出的解决同类问题时所采用的一套分析和处理问题的框架或套路。

管理模式是管理者所采用的基本思想和方式，是指一种成型的、能供人们直接参考运用的完整的管理体系，通过这套体系来发现和解决管理过程中的问题，规范管理手段，完善管理机制，实现既定目标。

管理模式是在管理人性假设的基础上设计出的一整套具体的管理理念、管理内容、管理工具、管理程序、管理制度和管理方法论体系并将其反复运用于企业，使企业在运行过程中自觉加以遵守的管理规则。

管理模式不同于管理机制。管理模式是从结构入手的，是管理方法思路性的、框架性的高度概括，往往抽象为几个字。从管理模式上无法看出管理者的具体管理方法、思想。比如，A管理模式（现在正在推广的一种管理模式）、双重管理模式、网络管理模式，仅从字面上看不出到底是什么内容。而管理机制侧重管理对象间的内在牵制和约束，通过这种机制可以使管理制度、方法、方案等得到很好的执行,有的人将管理机制称为管理系统的运行机理。

管理模式,通俗地讲就是一个企业在管理制度上和其他企业不一样的地方,从制度经济学的角度来看,包括正式制度和非正式制度两个方面,也就是企业在管理规章制度和企业文化上最基本的不同特征。

2.1.2 管理模式的变革与发展

尽管"模式"一词无论在实务界还是理论界都已经使用得相当广泛,但将其作为研究问题的一种新思路、新方法,仍需要与时俱进,不断探索。现代管理的中心任务就是对人的管理。管理模式决定了管理内容,从管理先驱罗伯特·欧文创立企业管理制度开始,到泰勒科学管理理论的产生,再到今天林立的管理理论,管理模式也经历了多次变化。

《企业再造》的作者哈默和钱皮把顾客、竞争和变革看成是影响市场竞争最重要的三种力量,并认为三种力量中尤以变革最为重要。"变革不仅无所不在,而且持续不断,这已成为常态。"管理变革就是企业根据内外部环境的变化,及时对企业中的要素进行结构性变革,以适应未来企业发展的要求。

因此,在经济发展全球化、社会信息化和知识化、顾客个性化、管理理论多元化、技术应用综合化的时代背景下,迫切需要对企业管理模式的变革和发展进行深入的研究。在科技革命和科技进步深刻改变企业管理模式的进程中,尤其值得注意的是,近年来兴起的复杂性科学和互联网文化以及蓬勃发展的电子商务对企业管理模式的重大影响。复杂性科学将企业视为自组织、自适应、自激励、具有智能意识的复杂性组织,如学习型组织。而互联网文化和电子商务则从根本上改变了企业以往熟悉的内部和外部环境,这些最终导致了企业管理模式的提升和创新。

变是永恒的不变，任何已有的和常规的管理模式都将被创新的管理模式取代，管理创新管理的主旋律。"今天不同于昨天，而明天又将不同于今天，但今天是我们全部过去的一种协力的结果，明天也将是这样"（雷恩、贝德安，《管理思想的演变》），应该在不断的发展中完善、改进管理模式，不能墨守成规，应密切关注当前管理发展的动态与趋势，修正管理模式。

世界已从农业经济、工业经济发展到知识经济时代，由于社会的发展，知识已成为最为重要的资源，知识在创造社会财富中起着举足轻重的作用。知识已成了创造物质的重要工具。

企业再造是一场管理的革命。20世纪90年代以来，西方发达国家兴起了一场企业再造革命，被喻为从"毛毛虫"变"蝴蝶"的革命，也被认为是继全面质量管理以来第二次管理革命，企业再造有两个方面和传统的管理模式不同：一是从传统的从上至下的管理模式变成信息过程的增值管理模式；二是企业再造不是在传统的管理模式基础上的渐进式改造，而是强调从根本上着手。

组织结构的倒置，将带来组织中权力的大规模转移。传统的组织结构是金字塔式的，最上面的是企业的总裁，然后是中间层，最下面的是基层，指挥权从上到下，决策来自最上层，下面是执行层。但是，接触市场最多的是基层，在多变的时代，顾客的个性化日益突出，这就要求将上述金字塔式结构倒置，应为：顾客——一线工作人员—管理人员，决策由一线工作人员做出，而上层领导的职责变为支持服务。

跨文化管理，处理好不同文化之间的交融与冲突。企业竞争的全球化必然带来管理活动的国际化，管理活动受人们的价值观、伦理道德、行为准则、社会习俗的全面影响，当其与不同文化相结合时，就形成了不同的管理文化和管理风格。中国应该如何建立既具有中国文化特色，又吸纳人类一切先进成果的管理模式，是一个迫切需要深入研究的问题。

管理模式变革的方向和趋势：

- 产权主体的市场化和多元化；
- 以价值创造和核心能力培育为目标的组织目标和管理目标的变革；
- 对资源的扩大化开发和利用——管理模式对象的变革和发展；
- 人性化与理性化的结合——管理指导思想的变革；
- 组织的契约化、网络化、柔性化发展——管理模式载体的变革。

2.1.3 管理模式和质量奖的关系

很多企业在现场评审时，经常挂在嘴边的一句话是"我们都做了，就是没有表述出来"。其实，这句话本身就说明企业的管理成熟度不高。如果一个企业不明白自己是如何成功的，那么成功只能说是偶然——赶上或抓住时代的风口，风大了猪都能飞上天；如果企业不能明白成功的原因并充分利用成功背后自身的核心竞争优势，失败将会是必然的——大潮退后才知道谁没有穿衣服。

自评报告与标准脱节，现场表述逻辑不清晰，说明企业管理还在初级阶段，很多做法更多的是基于本能，或多年摸索的经验，缺乏先进管理理念和工具方法的指导。这些企业管理成熟度一定不高。这些所谓的"经验"缺乏系统的提炼，也没有经过实践的反复验证，不具备推广和宣传价值。

引入卓越绩效模式、争创质量奖的目的是不断引入先进管理理念、运用科学的工具方法来提升管理。同时，运用管理知识对过往成功的经验和心得进行梳理与提炼，真正明确自身成功的背后逻辑和企业的核心能力是什么，这样才能在不断巩固成果的基础上，找出企业改进和提升的方向。

争创质量奖就是提炼企业管理模式的一个重要手段。我国很多企业这些年来只顾快速发展，很少能有机会对自身进行全面诊断和总结。通过引入卓越绩效模式、编写自评报告、提炼管理模式一系列良好契机，能够促使企业对管理现状进行一个全面"体检"，对以往的经验进行一次系统梳理，为今后可持续发展奠定坚实基础。

2.2 管理模式的格式和框架

2.2.1 管理模式的结构

管理模式从结构上讲，是管理方法思路性的、框架性的高度概括；模式是某种事物的标准形式或固定格式。与管理模式有关的英文表达有：Management System（管理系统）和 Management Model（管理模型）。

管理模式的定义是从特定的管理理念出发，在管理过程中固化下来的一套操作系统。

可以用公式表述为：

$$管理模式 = 管理理念 + 系统结构 + 操作方法$$

可简单表述为：

$$管理模式 = 理念 + 系统 + 方法（IOS 模型）$$

即：

$$MM = f(I) + f(O) + f(S)$$

式中　MM——管理模式（Management Model）；

　　　I——理念（Idea/Ideology）；

　　　O——系统（Operation/Organization）；

　　　S——方法（Stratagem/Strategy）。

2.2.2 管理发展史

纵观管理发展史，经济强国均是管理大国，为管理界贡献了大量的管理理念和工具方法。管理发展史上的部分重要事件与成果如下：

- 1912 年，泰勒制，美国泰勒。
- 1913 年，福特制，美国福特公司。
- 1924 年，统计质量（SQC），美国休哈特。
- 1951 年，戴明奖，日本质量奖。
- 1951 年，全面质量管理（TQM），美国的费根鲍姆。
- 1957 年，试验设计（DOE），日本田口玄一。
- 1961 年，零缺陷，美国克劳士比。
- 1962 年，品管圈（QCC），日本的石川馨。
- 1979 年，标杆管理，美国的施乐公司。
- 1981 年，愉悦质量（AQ），日本的狩野纪昭。
- 1986 年，六西格玛管理（6σ），美国摩托罗拉公司。
- 1987 年，卓越绩效模式（PEM），美国波多里奇国家质量奖。
- 1987 年，ISO 9000 质量管理体系认证。
- 1990 年，精益管理（LP），日本的丰田公司。
- 1990 年，流程再造（BPR），美国哈默。
- 1994 年，QS 9000，美国三大汽车公司。
- 2000 年，精益六西格玛（LSS），美国。

虽然我国目前已是世界第二大经济体，但是我国对管理理论和方法少有建树。中国改革开放 40 多年的成就中，也出现了很多优秀企业和最佳实践，但是缺乏系统的提炼和总结。

政府质量奖的设立，就是给各类组织提供一个自我梳理、挖掘提炼管理经验和最佳实践的机会。通过质量奖申报，鼓励各类组织总结经验，形成适合我国国情的管理理念、管理模式和管理方法，在各地区和各行业进行推广，共同提高。

2.2.3 管理模式表述

企业管理模式是在较长的实践过程中，企业逐步形成并在一定时期内基本固定下来的一系列管理制度、规章、程序、结构和方法，是企业文化的体现。为适应经济、社会及企业的发展，企业管理模式也应不断调整和改变。

政府质量奖是一个标杆奖，其目的是依托质量奖项目，鼓励组织结合自身实践，探索适合本土组织现状的有效方法和模式，从政府层面系统地挖掘真正的标杆组织，探索真正适合国内组织普遍推广的最佳实践和管理模式。

1. 管理模式的表现形式

为了更好地指导企业开展管理模式的梳理和提炼，我国给出以下三类管理模式表现形式，以方便企业交流和学习。

（1）管理理论或理念。表现形式："××理论"，或"××模式"。20世纪80年代的集中大爆发后，管理理论方法和思想的创新比较少，特别是2000年后，管理界更多的是在原来的理论和方法上进行更新。因此，中国质量奖设立的目的便是遴选那些为我国近40年高速发展做出突出贡献的优秀企业，挖掘它们成功背后的机制和逻辑，总结中国企业成功的基因及其背后的思想基础，提炼并形成中国模式，为管理界做出贡献。

比如，"鞍钢宪法"在思想本质上是对泰勒制以来以理性化为基本走向的整个现代管理理论的批判与超越。以泰勒为代表的科学管理片面张扬工具理性，使管理者成为占有性与中心性的主体，使员工远离管理成为等同机器的被控制对象。"鞍钢宪法"要求消除现代管理的中心主义，实施尊重差异性与多元化的自主管理与参与管理，其理论本质是职工当家做主，主张人人在管理中实现自我主宰与自我管理，以真正实现经济民主与经济平等。

（2）管理体系。表现形式："以……为核心的××管理模式"，或"××管理模式"。

"以……为核心"重点讲的是模式的理论基础或关注核心理念。

"××管理模式"关注的是模式的类别，比如，可以按领域分为生产管理模式、研发管理模式、市场管理模式、品牌管理模式等；也可以按性质划分为发展模式、质量模式、战略模式等。

例如，中国建筑一局的"精品工程生产线"质量管理模式，是一种质量模式，关注的是建筑工程的施工管理。井冈山的"红色+"旅游发展模式，是一种质量发展模式，聚焦于其核心竞争力——红色传统和绿色资源。

（3）管理方法。表现形式："基于……的××管理方法"。"基于……"讲的是模式和方法解决的问题或适用的领域。"××管理方法"讲的是工具方法，包括基于某一方法和工具的创新应用，或是创新质量方法和工具。

例如，中国航天科技集团提出的基于质量问题"双归零"的系统管理方法，是一种质量管理方法，关注的是解决质量问题。

2. 管理模式的逻辑框架

从结构上讲，管理模式是管理方法思路性的、框架性的高度概括，往往抽象为几个字，仅从字面上看不出到底是什么内容，也无法看出管理者的具体管理方法、思想。因此，一个好的模式不应仅仅总结成一句话，还需要一套完整的理论体系和工具方法。只有这样，管理模式才能更便于理解和推广。梳理和提炼一个完整的管理模式通常包括以下六个角度。

- 管理背景：管理模式形成的过程及解决的问题。
- 模式框架：管理模式表述、诠释和内涵。
- 理论基础：管理模式的理论依据或倡导的理念。
- 管理特色：管理模式中可以借鉴、值得推广的优秀做法。
- 管理成果：管理模式取得的经济和社会效益。
- 推广应用：管理模式的推广价值，以及在组织内外部推广和应用的情况。

第 3 章

政府质量奖概述

质量是国家综合实力的集中反映,是企业和产业核心竞争力的集中体现。2017年,《中共中央 国务院关于开展质量提升行动的指导意见》是党中央、国务院首次出台的质量工作纲领性文件,标志着中国经济全面进入质量时代。

对质量领域取得的进步进行奖励是国际上通行的做法。设立于1951年的戴明奖开启国家质量奖励制度的先河,目前,全球已有89个国家和地区设立了政府质量奖。在国际质量浪潮的推动下,我国各级政府、各行业协会质量奖活动频频推出,可以分成三大类:政府质量奖、社团质量奖、企业质量奖。其中,以中国质量奖为代表的各级政府质量奖是全面落实国家质量提升活动的重要举措。

3.1 世界三大质量奖

3.1.1 日本戴明奖

20世纪80年代,日本经济的发展和日本企业与产品的竞争力受到全世界的瞩目。日本《经济白皮书》把日本经济取得成功的原因归结为三点:一是重视人才资源和教育培训;二是吸收和消化国外的先进技术,使其适用于本国的国情;三是形成了适应经济形势变化和不同发展阶段的经济系统。日本是通过吸收和消化国外的先进技术来提升本国产业竞争力的典范。戴明奖在推广普及质量管理方法、提高日本产业竞争力方面起到了关键作用。日本的质量奖主要包括日本品质奖、戴明奖和日本品质奖励奖(包括TQM奖和品质革新奖),在国际上影响比较大的是戴明奖。戴明奖是日本全面质量管理方面的最高奖项,始创于1951年,由日本科学技术联盟管理。

1. 设立背景

美国的爱德华·戴明博士最早把统计质量管理介绍到日本。1949年,日本科学技术联盟(JUSE)邀请戴明博士在日本举行为期八天的统计质量管理基础讲座。1951年,戴明博士在日本举行为期两个月的统计质量管理讲座,极大地推动了当时处在幼年期的日本工业质量控制的发展。

日本科学技术联盟把印刷讲义的版税支付给戴明博士,戴明没有接受这笔钱,要求将其用于推进日本的质量管理活动。为了永久纪念戴明博士对日本人民的友情和贡献,日本科学技术联盟设立了戴明奖,用以推动日本工业质量控制和质量管理活动的发展。随后,戴明博士的著作《样本分析》在日本出版,他再次捐赠了该书的版税。至今,日本科学技术联盟仍然负责管理戴明奖的所有经费。

2. 设立目的

（1）应用先进方法工具。把全面质量控制（TQC）作为企业参与市场竞争的武器，纳入企业经营战略中，使经营战略得到贯彻实施。

（2）获得持续成功。戴明奖提高了企业的凝聚力，纠正了企业过去不重视经营战略的做法，引导和促进了企业的可持续发展。

3. 奖项设置

戴明奖是颁发给在全面质量管理研究领域取得杰出成绩、在全面质量管理的统计方法研究领域取得杰出成绩、对传播全面质量管理做出杰出贡献的个人和组织。戴明奖适用于所有的企业、机关、事业部、总部等，没有行业、规模、性质、国别的限制，无论组织的一部分还是全体都可以申请。

- 个人奖：旨在奖励在统计质量管理的理论研究和应用研究方面，或是在统计质量管理的理论普及方面有突出贡献的个人。
- 应用奖：授予质量管理活动突出，在规定的年限内通过运用 TQC 方法，获得与众不同的改进效果和卓越业绩的企业。戴明应用奖还可以授予国外的企业，是目前所有质量奖中唯一可以授予国外企业的奖项。
- 控制奖：授予企业中的一个部门，这个部门通过使用 TQC 方法，在规定的年限内获得与众不同的卓越改进效果。

4. 评价模型

2018 年，戴明奖委员会开始使用新版戴明奖合格判定基准（见图 3-1）。评价基准包括三部分：战略制定和领导力管理、全面质量管理实施、全面质量管理的效果。戴明奖依据合格评审定奖，每个部分 100 分，70 分为及格标准，达到 75 分以上可以获得戴明奖大奖。

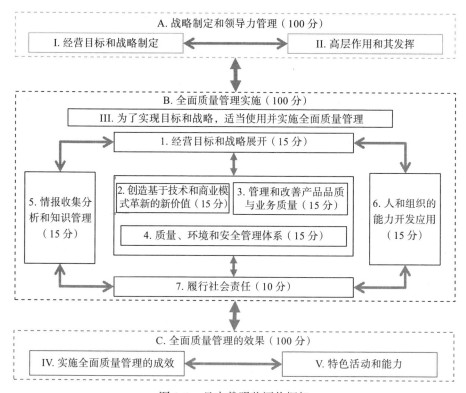

图 3-1　日本戴明奖评价框架

资料来源：2018 年戴明奖申请指南。

戴明奖授予那些通过全面质量管理实现了以下项目的申报组织：

- A）根据经营理念、行业、营业状况、规模和经营环境，在明确的经营理念与积极的顾客导向下，在组织的社会责任基础上，制定了经营目标和战略，并且高层领导在制定时充分发挥了领导力。
- B）为了实现 A）的经营目标和战略，适当地使用并实施全面质量管理（TQM）。
- C）作为 B）的结果，在 A）的经营目标和战略方面取得了效果，还获得了将来发展所需要的组织能力。

5. 戴明奖的影响

戴明奖的实施，直接或间接地对日本质量控制、质量管理的发展起到不可估量的影响，包括质量的稳定和提高、生产效率的提高和成本的降低、质量管理计划的全面实施、全面参与全面质量管理和组织结构的改进、提升管理和改进的动机、促进各种管理体系和全面管理体系的建立，以及提高质量和质量管理水平。

戴明奖的总目标是确保对产品质量和服务质量的控制。它对质量概念的描述侧重于质量是由过程决定的。日本戴明奖评奖标准涉及所有业务方面。企业的成效按四项标准予以评定：一是计划（包括方针、组织和管理）；二是执行（包括利润管理、成本控制、过程标准化和控制、质量保证等）；三是效果；四是对以后的策划。戴明奖制度创立后，许多企业都将获得戴明奖作为提高本企业质量管理水平的手段，促进了日本广泛而深入地开展质量管理活动。

获得戴明奖既是一种荣誉，更代表一流的竞争力，它是日本企业追求卓越愿景的目标。日本的松下、丰田，美国的佛罗里达电力等都曾获得戴明应用奖。现在，戴明奖已成为享誉世界的奖项。

戴明奖给日本企业的 TQC 带来极大的直接和间接影响。日本企业以申请戴明奖作为动力和桥梁，积极推动 TQC 活动，经过几十年的努力，逐渐形成了日本企业的竞争力，取得了举世瞩目的经济奇迹。

获得戴明奖也是一种挑战。获奖意味着在采用有价值的质量控制方法上获得成功。企业通过申请戴明奖，建立并完善了企业综合管理体系，推进了企业的标准化活动，提高了企业的管理和质量改进意识，提高了全员参与 TQC 活动和质量改进的积极性，提高了产品质量、劳动生产率和企业的凝聚力，使质量改进和标准化活动成为企业的自觉行动。

3.1.2 美国波多里奇国家质量奖

1. 设立背景

20世纪80年代，为了迎接日本产品的挑战，美国总统、国会议员、各州地方政府官员、专家学者和企业经营者掀起了一场质量复兴运动。许多工业和政府部门的领导者认识到在日益扩大的、更苛刻的、竞争更加激烈的世界市场环境中，强调质量不再是企业的选择，而是必要条件。但是美国的经营者极不重视质量，也不知道如何去做。

1987年美国国会通过了《马尔科姆·波多里奇国家质量改进法》，规定设立国家质量奖，对在质量和绩效方面成就卓著的组织予以奖励，以提高国民对作为竞争优势的质量和卓越绩效的重要性的认识。国家质量奖后来被称为马尔科姆·波多里奇国家质量奖，简称波多里奇国家质量奖或波多里奇质量奖。波多里奇国家质量奖评价标准的最初设想是使其成为能够帮助美国的企业组织达到世界级卓越质量的准则。波多里奇国家质量奖标准在增强美国企业组织的竞争力方面的重要作用在于：有助于组织提高改进质量的实施能力，提升组织整体的效率和有效性，促进交流和分享美国企业组织的最佳经营方法，指导组织的策划和培训工作，使顾客在不断改进的价值观中受益，最终实现组织的成功。

2. 设立目的

美国联邦政府为了鼓励企业提高产品质量，增强美国产品在国际市场上的竞争力，于1987年设立波多里奇国家质量奖，设立该奖项的目的主要包括以下四个方面：

- 帮助和激励美国公司为了获得这一荣誉而改进质量和生产率，同时获得利润和竞争优势；
- 对那些在改进自身的产品和服务质量方面取得成就的公司给予表

彰，并且为其他公司树立榜样；
- 为工业、商业、公共和其他领域的组织评估自己的质量改进效果建立指南和样板；
- 通过提供有价值的评价指标和细节，使人们了解一个组织怎样成功地改变企业文化并获得卓越绩效，为其他希望实现卓越质量和绩效的美国公司提供特别指导。

3. 奖项设置

目前涉及的领域主要包括：制造和服务业、小企业、教育机构和医疗卫生以及包括政府机构在内的非营利组织。

- 制造和服务业。1987年奖项设立之初，制造和服务业是主体。随着美国制造业外包和全球化布局，制造业空心化严重，很多年份出现了制造业奖项空缺。
- 小企业，是最初设立的三大类之一。小企业在管理方式和影响上，与大规模企业存在巨大差距，独立设立是为了鼓励更多中小企业参与。
- 医疗卫生和教育机构。1999年，医疗卫生和教育机构质量正式纳入美国波多里奇国家质量奖的授奖范围。医疗卫生和教育机构作为公共事业单位，也面临着地方政府拨款预算审批和公众捐赠的竞争，政府背书的质量奖无疑是它们争取预算和捐赠的最强助力，因此，这两类奖项一经推出就引起轰动。如今，这两个奖项成了波多里奇国家质量奖的重头戏，参评和获奖组织在所有参评组织中的比重越来越大。
- 非营利组织。2006年，非营利组织被正式纳入波多里奇国家质量奖评审范围，越来越多的城市、非政府组织等参与评选，通过第三方的客观评价来增加预算竞争的筹码。

4. 评价模型

波多里奇国家质量奖是根据里根总统签署的《马尔科姆·波多里奇国家质量改进法》设立的。

自1987年设立以来，波多里奇卓越框架及卓越绩效评价准则有一个总体目标（见图3-2）：反映并鼓励采用经证实的前沿管理和绩效实践。因此，美国波多里奇国家质量奖评价准则每年进行一次修订，致力于体现被证明为行之有效的、具有领先水平的最佳的实践和做法。为了保证评价准则的相对稳定性，从2009年起波多里奇国家质量奖改为每两年修订一次。

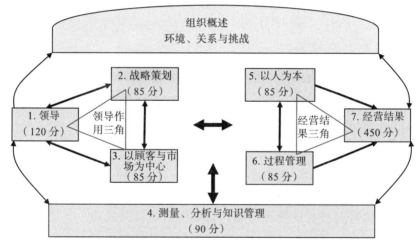

图3-2 美国波多里奇国家质量奖评价标准框架

资料来源：美国波多里奇国家质量奖卓越绩效评价准则。

5. 波多里奇国家质量奖的影响

波多里奇国家质量奖卓越绩效模式有着坚实的客观基础，它是全面质量管理的一种实施细则，是以往美国企业多年全面质量管理实践的具体化和标准化。

波多里奇国家质量奖沙里淘金，每年只有 3～5 家企业获奖，以引导企业通过持续的质量改进和设定业绩的卓越标准而获得顾客满意度。同时，波多里奇国家质量奖促进企业提高质量、增强竞争力，帮助企业驾驭复杂的管理系统，为企业管理提供一个系统的工程管理思路。据调查，80% 的企业认为该奖促进了企业质量的提高，帮助美国企业的产品和服务质量达到世界级水平。

波多里奇国家质量奖为企业或其他组织提供了一个沟通、诊断和评价的平台，使得企业或其他组织能够用一套体系来讨论和沟通企业的经营管理，通过分享获奖企业的经验，激励更多企业改进业绩，提高经营水平。

3.1.3 欧洲质量奖

欧洲质量奖是由欧洲质量管理基金会（EFQM）等组织于 1992 年设立的一项质量奖励制度，其宗旨在于认可那些特别重视全面质量管理的组织并鼓励其他组织以这些组织为榜样。

1. 设立背景

在欧洲，越来越多的组织已经认识到质量管理是为取得效率、有效性和竞争优势而进行的管理活动，是确保组织长期成功，满足顾客、员工、利益相关方和整个社会需要的一种途径。质量管理项目的实施能够实现重大的收益，如提高效率、降低成本以及提高顾客满意度等，这些都将为组织带来更好的业绩。

美国波多里奇国家质量奖和日本的戴明奖在推动和改进制造业和服务业质量方面所取得的成效，使欧洲企业有所感悟。它们认为欧洲有必要开发一个能与之媲美的欧洲质量改进框架。时任欧盟委员会（European Commission, EC）主席雅克·德洛尔指出，"为了企业的成功，为了企业竞争的成功，我们必须为质量而战"。

欧洲质量奖面向所有拥有良好业绩的欧洲企业组织，关注组织的卓越业绩，在不断追求卓越的道路上向组织提供支持。

1990年，在欧盟委员会和欧洲质量组织（European Organization for Quality，EOQ）的支持下，欧洲质量管理基金会开始筹划欧洲质量奖。1992年，欧盟委员会、欧洲质量组织和欧洲质量管理基金会共同发起欧洲质量奖，欧洲的绝大多数国家也都依据欧洲质量奖设立了国内的质量奖励制度和机制。

2. 设立目的

设立欧洲质量奖的目的与美国设立波多里奇国家质量奖以及日本设立戴明奖的目的是一致的，都是推动质量改进运动、提高对质量改进重要性和质量管理技术方法的认识，对展示出卓越质量承诺的企业进行认可，以提高欧洲企业在世界一体化市场上的竞争力。

欧洲质量奖的宗旨是帮助欧洲企业走向卓越。欧洲质量奖的使命：一是激励和帮助欧洲企业，改进它们的经营活动，并最终达到顾客满意、雇员满意，实现社会效益和企业效益的卓越化；二是促使欧洲企业的管理人员加速实施全面质量管理这一在全球市场竞争中获得优势的决定性手段。欧洲质量奖对欧洲每一个表现卓越的企业开放，它注重评价企业的卓越性。

3. 奖项设置

欧洲质量奖着重于评价企业的卓越性，面向所有的欧洲组织，包括大型组织、公司的生产单位、公共部门、中小企业（独立的或分支机构）。

为了鼓励和引导不同经营水平的组织引入和实践卓越绩效模式，EFQM建立了包括欧洲质量奖在内的奖励认可体系。该体系包括三个等级水平，由高到低依次为：承诺的卓越、认可的卓越、欧洲质量奖。

（1）承诺的卓越：为刚开始追求卓越的组织或组织部门而设计，重点在于帮助这类组织理解它们目前的绩效水平，在此基础上确定改进方案。

（2）认可的卓越：为已经使用EFQM卓越理念和框架追求卓越绩效的组织或组织部门而设计。

（3）欧洲质量奖：包括卓越大奖、单项奖、入围奖和提名奖四类。

- 卓越大奖：最高奖，授予在EFQM卓越模型各个方面均体现杰出和可持续的绩效结果的企业。欧洲质量奖授予被认定是最好的企业。获奖企业的各类质量管理方法和经营结果是欧洲或世界的楷模。获奖企业可以在信笺、名片、广告等宣传媒介上使用欧洲质量奖获奖者标志。

- 单项奖：基于EFQM卓越模型的8大理念设计的奖项，当某项理念在组织中得以弘扬，并被证明对组织取得卓越和可持续的绩效结果产生了显著影响时，该企业可被授予单项奖。单项奖认可并表彰企业在某一方面的模范表现，也使得一般的管理者和媒体更容易理解。

- 入围奖：获欧洲质量奖的入围奖意味着企业在持续改进其质量管理的基本原则方面，达到了较高的水准。获入围奖的企业将在每年一度的欧洲质量奖论坛上得到认可。

- 提名奖：表彰那些在大多数"手段"方面和实施战略中表现出较高的成熟度且在所有EFQM关注的关键"结果"方面具有良好表现的组织。它们已经达到欧洲质量奖卓越模型的中等水平。获欧洲质量奖的提名奖将有助于鼓励企业更好地进行质量管理，并激励它们进一步去努力。

4. 评价模型

当使用RADAR矩阵为一个组织打分时，将对标准中9个部分中的每项进行加权，以计算得到的分数（见图3-3）。

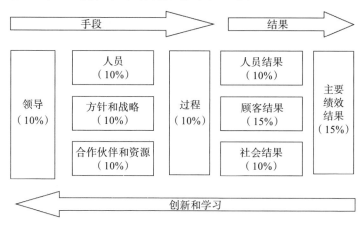

图 3-3　欧洲质量奖 EFQM 卓越模型

资料来源：EFQM 卓越模型 2013。

这些权重是在全欧洲进行广泛协商后确定的，欧洲质量管理基金会对它们进行定期的审查。2013年，该基金会对各部分权重进行了调整，与1992版的标准相比，主要调整如下：

（1）五个关键过程条款的权重平均分配各占10%。1992版的标准中，领导占10%、方针和战略占8%、人员占9%、合作伙伴和资源占9%、过程占14%。

（2）对四个结果权重进行了调整，人员和社会结果各占10%，顾客与主要绩效结果各占15%。1992版的标准中，顾客结果占20%、人员结果占9%、社会结果占6%、主要绩效结果占15%。

（3）通常九个部分中各条款的权重平均分配，比如，有四项条款的各条款占本部分的25%，有五项的各占20%。在2013版的标准中有两个例外，人员结果和顾客结果中，感知测量指标各占75%，绩效指标各占25%。而在1992版的标准中有三个例外，人员、顾客、社会三类结果中，感知测量指标占75%，绩效指标占25%。

5. 欧洲质量奖的影响

积极参与申请并力求获取欧洲质量奖，可以持续不断地为组织带来益处。申请欧洲质量奖的积极影响包括：

- 明确组织的经营目标及其改进活动；
- 培养和促进团队协作精神，使员工的工作目标明确，工作中具有强烈的竞争意识；
- 提高人们的全面质量管理意识，为准备申请欧洲质量奖的组织提供了发展空间和机遇；
- 申请本身具有作为培训和交流工具的价值。

组织还能够从由独立评审员（来自欧洲的高级管理者或专家）组成的评审组给出的反馈报告中获得益处。反馈报告依据申请中陈述的每一条标准列出合格和尚需改进的项目。随报告附有评分概况以及与其他申请该奖的组织的得分对比情况，并且高级评审员还有可能到组织所在地参加就反馈报告召开的讨论会。

3.1.4 各国质量奖的启示

1. 质量管理是需要重视和奖励的

质量管理是需要奖励的，企业开展的质量工作是基础工作，成效往往是综合的，而且在短期内很难有明显的效果。质量工作既不像技术研发可以在短期内获得一项成果和专利，也不像营销可以取得一个大的订单和获得一个区域的市场份额，成效马上就能显现出来。因此，我国的质量管理也从以往的"处罚监管"为主，逐步转变为"激发企业自评提升为主，监管为辅"。随着管理活动的深入，各会员企业开展质量提升活动的积极性必将得到极大调动，继而提升企业的管理水平和竞争力。

质量奖评的是管理，评的是组织的成熟度。作为质量奖评价标准的卓越绩效模式的引入是一个系统工程，是理念、系统和工具方法全方位的学习过程。因此，一个模式的引入和建立不是一朝一夕就可以完成的，一般需要 2～3 年的磨合和适应，才能成为组织提升管理的利器。因此，卓越绩效模式的引入是一把手工程，需要各级领导带头才能真正地落地和推行。

2. 质量管理需要深层次的变革

质量不足是产生经营问题的根源。目前，国内很多企业常常面临一些经营上的困境，特别是在中央提出了经济新常态，市场经济逐渐规范化之后，大批存在问题的企业出现亏损，甚至倒闭。经营问题只是表象，单纯因问题而动，只能是治标不治本，只有找到藏在问题底下的深层次原因，才能从根本上解决经营问题。

卓越绩效模式是优秀企业成功的路线图，引入卓越绩效模式是企业开展质量提升行动的有效手段。这不仅仅是简单的工具和流程层面的改进，还需要在理念上完成从"合规"到"卓越"的转变，在战略上坚持质量第一、以质取胜。全体员工不仅要关注产品质量，还要关注过程质量和工作质量的提升，需要从理念、系统和方法的角度进行全方位变革。

3. 质量管理是需要方法和工具的

工具方法是前人总结的诀窍，体现了先进的管理思想，运用工具可以大大节省管理成本。用好先进的工具方法，可以提升解决实际问题的成效，夯实质量管理基础。

质量奖不是简单地评出优胜者，不是"矮子里面选将军"，质量奖的评选过程是一个普及质量理念，推广质量方法和工具，挖掘和遴选真正的优秀企业，树立标杆，引导企业追求卓越的过程。

因此，引入卓越绩效模式争创质量奖，远不止写一份自评报告，准备好 PPT 汇报，迎接专家的现场评审这么简单，评奖不是目的，"以评促建"，通过质量奖评审，引导各类组织和个人关注质量，建立和完善企业综合管理体系，推进企业的标准化活动，才是设立政府质量奖的初衷。这就需要专业的质量管理和咨询人员在引入先进管理理念、推广先进质量工具和方法、提升企业的管理水平上下功夫。争创质量奖是一个契机，企业能够由此正式踏上通往卓越之旅。

4. 质量管理是可以带来效率的

戴明奖的设立，极大地调动了日本企业改善质量的积极性，使得日本的产品质量大幅改善，"日本制造"成为高质量的代名词，日本的经济效益也得以提升，从 20 世纪 60 年代至 80 年代更是保持了 20 多年的高速增长，日本经济腾飞被誉为奇迹。时至今日，日本经济在国际上仍然保持着强势地位。美国著名质量管理专家朱兰对日本经济奇迹的评价是："日本的经济振兴是一次成功的质量革命。"

美国前总统克林顿这样评价波多里奇国家质量奖："马尔科姆·波多里奇国家质量奖在使美国经济恢复活力以及在提升美国国家竞争力和生活质量等方面起到了主要作用。"另外，据 2011 年 12 月发布的一项由美国商务部开展的波多里奇项目经济效益评估的研究显示，申请该奖的组织的收益与投入比达到 820:1。应该说，波多里奇国家质量奖对美国经济的再次腾飞做出了巨大的贡献。

3.2　我国质量奖制度简介

3.2.1　我国质量奖分类

在国际质量奖浪潮的影响下，我国的质量奖励活动也如火如荼地全面展开，我国各级、各行业频频推出质量奖活动，归纳起来可分为三类：政府质量奖、社团质量奖、企业内部质量奖。

1. 政府质量奖

（1）国家层面。"中国质量奖"是2012年由原国家质量监督检验检疫总局（现国家市场监督管理总局）设立的，目的是完善国家质量奖励制度，树立质量先进典型，推进质量强国建设，提升国家质量竞争力。中国质量奖是中国质量领域的最高荣誉，设中国质量奖和中国质量奖提名奖，每两年评选一次，旨在表彰在质量管理模式、管理方法和管理制度领域取得重大创新成就的组织，以及为推进质量管理理论、方法和措施创新做出突出贡献的组织和个人。

（2）省级层面。我国内地31个省、自治区、直辖市及新疆生产建设兵团均设立了省级政府质量奖。这一做法极大地激发了广大企业积极采用先进质量管理方法，追求卓越的热情，对于全面提升企业竞争力和质量管理水平发挥了重要作用。为了更好地开展质量奖评审，各地纷纷制定评价准则（具体见附录B）。

（3）市县层面。各市县为了提升区域质量水平，鼓励龙头骨干企业更好地发挥榜样作用，推动地方经济跨越式发展，也积极设立了市县层面质量奖。比如，湖北省已有16个市、州设立了政府质量奖；广东省在省、市、县三个层面全面设立了质量奖，获奖企业受推荐参评上级质量奖，各市县均出台政策对获奖企业进行配套奖励。

各地方政府质量奖的评价标准主要有以下四类：

- 一是采用美国波多里奇国家质量奖标准，如深圳市；
- 二是制定地方标准，比如天津市和山西省分别制定了质量奖评价的地方标准（《天津质量奖卓越模式》DB12/T 630—2016、《山西省质量奖组织类评价规范》DB14/T 1463—2017）；

- 三是制定本地的评价准则，比如，北京市的《北京市人民政府质量管理奖评价准则》、湖北省的《长江质量奖评定标准》等；
- 四是《卓越绩效评价准则》与本地要求相结合，大多数省份采用了这种方式。

2. 社团质量奖

（1）全国质量奖。中国质量协会于2001年设立全国质量奖，截至2021年已开展19届，2018年起调整为两年一届，奖项设置包括：组织奖、个人奖、项目奖，采用《卓越绩效评价准则》。2019年，共有17个组织获第十八届全国质量奖。

（2）全国机械工业质量奖。全国机械工业质量奖于2010年经国务院批准设立，由中国机械工业质量管理协会组织，每年评选一次，是对国内实施卓越绩效管理，并在质量、经济和社会效益等方面取得成绩的机械行业企业授予的质量管理方面的最高奖项。2020年，共有16家企业获奖。

（3）全国纺织行业质量奖。全国纺织行业质量奖于2012年由中国纺织工业联合会设立，对多年来在质量管理方面常抓不懈并取得优异成果的企业进行表彰。活动的目的是在行业内推进卓越绩效模式，促进纺织行业实现标准化、正规化、国际化，缩小与国际先进企业的差距。奖项包括质量奖和实施卓越绩效模式先进企业奖两类。每届获奖企业不超过5家。

（4）全国商业质量奖。全国商业质量奖于2004年由中国商业联合会设立，每年一次，表彰那些在质量、经济效益、社会效益等方面取得成绩的服务业、商贸流通和商办工业企业。活动的目的是进一步推动服务业企业的全面提升，营造良好的营商环境，树立一批行业标杆企业，宣传典型企业经验，增强人民群众的满意度和获得感，实现企业良性健康发展。2020 年，共有 126 家企业获奖。

3. 企业内部质量奖

质量奖只是一个形式，其核心是卓越绩效模式。卓越绩效模式是以各国质量奖评价准则为代表的一类经营管理模式的总称。正如朱兰所说，目前对全面质量管理还没有统一的标准定义，这种广泛的传播使得美国波多里奇国家质量奖标准成为关于全面质量管理最广为接受的定义。

设立企业内部质量奖是卓越绩效模式落地的一个有效手段，国内外众多优秀企业都纷纷设立了企业内部质量奖。国际上的 IBM、麦当劳，国内的华为、京东方、鞍钢等企业，都是通过设立企业内部质量奖，把组织的战略和目标纳入质量奖评价标准，寻找和挖掘内部标杆进行交流推广的，从而提升组织的整体管理水平。

华为质量奖的创立主要围绕"以客户为中心"的大前提，基于客户的视角和用户的使用体验来评判质量结果，真正激励那些内心追求工作质量、工作输出好、客户评价高、上下游评价好的员工。通过质量奖的榜样力量激励全员追求高质量，实现"让华为成为 ICT 行业高质量的代名词"的质量目标。

京东方质量奖以欧洲质量奖为框架，在充分参考借鉴日本戴明奖和美国波多里奇国家质量奖的同时，又有着自我创新之处，并且整个质量奖的建立过程也充分考虑到我国的国情和我国是一个制造大国的实际背景，因此，京东方质量奖更加注重对过程标准化的提升。设立京东方质量奖的主要目的有三个：一是通过设立质量奖引导集团内各单位为追求荣誉而战，持续追求卓越绩效；二是引导员工关注亟待改进的关键课题，实现企业资源配置效益最大化；三是遴选标杆，在集团内学习和分享，共同提高。

北京农商银行通过设立企业内部质量奖，全面深化推进质量管理建设，形成前台营销服务、中台监测控制、后台资源保障的合力，全面建设"流程银行、特色银行、精品银行"。北京农商银行在借鉴外部先进的质量奖评审经验的同时，结合自身的地域、行业等特点，细化形成了独具北京农商银行特色的企业内部质量奖评价标准，为各支行和网点追求卓越提供了一套清晰的管理路线图和系统的方法论。北京农商银行质量奖分为卓越组织奖和卓越网点奖两类：卓越组织奖针对管辖支行，重点评价经营思路和管理的系统性；卓越网点奖针对基层网点，重点评价客户服务过程与服务质量。

3.2.2 我国政府质量奖的发展历程

1. 我国质量奖历史

1978 年，原国家经委在引进西方现代企业管理理论和方法的同时，也了解到西方国家在质量奖励方面的成熟做法，包括具体的奖励方式。1979 年，我国设立国家质量奖。奖项采取企业申报、组织专家评审、由国家经委代表政府授奖的办法进行管理。这是首次以国家的名义设置的质量专门奖项。当时国家质量奖系列奖项主要针对企业产品质量设立，分别为金质、银质奖章（牌）。在产品质量奖设立之后，人们很快发现，质量奖励制度仅从产品角度进行表彰还很不够，于是，1982 年 5 月，原国家经委与中国质量管理协会联合发出《关于开展评审国家质量管理奖工作的通知》，决定在国家质量奖中增设国家质量管理奖。通过这种办法，鼓励企业推进全面质量管理，建立健全企业质量管理体系。由于时代的局限性，当时的国家质量管理奖还是更多地侧重产品质量，在计划经济的背景下，没有对质量管理起到太多的变革和影响。因此，20 世纪 90 年代初，伴随整治泛滥的各类评奖，国家质量管理奖项目也被叫停。

2. 政府质量奖兴起

随着世界各地质量奖的普及，人们逐渐认识到奖励制度对企业追求质量的促进作用，国内也掀起了一场质量提升热潮。2004年，深圳市政府设立深圳市市长质量奖，在国内率先启动了政府质量奖励项目；2009年，上海、重庆、山东、河南等省、自治区、直辖市政府质量奖也相继设立；随后，各市、县、区陆续设立了政府质量奖。2012年，第一届中国质量奖正式设立，标志着在国家层面开始设立质量奖励制度。

到目前为止，30多个省、自治区、直辖市设立了省级政府质量奖，近2/3的地级市设立了政府质量奖，还有约1/3的县（市、区）也设立了质量奖项目。比如，湖北省有16个市、州已设立政府质量奖；广东省在省、市、县三级全面设立了政府质量奖，获奖企业受推荐参评上级质量奖，各级政府划拨配套奖励资金，形成了完善的推进机制。

3. 政府的质量奖励政策

为了激励企业或组织更好地开展质量提升活动，各级政府加大了质量奖的奖励力度。

在省级层面，很多省份加大了对获奖组织的奖励，比如，福建省对荣获中国质量奖的企业或组织，给予一次性奖励500万元，对荣获中国质量奖提名奖的企业或组织，给予一次性奖励300万元等。

在市级层面，各地也纷纷出台政策对国家和地方质量奖获奖企业进行重奖，比如，石家庄市对获中国质量奖的企业奖励1 000万元。泉州市政府对本市企业获各级质量奖给予不同的奖励：给予获中国质量奖的企业或组织300万元，对获中国质量奖提名奖、福建省政府质量奖的奖励100万元，对获市政府质量奖的奖励100万元。杭州市对获得中国质量奖的企业或组织奖励500万元，获提名奖的奖励300万元；对获得浙江省政府质量奖的奖励200万元，获提名奖的奖励150万元；对获得杭州市市长质量奖的奖励100万元，获提名奖的奖励30万元。

在区域层面，很多开发区也鼓励辖区企业积极申报各级质量奖，在区域内营造良好的质量氛围。比如，苏州工业园区对新获评中国质量奖、中国质量奖提名奖的，分别一次性奖励500万元、100万元；获江苏省省长质量奖、江苏省省长质量奖提名奖的，分别一次性奖励150万元、50万元；获苏州市市长质量奖、苏州市质量管理优秀奖、苏州市质量奖的，分别一次性奖励100万元、20万元、10万元。

随着国家质量兴国战略和质量提升活动的深入开展，各地也纷纷修订质量奖管理办法，加大质量推进和奖励力度。比如，2020年，山东省新修订质量奖管理方法，加大质量奖奖励力度，将省长质量奖的奖金由100万元提升到200万元，对获得中国质量奖的企业奖励500万元。

3.2.3 中国质量奖简介

1. 设立背景

党的十八大以来，习近平总书记先后提出"经济新常态""三个转变""供给侧结构性改革"等经济发展的关键词汇，揭示了我国经济发展方式正发生重大变化。为贯彻党的十八大关于"把推动发展的立足点转到提高质量和效益上来"的指示精神，提高供给侧质量水平，推动建设质量强国，经中央批准，我国于2012年6月设立中国质量奖。该奖项是由原国家质量监督检验检疫总局（现国家市场监督管理总局）负责组织实施的、国内质量领域的最高政府性荣誉。

中国质量奖旨在表彰在质量管理模式、管理方法和管理制度领域取得重大创新成就，以及组织和为推进质量管理理论、方法和措施创新做出突出贡献的组织和个人，并推广科学质量管理制度、模式和方法，促进质量管理创新，传播先进质量理念，激励引导全社会不断提升质量，建设质量强国。

2021年1月31日，中共中央办公厅、国务院办公厅印发了《建设高标准市场体系行动方案》，明确要求"深入实施质量提升行动，进一步完善质量激励政策,建立政府质量奖获奖企业和个人先进质量管理经验宣传推广长效机制"。政府质量奖项目已成为国家质量奖提升行动的重要抓手,我国正在掀起新一轮的质量改进热潮。

2. 奖项设立

中国质量奖的评选突出先进性、代表性、时代性,遵循申请自愿、不收费和科学、公开、公平、公正的原则。

中国质量奖评选周期为 2 年,奖项分为中国质量奖和中国质量奖提名奖。中国质量奖名额每届不超过 10 个组织和个人,提名奖名额每届不超过 90 个组织和个人。

经过四届的评比,共有 25 个组织、3 个班组、4 名个人获得中国质量奖,248 个组织、26 个班组、31 名个人获得中国质量奖提名奖,具体名单见附录 C。

3. 申报条件

组织参评条件:

一是基本条件。拥护党的路线、方针、政策。在中国境内依法设立。近 5 年内无重大质量、安全、环保等事故,无相关违法、违规、违纪行为。

二是质量效益显著。贯彻落实新发展理念,不断提升质量效益和核心竞争力。在质量提升方面,实施质量发展战略,坚持质量第一的发展理念,崇尚诚实守信、持续改进、创新发展、追求卓越的质量文化,不断加强全面质量管理,质量管理制度、模式和方法成熟度高,质量水平和管理水平在所属领域或行业内领先。在创新发展方面,将创新作为提升质量的有效手段,把质量提升作为创新的追求目标,关键核心技术自主可控,不断推动实现技术创新、管理创新、经营创新。在品牌影响方面,重视品牌建设,依靠提升质量来提高市场信誉和社会影响,在本领域或同行业内具有较高知名度和影响力，具有良好的形象和口碑，质量满意度高，相关投诉率低，信用记录良好。在组织效益方面，取得良好的经济效益和社会效益，核心质量指标、关键经济效益指标居于行业前列，在引领行业进步、带动区域发展等方面发挥积极作用，为推动经济社会健康发展做出贡献；积极履行社会责任，维护公共利益，树立起对社会负责的良好形象；发挥引领作用，将质量管理的成功经验和先进方法向产业链两端延伸推广，带动提升全产业链的质量水平，为推进我国产业基础高级化和产业链现代化做出贡献。

三是质量管理制度、模式和方法具有可示范、可推广性。通过质量管理创新，结合实践总结提炼出具有中国特色、行业领先、国际先进且具有应用推广价值的质量管理制度、模式和方法。

个人参评条件：

- 拥护党的路线、方针、政策，自觉践行社会主义核心价值观，恪守职业道德和社会规范，无相关违法、违规、违纪行为。
- 树立质量第一的强烈意识，长期从事质量管理研究或实践，具有较高的理论水平或丰富的实践经验，大力弘扬工匠精神、企业家精神，推广应用先进质量管理方法和理念，为区域质量、行业质量或组织质量水平提升做出突出贡献。
- 对于一线工作人员，要求其长期从事一线工作，具有认真严谨、一丝不苟、持续改进、追求卓越的工匠精神，实践经验丰富，在工作中敢于创新，注重传帮带，为所在领域质量水平的提升、工艺技能的改进、解决普遍性和关键性的质量难题做出突出贡献。
- 对于质量管理人员，要求其长期从事质量管理工作，具有丰富的质量管理实践经验，在实践中实现质量管理制度、模式和方法创新，并为所在组织和行业提升质量水平，取得较高的经济和社会效益做出突出贡献。

- 对于质量领域的专家学者，要求其长期从事质量管理理论研究，具有较高的专业素养和理论水平，潜心研究、学有所长、研有所专，在推广应用先进质量管理方法和理念、推动质量提升、促进质量强国建设方面取得突出成绩，做出突出贡献。

4. 评审流程

（1）材料评审。评审委员会组织成立材料评审组，对申报材料进行评审。评审委员会对评审结果进行审议，投票产生中国质量奖候选名单和中国质量奖提名奖候选名单。

（2）陈述答辩。对拟推荐进入组织奖现场评审的组织负责人和拟推荐进入个人奖现场评审的参评人，进行陈述答辩。其主要包括风采展示、主题陈述、必答环节、提问环节、委员评分等五项程序。

（3）现场评审。评审委员会组织成立现场评审组，对进入现场评审的组织和个人开展现场评审，形成现场评审报告。

（4）综合评议。评审委员会根据材料评审、现场评审和陈述答辩结果形成评审报告，评选表彰委员会予以审议，投票产生中国质量奖和中国质量奖提名奖获奖建议名单。

（5）公示表彰。中国质量奖和中国质量奖提名奖建议名单经国家市场监督管理总局核定后向社会公示。国家市场监督管理总局发布表彰决定，向获奖组织和个人颁发获奖证书、奖牌或奖章并组织表彰授奖活动。

3.3 政府质量奖

3.3.1 设立政府质量奖的目的

对企业和组织在质量方面取得的进步予以奖励,是国际上通行的做法。质量奖项目作为企业和组织改善产品服务质量、提升竞争实力的有效手段之一,在国内外得到了广泛的认可。设立政府质量奖的目的主要包括以下四个方面:

1. 引导企业认识质量的重要性

(1)改善决策者的质量意识。质量提升的第一责任人是各个企业的决策者,决策者的质量意识决定了企业的质量水平。国内一些企业对质量重视度不足的原因大多数在于企业的决策者认为质量对企业的经营来说无关紧要。决策层普遍缺乏必要的质量意识,对于质量究竟是什么,对企业运营意味着什么,没有清晰的理解和系统深入的思考,导致市场主体整体缺乏质量提升的主动意识。

当前,一些政府和企业常常把质量挂在嘴边,质量口号也喊得越来越响,但实际上普遍存在着对质量重视度不够的问题。比如,质量工作在企业的地位比较落后,质量部门人员待遇偏低,质量部门缺少话语权;在日常的经营工作中,质量向产、供、研、销等各个环节妥协,但各个环节却很少向质量妥协;在企业年度预算中,给予质量提升的预算基本上可以忽略不计;此外,目前企业的经营目标很少与质量挂钩。在日常的工作中,虽然企业的决策者把质量口号喊得很响亮,但在决策者的心目中,"好的质量"仅仅局限于不出事故,没有因为质量问题导致客户索赔就可以了。

追求质量的核心问题是决策者对质量工作的认识,唯有认清楚质量在企业经营中的重要性,企业才有可能重视质量。过去很多企业并不认同这样的观点。近年来，随着质量强国战略的提出，全球化进程的推进，越来越多的企业认识到质量的重要性，并成为质量发展的践行者、推动者。

（2）质量是市场竞争的焦点。通过对大量企业的分析，在带有市场竞争特性的企业中，质量领先的产品往往是畅销的，企业能够按照计划安排生产，很少有库存，在销售环节也不需要太多的费用投入。市场竞争过程本质上是产品与产品之间的相互比较，能够吸引顾客购买的产品才能赢得市场。

影响顾客购买决策的主要产品特性可以分为五大类：功能、性能、可靠性、成本（价格）和交期。功能、性能、可靠性三类属性，是我们印象中传统意义上的质量，即产品的先进性和耐用性。顾客在做购买决策时，主要围绕上述几个特性进行比较与选择。这五类特性间的关系层层递进。只有在满足了前一项特性之后，消费者才会关注下一项特性，当前一项特性不能得到满足时，比较后一项特性是没有意义的。所以消费者在实施购买决策时，首先关注的要素即是质量，只有在质量得到满足的条件下，才会去考虑其他因素。

美国学者瓦克卡（Robert J. Vokurka）和福里纳（Gene Fliedner）曾经围绕这个理念提出过沙堆模型。该模型中提出这样一种战略思想，即现在的竞争是建立在以前的成功之上的，质量仍是提高和发展其他竞争能力的必要前提。

美国质量大师朱兰提出：20世纪是生产率的世纪，21世纪是质量的世纪，质量是和平占领市场最有效的武器。市场竞争看似纷杂，品牌、价格、交期、关系等都是客户关注的焦点，但本质上的竞争是在质量上。品牌是指一个产品（或服务）的质量的概念化，如果体现不了质量差异，这样的品牌就失去了意义；价格、交期等因素虽然对市场竞争有影响，但是它们是建立在同等质量的基础之上的。所以说，市场竞争本质上指的是质量的竞争，企业只有把握以满足顾客需求为中心的质量，才能真正地把握市场。

（3）质量是企业利润的源泉。根据国内大量企业的盈利状况分析，我们可以看出，质量决定了企业的盈利能力及利润空间。能够通过产品或服务获取高额利润的企业，都是质量领先的企业，如国内的茅台酒、好孩子童车等。此外，苹果公司虽然在国内智能手机市场占有率上只占据微弱优势，但在利润贡献上却达到了细分市场行业的绝对领先地位，一度高达90%。反观质量较差的企业，常常是利润微薄、保本经营，更有甚者处于倒闭的边缘。为什么质量会对企业利润产生如此大的影响呢？

第一，消费者在做购买决策时往往会选择最适合的，质量领先的企业常常占据细分市场的领先者地位。

第二，和同类产品比，质量领先的企业往往具有产品价格的话语权，因为质量领先会带来一定的溢价。比如，同等配置水平的智能手机当中，苹果手机的售价是其他品牌同类产品的1.5～5倍；家用的电源插座，西门子产品要比同类产品的价格高出50%左右。

第三，质量领先会带来多个方面的成本降低，比如库存费用、销售费用、售后服务费用等。产品质量好的企业，因为容易成为顾客的首选，往往不会有滞销的现象，所以很少有大量库存，和质量较差的企业相比，库存费用节省了一大块。质量好的产品往往畅销，所以不需要太多的广告费用和销售推广费用，给予中间商的折扣也会比较少。另外，质量好的产品往往不太需要维护，给企业减少了售后服务的成本。质量提升会大幅度降低企业的运营成本。著名的质量管理大师克劳士比在《质量无泪》一书中提到，提升质量不仅不会增加成本，反而会降低成本。

凝聚在产品质量上的差异，往往在很大程度上决定了企业间盈利能力的差异。企业要想真正地增加利润，提升质量是最有效的方式。目前，很多存在问题的企业希望通过扩大规模、提高销售量等方式实现利润提升，这种做法是不科学的，或者说不是从源头上去解决问题的，甚至可以说是一种错误的选择。规模扩大是质量提升后的必然结果，单纯地提高销售很难达到利润提升的目的。企业唯有抓住质量、抓好质量，才有可能真正实现利润的提升。

（4）质量水平决定了领导的尊严。当下，企业家们的奋斗目标已经不再是简单的养家糊口、追求小康，更多的是产业报国、促进社会进步、造福人类，以赢取社会的认同和尊重。但认同和尊重的基础是质量。比如，苹果公司的创始人乔布斯在离世后，不仅美国、俄罗斯、英国等国家的政要发文悼念，普通大众也为他燃烛哀悼。

在商品时代，消费者往往很难直接接触企业家，更多的是和企业的产品、服务接触。对企业来讲，产品往往成为组织成员特别是企业领导的品行、思想及能力的载体。产品应该为顾客创造价值，价值的差异更多地体现在质量的差异上。优质的产品与竞争产品相比，不仅可以为顾客创造更大的有用性或满意度，还能起到推动社会进步的作用。

优质的产品可以赢得尊重，劣质产品会让人轻视。有质量问题的产品会给消费者的期望带来非常大的伤害，当不能从价值上给予消费者满足的时候，就会引起消费者极大的厌恶感。低质量的产品难以为顾客带来卓越的价值，低质量企业的决策者不会受到社会的尊重。

一个真正对社会有意义的企业家，或希望能为社会创造价值的企业家，应该首先抓好质量。唯有抓好质量，才会真正为社会创造价值，也才可能真正获得社会的尊重。

（5）质量不足是产生经营问题的根源。目前，国内很多企业常常面临一些经营上的困顿，特别是在提出经济新常态之后，大批存在问题的企业亏损，甚至倒闭，客户开发困难、应收账款回收期长、公司盈利能力下降、产成品库存增加、订货周期不确定、价格谈判困难、生产计划不准确、银行贷款困难、员工流失、企业融资成本增加等问题层出不穷。为解决此类问题，企业决策者往往耗费大量的精力，却发现问题越解决越多。

经营问题只是表象，单纯因问题而动，只能是治标不治本，只有找到藏在问题下的深层次原因，才能从根本上解决经营问题。究其根本，产生经营问题的原因还是质量问题，比如客户开发困难，产品卖不出去，形成产品库存积压等都是因为产品缺乏竞争力。而质量是市场竞争的焦点，只有抓好质量，才可能拥有具有竞争力的产品，才可能赢得客户。对质量好的企业来讲，上述问题会迎刃而解，或者说，根本就不复存在。

抓好质量，才是解决困扰企业的各类经营问题的根源。对质量的忽视是决策者错误的理念造成的。企业需要高度重视产品质量，将更多的精力投入到质量提升上，这才是正本清源的经营之道。

（6）质量是企业经营的核心。综上所述，结合对国内外多家优秀企业进行的深入分析和跟踪研究，我们可以得出这样的结论：质量是市场竞争的焦点；质量是企业利润的源泉；质量水平决定了企业领导的尊严；质量不足是导致经营问题的根源。总体来说，质量是企业经营的核心。

2. 引导政府转变质量管理思路

质量奖项目是实现激发市场主体主动性，积极引导企业自主向高质量发展转型，实现提高国家质量水平、促进经济社会发展等目标的通用做法和重要手段。质量奖是为表彰在质量管理和经营绩效方面具有特别贡献的企业，引导和激励各类企业和个人加强质量管理，以推动整个国家或地区的质量管理工作而设立的奖项。

针对国内现阶段企业的特点，在政策的制定上，不能一味地考虑

"堵",更应该考虑"疏",疏堵缺一不可。政府需要建立一套科学的机制,营造出质量提升的环境,激励这部分企业自发地提升质量,向高质量发展转型。

从西方发达国家质量发展的成功经验来看,质量奖的设立有利于有效激发企业发挥主体作用,大大促进了质量提升方式从传统的"外部监管为主"向"以企业自主提升为主、外部监管为辅"转变。

3. 遴选标杆,总结最佳实践,探索中国的高质量发展之路

质量奖评审是一个遴选和挖掘标杆企业的过程,通过提炼标杆企业的优秀做法,供其他企业学习和借鉴,引领企业整体质量水平提升。标杆管理是指不断寻找和研究同行一流公司的最佳实践,并以此为基准与本企业进行比较、分析、判断,从而使本企业得到不断改进,赶超并成为一流公司,创造优秀业绩的良性循环。

首届中国质量奖获奖组织中国航天科技集团公司提出的"基于质量问题'双归零'系统管理方法"深入总结了航天质量问题归零管理的成功经验和实践成果。如今,中国航天科技集团公司主导制定的国际标准 ISO 18238 Space systems-Closed loop problem solving management(航天质量问题归零管理),由国际标准化组织正式发布。标准规定了航天产品承制单位对发生的产品质量问题进行机理分析、复现试验、纠正措施和举一反三等活动的基本程序与要求,提供了具有中国特色并得到各国认可的处理质量问题的有效方法,是我国首次将具有中国特色的航天管理最佳实践推向国际,并向国际输出质量管理成功经验的重要成果。航天科技"双归零"管理方法的总结,既起到了良好的示范作用,又形成了国际化的标准,引来国内很多企业相继学习借鉴。

4. 落实质量提升活动的主要抓手

从西方发达国家的质量发展历程来看，抓质量经历了三个阶段：一是质量检验阶段，通过严格的产品检验以确保质量可靠；二是随着社会生产力的发展，检验不仅显得滞后，效率低下，而且难以保障，质量提升的方式逐步从检验转向了以数据统计为基础的过程控制阶段，虽然检验还是必要的环节，但过程控制成为主导的方式；三是人们逐渐认识到质量不仅存在于生产环节，还与采购、研发、销售、服务等各个环节都存在着密切的联系，因此拓展到了全面质量管理阶段，提出全员、全过程地追求质量。

所以说，抓质量从来不是一件仅靠热情和口号就能干成的事情，方法至关重要。20世纪90年代末，全面质量管理起到的事前预防质量问题的作用，成为许多"世界级"企业的成功经验，引起了世界各国的广泛关注。"质量不是制造出来的，是设计出来的；质量不是检验出来的，是管理出来的"成为管理箴言。企业的质量提升实践也逐渐从事后检验向事前预防转变，从检验为主向管理为主转变。

企业是高质量发展的主体，政府是高质量发展规则的制定者和推进者。通过建立一种激励机制，引导和推动组织重视质量的改进工作，并形成自觉。激发企业质量提升主动性是发挥政府作用的支点，政府的政策将会对企业产生至关重要的影响。高质量发展的关键环节就是通过政府的政策导向，使企业逐渐由传统发展模式转向高质量发展模式。而质量奖则是政府推动市场主体自发向高质量发展转型的有力工具。

质量激励是引导和推动质量方法应用的一种表现方式，帮助组织实现质量改进是追求的实质。质量奖项目已经成为国际上各类组织提升经营绩效的有效方式。质量奖评价标准力图体现国际上先进的管理理念、最佳实践和工具方法，是国际上优秀企业走向卓越的基本手段。以质量奖为契机，全面引入卓越绩效模式，是实现组织目标、达成愿景的有效手段，有利于推动组织战略和各业务要求的落地，提升整体管理水平。

3.3.2 评审流程

政府质量奖评审一般包括如下流程：评选启动、行业推荐、形式审查、材料评审、现场评审、陈述答辩、综合评价、社会公示、审定报批、表彰分享。其中，材料评审、现场评审和陈述答辩等三个环节最为重要。

1. 评选启动

政府质量奖旨在推广科学的质量管理制度、模式和方法，促进质量管理创新，传播先进质量理念，激励引导全社会不断提升质量，建设质量强国。

每届质量奖评审之前，各级质量奖评审办公室都要发布开展质量申报工作的通知，主要包括申报范围、评审标准、申报方式、申报时间、评审工作安排等内容。

- 从评审周期来看，一般政府质量奖评审周期为两年一次，也有一些省份是一年一次。
- 从奖项形式来看，包括正奖和提名奖。
- 从奖项类型来看，除组织奖外，还有一部分设置了个人奖。
- 从奖项的数量来看，政府质量奖均有数量限制，多数省份质量奖的正奖和提名奖获奖名额均不超过5个，最多不超过10个（具体见附录B）。

2. 行业推荐

（1）申报原则。政府质量奖遵循公开、自愿申请和推荐相结合原则，申报及评审不收取任何费用。

（2）申报范围。组织奖申报范围为在本行政区域内登记注册，从事合法产品生产、工程建设、服务的单位。鼓励先进制造业、战略性新兴产业、高新技术产业、节能环保产业、现代农业和物流、信息服务、科技服务、旅游、医疗保健、教育等现代服务业的龙头骨干企业和科技型中小企业、成长性强的中小企业积极申报。

个人奖申报范围为本行政区域内从事质量工作的自然人，包括在企业、政府部门、行业组织、社会团体、大专院校和科研单位等从事质量管理、质量教育和培训、质量科研、质量宣传等方面工作的人员。鼓励为地方产业和行业技术水平提高、技术创新、质量水平提升做出突出贡献的一线技术工人和工程技术人员积极申报。

（3）申报条件。组织奖申报条件：一是在本行政区域内注册登记；二是生产经营符合国家和地方有关法律法规和产业政策要求；三是质量管理体系健全，运行有效，持续改进效果显著；四是质量管理工作具有行业特色、组织特点，质量工作成绩显著；五是具有良好的经营业绩和社会贡献；六是切实履行社会责任，依法诚信经营，具有良好的信用记录和社会信誉。

个人奖申报条件：政治坚定，坚决贯彻执行党的路线、方针、政策；对中国质量发展事业做出突出贡献；恪守职业道德和社会规范，无违法、违规、违纪行为。

（4）否决项。一是不符合本地区产业的禁止和限制目录的相关要求，以及国家和地方规定的相关产业、环保等政策；二是国家规定应取得相关经营许可资质而未取得；三是近三年在各类评奖活动中存在弄虚作假等违规行为；四是近三年在质量、安全、环保、卫生、劳动保障等方面出现重大事故，或产生严重不良社会影响事件；五是近三年有其他严重违反法律法规的不良记录。

（5）推荐申报。一般来说，采取推荐申报方式，可以由所属行业主管部门、行业协会等推荐申报，也可以由当地政府、行业主管部门以及市场监管部门推荐申报，对所有申报组织按照统一的标准和尺度进行评审。

3. 形式审查

质量奖评审办公室（以下简称"评审办"）对所有申报的组织从主体资格、申报渠道、申报程序、申报内容规范等方面对申报材料进行形式审查。其中，北京市还依托大数据技术对所有申报组织进行审查和筛选，确定进入材料评审的组织名单。

对未予受理的申报组织和申报个人，市场监管部门向接收其申报材料的单位说明理由。通过审查筛选的组织，由评审办通知组织进行线上或线下培训，讲解评审标准及撰写自评报告的方法，申报组织按照政府质量评审标准的要求撰写组织概述和自评报告，并在规定时间提交，提交的材料一般包括申报表、组织概述、自评报告、证实材料等。

4. 材料评审

评审办从评审专家库中遴选评审专家组成材料评审组，组织评审专家开展材料评审。根据材料评审结果，遵循好中选优的原则确定进入现场评审的组织名单。对未进入现场评审的组织，由评审办反馈意见。

5. 现场评审

评审办组织成立现场评审组，组织评审专家组到入围组织和个人所在地进行现场评审，形成评审报告，并根据最终评审结果提出是否推荐获奖的建议。

6. 陈述答辩

评审办组织对已进行现场评审的质量奖候选组织负责人就质量管理

创新情况进行陈述答辩，评审委员会组织专家进行评议打分。

7. 综合评价

评审办组织相关行业主管部门、质量方面及相关产业经济方面知名专家，对进入现场评审的组织进行综合评议，依据参评组织的综合评审情况以及本地经济社会发展实际、产业结构定位等，研究提出入围政府质量奖的建议名单。对未入围的组织，由评审办反馈意见。

评审委员会对材料评审、现场评审和陈述答辩结果形成的综合评审报告等进行审议，并以会议投票表决方式确定正奖和提名奖获奖建议名单。

8. 社会公示

评审办通过报纸、电台、政府网等媒体对材料评审、现场评审、陈述答辩及审查表决等各环节产生的组织、团队和个人名单进行公示。

评审办负责受理公示期间的反映意见，并及时组织调查核实。审查表决后，应就公示时收集的问题形成调查核实情况报告，提交评审委员会审查。

9. 审定报批

对公示无异议的单位和个人，由政府质量工作主管部门将评选结果呈报政府主管领导批准。

10. 表彰分享

由政府质量工作主管部门发布对获政府质量奖的组织和个人的表彰决定，召开表彰大会，颁发证书、奖牌（奖杯）或奖章等，并通过多种方式交流分享获奖单位的成功经验。

3.3.3 材料评审

1. 设计原理

材料评审重点评价企业管理成熟度，本环节评审只对申报资料负责，即报告中没有提及，就视为企业没有做，该评分项就没有得分。由于申报企业比较多，且水平参差不齐，通过材料评审，可以把那些管理基础比较好的企业挑出来，提高现场评审的效率。

一个模式从引进到形成习惯，需要一个长期适应的过程，形成路径依赖，这个过程需要2～3年才能见效。因此，如果申报组织没有一份像样的自评报告，就说明企业没有认真落实卓越绩效模式，这种企业进入现场评审也是浪费双方的时间。这一阶段所需的材料包括：

（1）申报表。其目的是通过定量指标对企业现状进行一个全面扫描。

（2）组织概述。作为背景资料，帮助评审员快速了解企业现状，对企业管理水平有一个总体认知。

（3）自评报告。不仅仅是申报依据，还是企业的管理大纲，指导全员聚焦战略，形成合力，更好地发挥协同效应。编写自评报告是考查企业对管理的认识水平的重要手段，质量奖评的是理念和管理，不是单纯比规模和利润。自评报告不是罗列各部门总结，是在满足所有标准条款要求的基础上，对公司现状进行梳理、特色亮点进行挖掘，并系统总结展示。

（4）证实性材料。对所有罗列的关键结果和荣誉都要提供证实性材料加以佐证，特别是审计后的财务报告、企业相关资质和荣誉、顾客满意度调查报告、环境安全检测报告等。

（5）独立评审。减少各评审员之间的干扰，同时，让多个评审员从不同角度对组织的自评报告进行评审，也可以消除评审中的盲点和偏见。

（6）合议评审。对小组内未达成共识的事宜进行共同讨论。合议评审的目的不是要意见完全一致，而是要在原则性问题上达成共识，避免给企业带来误导。比如，针对某一条款，一个评审员定性为优势和特色，而另一个评审员认为是重大改进空间，这就使企业无所适从。这是不允许出现的。

（7）量化得分。在定性评价基础上进行量化评分（满分 1 000 分），直观反映企业成熟度。质量奖评审是好中选优，按得分顺序确定进行现场评审的企业名单，多数省份要求现场评审入围企业必须在 500 分以上，宁缺毋滥。

2. 典型做法

（1）组建评审组。每个小组的成员组成要多元化。根据评审员的专业、行业、经历，评审办从评审专家库中遴选评审专家组成材料评审组，确保各个小组之间成员的水平和专业相对均衡，避免出现因同组内经历和专业相同造成评审结论单一的情况。

（2）独立评审。每个评审员对参评者提供的所有材料进行全面了解，做出独立的评审结论。评审内容包括：申报材料是否符合基本条件；申报材料是否翔实、完整；申报材料能否反映组织贯彻实施卓越绩效模式的方法、开展情况、学习整合情况和结果。

（3）合议评审。由评审组组长召集全组评审员定期召开合议评审，重点是对独立评审过程中出现的分歧和异议进行集体讨论，以达成一致意见。

（4）评审报告。在合议评审的基础上，各组员按照条款分工，完成本人负责的章节的评审意见和结论的修订，汇总形成资料评审报告，并对报告中未达成完全一致，以及需要到现场进行核实的内容进行整理，形成现场评审问题汇总清单，供现场评审组专家参考。

（5）量化打分。各评审组依据政府质量奖评审标准和申报材料，进行量化评分，形成材料评审报告和申报组织及个人的材料评审得分。

（6）推荐意见。按照各地质量评审管理办法要求，除了提交评审报告外，还需要对推荐入围的企业提交推荐理由；同时，也要对拟不推荐的企业给出不推荐的理由。这样才能更好地供评审委员会进行参考决策，同时，也是评审员对自己评审结论的进一步梳理和核实。评审办负责通知进入现场评审的申报组织和申报个人，做好进入现场评审的有关工作；向未进入现场评审的组织和个人书面反馈材料评审情况，提出改进意见。

3. 评审重点

（1）如何减少小组间评分差异。在材料评审过程中，最容易出现的就是不同小组之间得分的不均衡。材料评审一般是组长负责制，由于各评审员的打分尺度及对标准的理解不完全一样，因此，各个评审小组给出的得分范围会有一定的差距，有些小组打分普遍比较高，有些小组打分普遍比较低。为了避免小组之间打分偏差过大，往往可以考虑以下几种措施：

- 一是对申报企业按小组进行归类，同一行业、同一类型的申报组织尽可能地分在一组，这样就可以进行横向对比，减少因分组不同造成的评审结果差异。毕竟，排序比直接给出分数更容易把握。

- 二是参照足球比赛分小组的情况，每个小组内第一名直接出线，小组内第二、第三名在各小组之间进行平衡和协调，可以兼顾行业、区域、规模、企业性质等因素。质量奖是为了树标杆，可以从不同区域、不同行业、不同属性的组织中多方位树立标杆，才更有代表性和推广性。

- 三是各小组之间定期沟通。有些地方设立大组长，以方便协调各组之间最高分与最低分的差距；有些地方设立技术委员会，定期召开各小组长会议，沟通进度和评审中出现的问题。

（2）如何看待质量奖得分。由于卓越绩效是在定性的基础上进行量化打分的，一般是先确定一个分数段，然后依据定性的评价结果，按照总分的5%的步长给出每项条款的分数，因此，质量奖评审的得分是一个相对分数，理解为相当于"优、良、中、及格、差"这样的档次评分更恰当一些。

质量奖评审得分是由几个评审员分别给出的，如果各个评审员给出的得分差距不大（如小于总分的15%），那么取平均数或取中位数；当分差超过25%甚至更高时，就必须进行合议评审，取得共识后，重新打分。另外，不同评审员和不同组别间也会出现打分偏差。因此，质量奖的打分是一个相对的得分，不是说得分550的企业成熟度一定比得分540的企业成熟度高。

我们更应该关注反馈报告中的评审结论，特别是综合反馈报告中给出的评审意见，这对企业的帮助更大。通过质量奖得分可以更直观地了解企业的管理水平，可以和不同企业，甚至国际一流企业进行简单直观的比较。企业不必太过于关注具体的分数。

（3）定性评价意见和定量打分之间的关系。质量奖评审是在定性评价的基础上进行打分的，因此，量化打分与定性评价是密切相关的，一般原则是：不强不弱或强项和弱项相当的条款得分为50%；优势项多于改进空间的，得分要高于50%，特别是有综合优势的条款，一般得分应在60%以上，甚至更高；得分在70%以上的条款一定是有在行业和地区表现突出的，特别值得推广的经验和最佳实践。

3.3.4 现场评审

1. 设计原理

现场评审是对材料评审的验证和进一步澄清，重点是物色和总结管理方法和最佳实践，从而选出真正的标杆企业，提炼它们的优秀经验和做法，在业内进行推广和应用。

（1）现场 PPT 准备。首先，现场评审不是挑毛病，重点是选标杆和挖掘特色亮点。各级人员的汇报 PPT 应充分展示企业的特色，现场交流则是考查各级人员对标准的理解和应变能力。其次，通过现场准备 PPT，使各级领导更好地理解战略，有助于贯彻战略目标。最后，通过现场评审，使全员加深对标准的理解，逐步把成熟度评价方法用于日常管理，提升企业整体管理水平。

（2）首次会议。参会人员的表现反映了企业对该活动的重视程度，应为评审重点。

（3）关键现场的参观。使评审员对企业有直观的了解。

（4）按条款评审。考查各职能部门对文化和战略的理解和执行，以及企业的管理一致性和成熟度。

（5）中层座谈会。考查公司战略和相关政策的开展程度及落地效果。

（6）员工座谈会。一是现场感受企业文化氛围，二是评估员工权益，三是验证前期的评审结论（如培训开展、改进活动、员工满意度等）。

（7）末次会议。主要是宣读综合评审结论，一是让企业了解评审重点，明确下一步的重点改进方向；二是帮助企业判断现场评审结果，卓越绩效模式是在定性的基础上进行量化打分的，因此，综合优势和改进空间的数量以及标准条款分布，可以反映现场得分范围。

2. 典型做法

（1）组建评审组。评审办从评审专家库中遴选评审专家组成现场评审组，根据进入现场评审程序的申报组织及个人所属行业、身份类型等实际情况，从评审专家库中遴选评审专家，组成若干个现场评审组并确定评审组组长。

（2）编制现场评审计划。由各评审组组长负责编制本组的现场评审计划并报评审办。评审办与参评组织进行沟通，确认后开始实施。

（3）现场评审前准备。评审组组长主持召开预备会，明确评审要求和分工。评审员根据分工分别编制现场评审检查表，经评审组组长审核。评审组准备好实施现场评审所需的记录表和文件，学习自评报告和材料评审报告，明确现场评审的重点和关注的问题，以提高现场评审效率。有些地方政府通过大数据技术为评审组提供进入现场的申报组织的反馈数据，从而为现场评审提供数据支撑。

（4）实施现场评审。现场评审主要包括首次会议、现场调查访问、中层和员工座谈会、评审组内部会议、与高层领导沟通、末次会议等几个环节。

- 首次会议。评审组全体成员和参评组织的中层以上领导参加并签到。会议由评审组组长主持，主要内容有：介绍与会人员；阐明现场评审的目的、依据及评审方法；确认评审的计划及安排；宣布评审员及参评组织行为规范；参评组织高层领导介绍实施卓越绩效模式的主要过程和结果。
- 现场调查访问。评审员按照评审标准、现场评审计划、现场评审检查表，进入参评组织的各个现场，调查了解贯彻实施卓越绩效模式的方法、开展情况、学习整合情况和结果，获取相关的信息和证据，并记录在现场评审检查表上。记录的信息和证据应真实、准确、可追溯。获取信息和证据的方法有：与参评组织的人员进行沟通、座谈和问卷调查；查看有关文件、资料、记录等；对绩效数据进行核实等。

- 中层和员工座谈会。除了分条款评审，还需要进行中层座谈会和员工座谈会，一方面了解企业相关管理项目的开展情况，另一方面也是对评审员已得出的初步评审结论进行验证。
- 评审组内部会议。评审组组长召集评审组成员举行会议，沟通现场评审情况，掌握评审进度，研究解决评审中发现的问题。
- 与高层领导沟通。现场调查访问结束后，评审组应与参评组织的高层领导进行沟通，反馈现场评审情况，提出改进建议，并听取参评组织高层领导的意见。
- 末次会议。评审组全体成员和参评组织的中层以上领导参加并签到。会议由评审组组长主持，主要内容有：重申现场评审的目的、依据及评审方法；概述评审过程；宣读现场评审综合报告；参评组织对现场评审报告予以确认；参评组织高层领导表态发言。

（5）提交现场评审报告。现场评审期间，评审组成员应根据评审计划分工，完成逐条报告。在现场评审结束前，评审组应进行合议，对参评组织实施卓越绩效管理的情况进行评分，并形成现场评审综合报告及分数。

现场评审结束后，由评审组组长召集全组评审员，结合在行业、地区树立标杆的需要，提出本评审组现场评审意见，于本组现场评审结束后5个工作日内向第三方评价机构提交现场评审报告、相关评审记录、现场评审意见及现场评审得分。

（6）现场评审推荐意见。评审组根据评审结论，提出是否推荐获奖的推荐意见，特别是对材料评审和现场评审结论差距比较大的组织，要给出推荐意见，即"为什么推荐"或"为什么不推荐"以及材料评审和现场评审有差距的原因。

3. 评审重点

（1）管理特色和亮点提炼。进入现场评审的企业都是地区和行业内的优秀企业，都有很多经验和有效做法，因此，评审组到现场后，一定要端正心态，现场评审不是挑毛病，也不是给企业歌功颂德。现场评审是为了给企业一个客观、公正的评价，同时，也是为了挑选标杆，包括各行业、各区域、各种体制的优秀企业标杆，即使是没有获奖的企业，我们也可以找到它们的闪光点，把这些优秀企业的管理特色和最佳实践汇编成册，进行宣传推广，可以使更多企业参与质量奖项目，提升本地区的整体质量水平。

（2）模糊问题澄清。材料评审只对申报的材料负责，因此，报告中没有提到或没有展开说明的，均可以"没有提供证据"来进行评价。现场评审的目的就是对材料评审中模糊不清，没有完全展开的内容进行彻底澄清，因此，现场评审是有所侧重的，重点是对材料评审中发现的优势进行验证，同时，对材料中没有提及或没有展开的内容进行最终确认——是真正没有做，还是不理解标准没有表述出来。管理必须基于实事，因此，最终评审结论还应以企业的管理实践为基准来进行科学的评价。

（3）正确的卓越理念宣传。评审员也是卓越绩效模式的宣传员。现场评审过程中，评审员的访谈举止深刻影响企业领导和员工对质量，以及卓越绩效模式的理解和认识。好的评审员往往能通过评审传播优秀的管理理念和工具方法，传播正能量，引导企业引进先进的管理理念、科学的工具方法，提升组织的管理水平。

（4）否决项的核实和确认。需要特别关注对企业在环境保护、节能减排、安全生产、质量安全等方面的执行情况，履行社会责任体系的建立情况，以及对保障员工合法权益、调动员工积极性及提高员工满意度、队伍稳定性等方面的结果进行核实。

3.3.5 陈述答辩

1. 设计原理

以陈述答辩为契机，引导企业高层关注项目推进，促使高层了解和学习卓越绩效标准。

（1）公开答辩。一是营造公平公正、重视质量的氛围；二是评价组织的领导作用；三是推广和宣传卓越绩效模式。

（2）一把手陈述。一是引导企业一把手关注和了解整个创奖过程；二是展示企业特色和形象；三是考查一把手的表达能力。

（3）现场提问。专家和高层进行互动，除了进一步了解企业需澄清的问题，更是考查企业领导对标准的理解和应变能力，同时搭建专家与企业家之间的交流平台，促使双方碰撞出更多的管理方面的火花。

2. 有效做法

（1）组成答辩委员会。评审办邀请国内知名质量专家以及部分现场评审组专家组成答辩委员会，对进入现场评审的组织、团队和个人进行陈述答辩。

（2）媒体公开报道。答辩环节通过网络媒体等向社会公开。为了更好地营造质量氛围，有些地方政府还进行现场直播以扩大影响。

（3）企业高层陈述。参加陈述答辩的组织、团队和个人抽签决定答辩顺序。陈述答辩由自我陈述、现场答辩两个环节组成。陈述答辩一般限时30分钟左右，其中自我陈述20分钟，现场答辩10分钟。每个组织、团队和个人完成陈述答辩后，答辩委员会专家对其进行量化评价。高层答辩的得分加权记入总成绩。

3. 评审重点

（1）质量氛围营造。对在质量方面取得的进步予以奖励，是国际上通行的做法。在政府层面设立质量奖励机制，目的是鼓励企业建立健全企业质量管理体系，推进全面质量管理；同时，表明政府层面对质量的高度关注，使质量奖成为政府管理质量的有效手段。通过公开的陈述答辩，在全社会营造重视质量安全、促进社会和谐的氛围，提高全民族的质量管理意识和水平。

（2）领导重视度。质量奖是一把手工程，特别是卓越绩效模式的引进是一个系统工程。如果领导不重视，往往成了走过场，仅仅是为了拿一个奖牌，一旦获奖，就会把卓越绩效模式置之脑后，又回到传统做法。因此，通过设置陈述答辩环节，引导组织高层领导重视质量，全面了解卓越绩效模式引进的进程，带头学习标准、应用标准。很多地方政府规定，不是一把手（董事长或总经理）参加答辩的要酌情扣分，公司副职代表陈述按 0.9 权重记分，公司中层代表陈述按 0.8 权重记分。

（3）企业展示的平台。陈述答辩会也是企业展示自身实力的平台。答辩会由政府背书，众多媒体免费报道，很多企业领导作为企业的形象代言人，充分利用这些机会，展示企业软实力，表现突出的企业会在广大消费者心目中树立良好的企业形象。

第 4 章

管理模式提炼流程和方法

本章通过管理模式提炼流程、提炼原则、关注因素、注意事项四个方面，系统阐述管理模式提炼流程和方法，试图指引各类组织快速有效地提炼管理模式，更深入地理解管理模式的作用和意义，在日常管理中注重管理模式和最佳实践的积累，以形成组织的知识资产。

4.1 管理模式提炼流程

管理模式是对组织以往优秀经验的总结和提炼，进而对此进行推广。管理模式的提炼不是简单的经验和工作成就的总结，而是一项系统工程，包括以下几个步骤：策划培训、管理现状诊断、管理经验总结、管理模式提炼、模式推广应用。

4.1.1 策划培训

1. 目的

通过管理模式培训，使大家认识到管理模式提炼对公司的意义，明确管理模式提炼的方法和要求。

2. 实施过程

（1）整体策划。制订项目整体推进方案。

（2）团队建设。成立推进项目领导小组和项目工作小组。

（3）模式培训。组织公司领导和项目团队进行管理模式培训，使他们对管理模式的概念、提炼方法有全面了解，从而更好地开展模式提炼工作。

3. 预期效果

对管理模式的目的意义、提炼的方法和工具有全面的了解，统一认识，明确要求，达到思想一致。

4.1.2 管理现状诊断

1. 目的

通过管理现状诊断，对组织的管理现状进行系统的评价，挖掘经验和特色，为管理模式的提炼收集信息，同时，找出组织的短板，制订改进计划。

2. 实施过程

（1）诊断计划。制订管理现状诊断计划，明确参与部门和人员、计划访谈时间。

（2）实施诊断。制订访谈计划，明确问题和资料清单，按诊断计划实施访谈。

（3）调研方法。调研方法可以是访谈、资料查阅、座谈会、问卷等。

（4）诊断报告。结合诊断中的发现，编写诊断报告，确定公司的管理特色和亮点，同时指出组织的主要改进空间。

（5）改进计划。根据诊断中发现的改进机会，制订改进计划和管理提升方案。

3. 预期效果

对组织管理现状进行系统的评价，根据管理特色明确管理模式提炼方向。

4.1.3 管理经验总结

1. 目的

模式的形成需要时间来沉淀，不是一朝一夕的事情。通过对组织发展历程的梳理，我们能全面回顾企业历史，总结成败，认真反思，更好地找出企业成功背后的逻辑和核心竞争力。

2. 实施过程

（1）特色梳理。全面收集各级管理层的特色和亮点，逐级汇总。

（2）收集素材。各单位进一步收集素材，对管理特色进行完善和补充。

（3）深入挖掘。组织专家对提交的管理特色和经验总结进行评估，提出有推广和应用价值的方案，深度挖掘其体现的管理理念以及运行机制。

（4）成果汇编。总结各单位的经验和特色，形成案例，汇编成册，在组织内部推广。

3. 预期效果

通过经验总结，全面收集各级各部门的成功经验和特色案例，为下一步的管理模式提炼提供支撑。

4.1.4 管理模式提炼

1. 目的

通过提炼管理模式，进一步明确企业的竞争优势并建立差异化竞争优势。同时，管理模式可以更好地对企业进行宣传，提升组织形象。

2. 实施过程

（1）模式提出。在总结管理经验的基础上，结合组织的战略和行业特色，以及企业的发展历程，提出管理模式的领域和方向。

（2）管理背景。理论来源于实践，管理模式是在解决实际问题的基础上形成的，问题的难度和普适性决定了模式的作用和价值。全面梳理产生管理模式的管理背景，有助于更好地总结和提炼管理模式。

（3）管理理念。总结和梳理管理模式所倡导的理念，从而更好地理解管理模式的特色。

（4）特色做法。提炼管理模式的目的是推广和应用，因此，要全面系统地总结模式实践过程中的特色做法，尤其是这些做法背后的逻辑和思考，才能更好地起到示范和指导作用。

（5）改进成果。只有经过成果验证的管理模式才具有推广价值。因此，组织在进行管理经验提炼时，一定要注意方法引进前后的绩效变化。

（6）推广价值。管理模式最主要的作用是它的借鉴意义和推广性。借鉴意义取决于其亟待解决的问题的性质（解决的是本组织的问题还是行业的顽疾）。推广性取决于管理模式应用的手段和工具（是现有管理方法和工具的创新应用，还是新工具或方法的提出）。

3. 预期效果

管理来源于实践。现在我们常用的管理方法和工具都是优秀企业在长期生产实践中，为解决各类管理难题而对经验和特色做法所进行的提炼和总结。因此，管理模式的提炼也是组织对我国管理学界的贡献。政府质量奖获奖企业成功经验的总结和分享，促进了我国企业管理成熟度水平的整体提升。

4.1.5 模式推广应用

1. 目的

通过管理模式的推广和应用，建立和完善管理成果转化的激励和分享机制，鼓励组织管理成果的转化落地。

2. 实施过程

（1）激励办法。组织应制定管理成果转化应用的激励办法，对那些在管理成果转化应用过程中做出贡献的个人和单位进行奖励和表彰。

（2）内部推广。利用知识管理平台，通过培训、表彰大会、经验分享会等在组织内部交流和分享各级管理成果的优秀案例和成功经验。

（3）外部推广。通过制定团体标准、优秀案例汇编、经验交流会等形式，对外宣传公司的管理模式和成功案例，提升组织形象，促进行业和地区进步。

（4）成果奖励。制定配套激励办法，加大对获得各级政府质量奖、参与各级标准制定以及取得专利和成果的奖励力度，在组织内部营造重视质量和创新的氛围。

3. 预期效果

管理是一种实践，其本质不在于"知"而在于"行"，知易行难，行胜于言。管理模式只有在不断地推广和应用中才能得以升华。

4.2 管理模式提炼原则

1. 独特性

政府质量奖设立的目的是引导企业总结和提炼发展历史上成功的经验和失败的教训，从而树立标杆，推广应用，共同提升。因此，管理模式是对组织最佳实践和成功经验的总结和阐释，需要有自身特点。

管理模式是对企业超越对手、取得成功的最佳实践的总结。因此，管理模式需要创新点，即在常规做法基础上的创新点和有效做法。

2. 本土化

改革开放初期，因曾经历过长期的计划经济，我国企业对先进理念的汲取过于迫切，具有一定程度的盲目性和盲从性。很多企业在引进先进工具和方法时，直接全套照搬，很少考虑其应用背景和限制条件。

当前，在国内多个行业产能过剩、管理不足、亟须从经营模式上实行"三个转变"的大背景下，如何引导国内企业重新思考何为有效的管理理论和实践，已经成为政府工作的重要课题。各级政府质量奖项目作为国内质量管理方面的最高荣誉，其设立倾注了政府大量的资源。因此，挖掘真正的标杆企业，探索真正适合国内企业普遍推广的管理实践，是政府质量奖项目的重要使命。

任何具体的管理模式和管理方法都有其约束条件和适用环境。不同的文化和国别在管理方法的应用上会产生不同的效果。例如，QC在日本深得民心，但是在美国却引得怨声载道，这就是文化不同造成的不同效果。日本倡导加班文化，强调团队协作，下班后群体合作其乐融融，而美国则关注家庭，下班后要陪伴家人，对这种工作时间以外的协作就非常反感。同样，六西格玛管理在美国极受追捧，到了中国后，却成了有些企业提高企业知名度的"管理游戏"，最主要原因是六西格玛管理需要用数据说话，而有些中国企业领导喜欢"拍脑袋"决策，导致六西格玛管理有名无实。因此，我们要从企业历史的实践中梳理和提炼管理模式，这样可以筛选出符合中国国情的管理模式，更容易被中国企业推广应用。

3. 科学性

管理模式一定是具有科学性的。管理模式融合了古今中外先进的管理手段、管理科学和管理方法。管理模式是一种成功的管理实践，这种实践是稳定的、可复制的。这要求把各行各业的流程标准化，形成流程分类框架。

中国的管理模式具有一定程度的先进性。由于在互联网时代受到以互联网为核心的现代IT技术的冲击和影响，因此，这些方法和手段一定会催生新的管理模式。最后，中国的管理模式具有思想性，即深层次的思考，既是企业的经营指南，也是具有中国特色的哲学。

4. 创新性

创新指的是实施有意义的改变，通过改进组织的产品、服务、项目、经营过程、运营和商业模式，为组织的利益相关者创造新的价值。创新会使组织的绩效进入一个新的境界。创新已不再完全是研发部门的任务，它对于运营的所有方面以及所有的工作系统和工作过程都是非常重要的。组织的领导和管理层应使识别战略机会和承担明智的风险成为组织学习型文化的一个组成部分，使创新融入日常工作，并得到绩效改进系统的支持。

管理模式的形成是创新的结果，源自其他行业的创新方法，最后也可能在组织所在行业取得重大突破。创新构筑于组织、员工和竞争对手的创新所积累知识的基础之上，它包括收集的组织不同部门员工的知识。

5. 创造价值

管理模式是否有效取决于能否为客户开发并创造价值。能够为客户提供更好的产品与服务的质量管理体系都是好的管理模式。

企业的目标是实现企业与客户之间的价值交换，关注结果可以帮助组织实现交流需求，监控实际绩效，适当调整优先级，优化资源配置，向关键利益相关者传递价值，提高组织忠诚度，促进经济增长，为社会发展做出贡献。

6. 实效原则

管理模式并不需要追逐最新的管理"时尚"，因为它们都是未经验证的。一种有前景的管理实践在成为一种要求之前，必须经过验证以确定其是否能成为高水平绩效的驱动因素。这种验证需要广泛的实践和相应的绩效数据作为有力依据。

在吸纳先进的管理理念和方法、从事创新战略经营方面，公司要长期贯彻根据"司情"、目的与效果来选择和评价的方针，不盲目追求新颖时髦、特色个性的管理做法，更不随波逐流、"从众"经营。

4.3 管理模式提炼的关注因素

兵无常势，水无常形。在不同国家之间，同一国家的不同企业之间，企业管理模式均存在着因社会背景、企业规模、技术构成、产品特点、生产方式、组织结构、职工构成、领导作风和企业传统的差异而导致的不同。

管理模式不是杜撰出来的，应是在组织长期的实践过程中，逐步形成并在一定时期内基本固定下来的一系列管理制度、规章、程序、结构和方法，是企业文化的体现。因此，为了更好地提炼组织管理模式，需要从产品和服务、企业文化、技术与设备、法规环境、组织架构、关键客户、供应链管理、竞争环境八个方面进行信息的收集，每个方面包含以下四个技术细节：

- 为什么：收集这些信息与管理模式之间的关系；
- 是什么：本条款的定义和范围；
- 如何做：在收集这些信息方面的有效做法；
- 关注点：在收集这些信息时的注意事项。

4.3.1 产品和服务

1. 为什么

产品和服务是企业评价的出发点，任何一个组织的存在都是为了向顾客提供产品和服务，以满足市场需求。因此，没有产品和服务，组织就成了无源之水。

产品的交付机制在很多情况下影响着组织的经营机制和管理模式。例如，宜家家具的板式结构，解决了家具的运输问题，使得自行组装和长距离运输成为可能，从而彻底改变了家具行业的经营模式。另外，该公司"现场体验，网上下单，自我组装"的业务模式，也促进了家具行业电子商务交易的发展。又如，家电行业的"三包"及售后服务需求，促进了很多专业服务公司的兴起。

2. 是什么

我们这里提到的产品指组织向所处的市场提供的各种货品和服务。非营利性组织的产品指组织向市场或客户提供的计划、项目或服务。

组织的主要产品是什么？看似很简单的一个问题，对我国多数企业来说，回答起来却好像并不是很容易。计划经济时代，每个企业都是按照国家计划从事生产活动，商贸公司负责流通，企业的产品品种和规格比较单一。随着改革开放的深入，面对多样化的市场需求，企业向市场和顾客提供的产品品种和规格也逐渐呈现差异化态势。例如，在医药行业，每个企业都有几十、上百，甚至上千个批号，但是真正的拳头产品只有那么几个，其他产品的产量很少，之所以保留其他产品的批号，主要是为了维持注册。而且，这些药品同质化严重，多为仿制药，原研药和特色药几乎没有，这也造成了国内药厂虽多，特效药和专业药大多还是靠进口的局面。制药企业多数还是依靠价格战和关系营销，药厂的精力不是放在药品研发和改进上，而是忙于做广告、拉关系，造成了我国医药行业的乱象。目前，国家推行的仿制药一致性评价和带量招标，使得绝大多数制药企业处在破产边缘，也使制药企业真正认清了核心竞争力的重要性。

因此，如果主要产品不好确定，就说明公司的战略方向不清晰。目前，国内各个领域均出现了崇尚大而全的情况，而且出现了愈演愈烈的趋势。因此，只有首先确定主要产品和服务，才能明确组织的经营重点和未来的发展方向。在此基础上，管理模式的形成和提炼也应围绕组织的主要产品和服务展开。

3. 如何做

（1）产品和服务梳理。梳理公司现有产品和服务目录，并进行适当归类。可以按品种、规格、用途、行业、领域等分别进行划分，这些是为下面的产品贡献和发展分析提供基础。如果出现交叉，则说明组织内部在市场细分和产品管理上出现了问题，往往是营销系统内部各部门为了"小团体利益"人为强制划分造成的，需要对内部的业务重新进行梳理。

（2）产品贡献分析。第一，按销售收入分类，分别统计各类产品和服务销售收入在总收入中的占比。第二，按利润贡献分类，按照盈利能力对现有产品和服务进行排序，找出盈利能力最强的以及对公司利润贡献最大的业务类别。第三，根据战略确定公司的核心业务、成长业务以及种子业务。发展健康的公司应是三类业务有良好的比例搭配，即生产一代、发展一代、储备一代。如果企业的业务结构比较单一，则预示着企业在可持续发展方面存在较大的潜在风险和危机。

产品和服务的相对重要性主要以其对组织的利润贡献和市场贡献大小为衡量标准。以苹果公司为例，苹果公司的产品大致可以分为硬件和软件两类：硬件包括手机、笔记本电脑、平板电脑等产品；软件主要由 App Store 构成。其软件业务利润占公司利润总额的 50% 以上，但硬件产品又是其占领市场的必要载体，两者缺一不可。申报单位在回答该问题时，也可以将利润、市场贡献细化为品牌贡献、客户关系维护贡献等。

（3）产品特性分析。选择主要产品和服务要充分考虑其重要特征，以及它们在整个生命周期和"消费链"中的表现。应重点考虑那些影响顾客偏好和忠诚度的特征，例如，那些可以使组织与竞争者或其他组织相区别的产品和服务特征。这些特征可以包括价格、可靠性、价值、交付、及时性、易用性、对有害材料的使用和处理的要求、顾客服务或技术支持、销售关系等，也可以是交易方式以及诸如顾客数据的隐私性和安全性等因素。

（4）主要产品和服务的确定。首先，我们说的主要产品和服务是指过程预期的结果。比如，钢厂的余热发电、废气回收制成的硫酸是企业的副产品，虽然它们的产量有时很大，但是一般不把它们作为企业的主要产品；而作为生产化肥的企业，硫酸就是其主要产品和原料，电厂所发的电能就是其主要产品。其次，主要产品和服务应覆盖组织主要业务的80%以上。企业可以按上年度的销售收入排列，找出80%以上的业务所对应的产品和服务类别。同时，对规模的贡献也是重要的判断标准。当这些产品和服务利润虽然不是很高，但规模很大，占有公司大量的人力和物力资源时，那么它们也是主要产品或服务。另外，还要关注对公司利润的贡献，根据二八原则，20%的产品和服务往往贡献了公司80%的利润，这些产品和服务是组织的重中之重。再次，占用公司大量人员、资金和设备的业务，也应是确定主要产品和服务时应考虑的内容。最后，主要产品还应包括公司战略产品和种子业务，虽然目前这类产品的占比不高，但当这类产品体现公司未来的战略方向时，也应被确定为主要产品。

（5）产品交付：关注最后一公里。在交付渠道上，有的是通过海运，有的是通过铁路运输，有的是通过公路运输，交付渠道的选择取决于公司产品的特点和附加值。除了交付渠道外，产品安装和售后服务也是产品交付机制的关键部分。除了少量简单的产品外，大多数产品需要安装和售后服务。比如，家电的安装和"三包"、设备的安装调试、汽车保修期内的保养等。有些企业提供终身维修服务，例如，雅迪电动车提供终身免费维修服务，并且提供以旧换新服务，从而解除顾客的后顾之忧，提升消费体验。

将产品提供给终端顾客的机制可以是直接的，也可以是间接的，这可以通过经销商、分销商、协作者或其他渠道的合作伙伴来实现。再好的产品和服务，都只有顺利交到客户手中才能完成销售。"经济、快捷、便利"成为顾客越来越关注的重点，解决好"最后一公里"也成为现在企业竞争的焦点。

流通不仅增加时间,也增加企业的费用,很多行业价格虚高,是因为流通环节过多。例如,医药、服装等行业,市场价格是出厂价格的 5～10 倍。过多中间环节的消耗,增加了消费者的负担,造成社会资源的极大浪费。近几年,电商和快递行业正是在这一背景下兴起的,电商有效解决了中间环节加价过多的顽疾,而快递行业则解决了最后一公里的问题。

随着快递巨头的兴起,我国的运输业正在全面优化整合,专业的第三方物流公司已成为未来发展的方向和趋势。在众多运输企业中,京东更是凭借快捷的物流和平台信誉背书,从网上电子商城向百货、超市等其他领域拓展,深刻影响和改变着我国零售业的格局。

4. 关注点

(1) 如何确定主要产品和服务。战略的目的是选择,更确切地说是取舍。然而,由于我国多数企业战略定力不足,企业从事的领域比较广,很难回答这个看似简单的问题:我们的主要产品和服务是什么?因此,在确定主要产品和服务时,应系统考虑以下几个方面:

第一,要考虑每种产品和服务对组织成功的相对重要性,有些产品和服务虽然现在业务量很大,但是未来几年是公司要退出的领域或淘汰的产品。公司应把关注点放在那些未来重点发展的领域和方向的产品和服务上。

第二,要关注公司的主营业务,以及产品和服务的可持续增加性。例如,前一段时间,许多大中型企业都有房地产业务,而且房地产业务的收入和利润占比较高,但是,除了专业的房地产和建筑公司外,对大多数企业来说,房地产永远不会成为它们的主业,也就不是企业的主要产品和服务。

第三，要考虑公司的核心竞争力和战略发展方向。国内企业产品品类众多，往往是由于没有明确的战略导向。市场上什么好卖、什么挣钱就蜂拥而上，最后造成了产品过剩、行业低价恶性竞争的局面。例如，前几年我国大搞基建，由于工程机械行业需求量大，企业纷纷投资加入，甚至食品行业和服务业企业都开始涉足挖掘机制造领域，致使行业产能严重过剩，加上国家宏观调控，前几年工程机械行业开工率不足30%。经过大浪淘沙，虽然情况有所好转，但行业依旧萧条。又如2020年，新冠肺炎疫情暴发，口罩生产企业激增，我国口罩产能达到了1亿只/天，远远超过了全球的需求量。但是，口罩作为防疫和医疗物资，其生产还是有一定门槛和要求的，很多经营能力和竞争力不足的企业产品质量不达标，取得不了相关产品认证，那么亏损和被淘汰是必然的结局。

第四，要与企业的市场细分和目标市场相结合。目标市场的选择和产品定位应基于现有的科学方法。具体来说，企业可以利用相关的科学工具和方法，对市场进行全面分析，消除盲点，寻找商机，挖掘和创造客户需求，开发新产品，引领市场和消费。

（2）服务是否要收费。世界上没有免费的午餐，并不是所有免费的东西都是好的。很多时候，企业认为免费就不需要关注品质，结果造成不尽如人意的顾客体验。在我国，很多消费者也因为是免费提供的服务，就不好意思向企业提出要求。其实，我国的服务业之所以发展水平相对有限，很大原因是顾客的迁就。相反，在日本，正是顾客的挑剔造就了日本良好的服务。

从消费者的角度看，他们关注的不是产品和服务，而是需求是否得到了满足。价格已不再是竞争的焦点，越来越多的顾客接受花钱购买良好服务，越来越多的企业通过提供"一揽子"解决方案来赢得顾客和市场。比如，设备制造企业通过提供大型备件保障降低企业的备件库存压力，甚至一些设备制造商还通过提供设备维修和保养服务来获得顾客忠诚度，并取得高额利润。

企业推出服务的目的是更好地满足顾客需求，为顾客创造价值。随着经济发展和社会的不断进步，顾客的个性化需求越来越多，第三产业在产业结构中的比例逐步提升，服务对企业利润的贡献越来越大，这也为企业发展提供了新思路。因此，企业应重点关注顾客需求，通过增值服务为顾客提供整体解决方案，赢得市场，提升企业的竞争力。

4.3.2 企业文化

1. 为什么

管理模式依赖组织的文化。组织文化是生产力，是决定组织凝聚力的关键要素和手段，不同的企业文化造就了不同的管理模式。

管理学家彼得·德鲁克在《卓有成效的管理者》中提出了知识工作者的概念。他认为，知识工作者逐渐成为组织的主力，知识工作者的产出却很难被有效监督和衡量。我们无法对知识工作者进行严密和细致的督导，只能协助他们。因而，最有效的管理方法便是让知识工作者自己管理自己，自觉地完成任务，自觉地做出贡献，自觉地追求工作效益。

谷歌创始人拉里·佩奇（L.Page）表示："Facebook 和苹果公司在试图抢夺我们的工程师，我不怕。我们开更高的工资，给更多的期权、股权就好了。可是，我的工程师去 NASA，一年只有 7 万美元，只有我这里的五分之一，我却抢不过。我们谷歌描绘了一个很大的梦想，NASA 的梦想是整个宇宙，这个梦想更大，做的事更好玩，把我们最优秀的工程师吸引走了。2009 年奥巴马上台，意气风发，很多美国人居然愿意从政了，包括谷歌里面很多优秀的经理，放弃几十万美元的年薪，拿 5 万美元的年薪去政府工作。所以，谁跟我抢人，谁就是我的竞争对手。而且，这两个竞争对手，是我最难对付的竞争对手。"由此我们可以发现，有共同梦想、共同任务和共同目标的人很容易走到一起为组织创造价值。组织文化的作用就是让杂乱无章的个体和群体变成异常有序的组织，使命、愿景和价值观对于把知识工作者凝聚成一个有序的组织起到了至关重要的作用。

在知名的日本丰田生产方式中，无论是领导自上而下的强力推行，还是培养员工自下而上追求精益生产的自觉主动精神，若没有凝聚在强势企业文化中的群体本位价值观支撑，则难以实现持续降低成本、提高效率的目的。这也是我国企业在学习借鉴丰田生产方式过程中效果不佳的原因——只学流程，却缺乏企业文化支撑。

2. 是什么

（1）企业文化的定义。组织在追求卓越，不断满足和超越顾客期望的经营过程中，全体员工认同的理念和原则、制定的制度和行为规范、遵守的习惯和行为模式的总和，以及由此表现出的组织品牌和外在形象，构成了企业文化。

企业文化是一种心理契约，员工加入企业不仅仅是一种就业行为，还是员工认同企业价值观的过程。这种认同的前提就是企业和员工之间的相互信任。

企业文化是软性规则，领导代表着组织的管理整体，其行为被员工视为组织内部的"事实准则"。

（2）企业文化的作用。企业文化是"空气指数"，体现并作用于组织气氛，在企业经营中起着不可替代的作用。

- 导向作用：潜移默化地使公司的员工接受共同价值观，把思想、行为引导到实现企业目标上来。
- 凝聚作用：使公司的员工产生对工作的责任感、自豪感和使命感，增强对集体的认同感和归属感。

- 激励作用：公司愿景和经营理念是良好的激励标尺。
- 约束作用：公司的文化氛围能够以无形的、非正式的、非强制性的方式，对员工的思想和行为进行约束。
- 美化作用：优秀的企业文化不仅能美化工作场所，更能够美化工作本身，使员工求知、求美、求乐、求新的愿望得到满足。
- 协调作用：企业文化能协调内部员工之间、部门之间的关系，完成工作目标；协调企业和社会的关系，实现"双赢"。

（3）企业的层级。企业文化通常包括四个层级：理念文化、制度文化、行为文化和物质文化。

理念文化是企业文化理念的管理体系，包括四个部分：使命、愿景、核心价值观、经营管理理念。使命是指一个组织的整体功能，是组织存在的理由。愿景是指组织期望在未来达到的状态，描述了组织正在向何方去，希望未来成为什么或被视为什么。核心价值观是组织做事的指导原则和行为原则，是组织日常经营与管理行为的内在依据，是企业行为规范制度的基础。经营管理理念是企业在经营管理的各个系统中必须遵循的行为原则，是组织使命和核心价值观在相应的经营活动和日常管理活动中的落地和展开。

制度文化是组织文化理念落地的载体，通过相关制度和文件进一步诠释和引申组织的价值观和各种理念。组织的核心价值观及其相关管理理念是各项制度的基础和出发点，缺乏价值观支持的制度是空洞和乏力的。

行为文化是企业生活中的礼仪和仪式，是文化的表现和强化。行为文化包括英雄人物、习俗与仪式、文化网络等内容。企业英雄人物是企业价值观的人格化体现，更是企业形象的象征，对企业文化的形成和强化起着重要的作用。习俗与仪式是企业的惯例和常规，在企业日常活动中反复出现，它们是有形的、程式化的，是显示企业内部凝聚力的企业风俗习惯。习俗包括游戏和聚餐等，仪式包括问候仪式、工作仪式、管理仪式、颁奖仪式、庆典、研讨会和年会等。文化网络是指企业内部以轶事、故事和机密等形式传播消息的非正式渠道，是与正式组织架构不同的隐蔽的分级联络体系。

物质文化是对组织的一切可视物（展示物）进行统一设计、规划、制作和控制，使组织形象的表达充分体现个性化和统一化，目的是强化和规范企业文化管理。主要包括企业名称、徽标、产品品牌、商标、专用字体、标准字体、标准色彩、辅助色彩、方案标准、构图规范、主题口号和主题音乐等。

3. 如何做

（1）企业文化体系。塑造企业文化过程中的一个重要环节，就是对企业多种自发的、朴素的、零星的、散乱的文化因素进行全面的发掘、筛选和整合，最后形成系统的企业文化。一个完善的企业文化体系，一般由三个层面组成——精神层、行为层、形象层（或视觉层），即CIS（corporate identity system）设计的三方面。

- 精神层：与之相对应或相互交融的是CIS形象设计中的MI设计，即理念识别系统。精神层包括企业使命、核心价值观等一系列价值理念。在整个工程中，它处于核心部位，相当于人的大脑，即"心"。我们把精神层视作企业文化的核心系统，称之为企业精神文化。
- 行为层：与之相对应或相互交融的是CIS形象设计中的BI设计，即行为识别系统。行为层包括企业制度及员工行为等一系列内容。在整个工程中，它处于中间部位，相当于人的四肢，它在精神层的指导下进行活动。在企业文化的大系统中，它属于企业行为文化。

- 形象层：与之相对应或相互交融的是 CIS 形象设计中的 VI 设计，即视觉识别系统。形象层包括企业家、员工、环境、标志、产品广告及包装等一系列形象设计。在整个工程中，它处于表层部位，相当于人的脸面及服饰。在企业文化的大系统中，它属于企业形象文化。

CIS 设计是塑造企业文化的基本工程，也是企业文化发挥辐射作用的重要渠道。企业形象具有很高的无形价值。据国际设计协会统计，在企业形象上投资 1 美元，可得到 227 美元的回报。在第 10 届国际企业伦理和企业形象研讨会上，有关专家预言，21 世纪企业形象将借助高效的新闻媒体和信息高速公路，使信息传递和信息增值成为更有效的企业竞争武器。

（2）企业文化培训。企业文化培训，即通过教育培训的方式，把企业的价值理念渗透到员工的头脑中，让所有的员工认同和接受企业的文化，并用企业文化指导自己的工作行为。

企业除了设计好自己的文化体系以外，还要认真细致地做好宣传教育工作。一些国外企业不仅注重企业文化培训经费的投入，例如规定企业文化培训费用不能低于企业销售额的 1%，同时还注重企业文化培训教材的编制，例如很多企业都有《企业白皮书》，即企业文化的培训教材。

企业文化培训的方式也十分重要，可以通过将理念故事化，将价值观人格化，运用发生在企业的典型案例和故事，宣传企业文化理念，教育员工。

（3）制度文化建设。企业的制度和文化应体现企业的精神——企业文化理念中，组织应建立与制度和文化相匹配的评审机制，每年进行制度和文化的匹配性评审，对符合公司理念的制度要继续强化，对不符合公司理念的制度要修订整改，形成与企业文化理念相匹配的制度体系，以此来规范组织经营行为、管理行为及员工行为，保证公司文化理念的落地。企业文化制度化有两层含义：

- 企业文化必须充分体现在企业制度安排和战略选择中；
- 企业文化作为企业倡导的价值理念，必须通过制度的方式来统一员工的思想。

日本松下公司的制度文化在塑造企业文化方面的突出成就是一个很典型的事例。松下公司非常重视将企业文化制度化，为了将松下精神有效地贯彻下去，松下制定了一系列的制度。这些制度凝聚了松下精神，始终保持了公司的核心竞争力。例如，每天上午8时，遍布日本的松下公司全体员工同时诵读松下七条精神，齐唱公司歌。松下所有工作团队成员，每个人每个月至少要在他所属的团体中，进行10分钟的演讲，说明公司的精神与公司和社会的关系。每年正月，松下公司都要隆重举行新产品的出厂庆祝仪式。这些制度都是松下精神得以贯彻的保障，为松下成为世界著名的电器公司保驾护航，造就了松下公司的核心竞争力。

（4）企业文化实践。企业文化的实践就是实现价值理念的转化，把企业文化转化为全体员工的共识，转化为企业员工的行为规范，转化为企业的经营绩效，转化为企业的品牌形象。

企业文化不仅是企业信奉和倡导的价值理念，还是必须付诸实践的行动指南。也就是说，企业文化必须真正地约束企业员工的行为，真正地约束企业的运行过程，是在现实中真正起作用的价值理念，而不仅仅是用来信奉和倡导的。

"言必信，行必果"，这句话同样适用于那些渴望建立优秀文化的企业。世界500强企业的核心价值观不尽相同,比如惠普公司强调对员工的尊重和信任,迪士尼公司重视培养员工的创造力和想象力,索尼公司则把创新精神放到了核心价值观的首位。企业在准确表述并坚持核心价值观的同时,如何使它体现在企业的日常管理和员工行为中,才是塑造核心价值观的关键。

(5)企业文化奖惩。所谓企业文化奖惩,指的是对信奉并实践企业文化的员工进行奖励,而对违背企业文化的员工进行惩罚。通过奖惩的方式使企业文化真正成为企业中所有员工的价值理念,成为指导其工作行为的信条。

企业文化虽然和制度安排中的规章制度有所区别,但是一样要奖惩分明。从现实情况来看,没有奖惩机制,企业文化很难真正形成并得以贯彻。因此,在塑造企业文化的过程中,必须重视奖惩制度。

在国外许多知名企业中,企业文化体系一旦确定,就牢牢把握在最高决策层手中,不允许下级领导和员工有违背行为。美国麦当劳公司总经理克洛克、IBM总经理沃森和松下电器的松下幸之助都有这样的习惯:当基层员工越级投诉部门经理时,他们一般都认定部门经理有错,但只有一个例外,那就是当员工是因为违背公司文化而和部门经理发生纠纷时,他们对员工的处罚程度都大大超过对部门经理的。可见,他们很重视维护企业文化的严肃性。

4. 关注点

(1)企业文化不仅仅是一套理念和业余文化活动。在2019—2020版波多里奇国家质量奖评价准则中,将原先要求组织描述的"使命、愿景和价值观"改为"使命、愿景、价值观和文化"。文化特指价值观之外的其他文化特质——包括共同认可的信息和规范。这意味着波多里奇国家质量奖评价准则开始关注更深层次的文化内涵,也就是埃德加·沙因企业文化模型的第三个层次——深层假设。沙因三层次文化模型包括:

- 人工饰物（artifacts），指可以观察到的组织结构和组织过程等；
- 价值观念（espoused values），包括战略、目标、质量意识、指导哲学等；
- 深层假设（underlying assumptions），指潜意识中的一些信仰、知觉、思想、感觉等。

沙因认为，文化是一个特定组织在处理外部适应和内部融合问题中所学习到的，由组织自身所发明和创造并且发展起来的一些基本假定类型。这些基本假定类型能够发挥很好的作用，并被认为是有效的，由此被新的成员接受。真正的文化应是隐含在组织成员的潜意识中的，而且文化和领导者是同一硬币的两面，一个领导者创造了一个组织或群体的同时就创造了文化。沙因综合前人对文化比较的研究成果，把深层的处于组织根底的文化分成以下五个维度。

一是自然和人的关系：组织的中心人物如何看待组织和环境之间的关系，包括判断是可支配的关系还是从属关系，或是协调关系等。组织持有何种假定会直接影响组织的战略方向，而且组织的健全性要求组织具有对当时的组织–环境假定的适用性进行检查的能力。另外，组织的健全性要求组织能够及时考察组织–环境假定适应外部环境变化的能力。

二是现实和真实的本质：沙因认为，组织应确立真实事件和现实事件的判定标准。组织应明确如何论证真实和现实，以及真实是否可以被发现等一系列假定，同时包括行动上的规律、时间和空间上的基本概念。沙因指出现实层面上存在客观的现实、社会的现实和个人的现实，组织在判断真实性时可以采用道德主义或现实主义的尺度。

三是人性的本质：这个维度涉及关于人的本质的假定，包含确定哪些行为是属于人性的，而哪些行为是非人性的，以及个人与组织之间关系的假定。

四是人类活动的本质：这个维度包含"哪些人类行为是正确的""人的行为是主动的还是被动的""人是由自由意志所支配的还是被命运支配的"，以及"什么是工作、什么是娱乐"等一系列假定。

五是人际关系的本质：这个维度包含什么是权威的基础，权力的正确分配方法是什么，人与人之间关系的应有态势（如竞争的或互助的）等假定。

（2）企业文化融合。组织文化是组织内部共同的信念、规范和价值观，造就了组织内部独特的环境，对决策制定、员工契合、顾客契合和组织成功具有深刻影响。

企业兼并重组之所以失败率比较高，很大原因在于双方的文化没有进行很好的融合。管理根植于文化，社会文化背景是管理赖以生存的土壤和环境，有什么样的社会文化环境，就要求有什么样的管理行为和方式与之相适应，因为社会文化环境是客观的，相对稳定的，不以人的意志为转移的。

随着全球化进程的加快，不同区域、不同国别之间的整合和重组越来越多，这不仅要求企业有充足的资金和人才的储备，还需要企业做好文化之间的融合。若双方文化能很好地融合，则管理效果就好，管理效率就会提高，劳动生产率就会提高；反之，管理效果差，甚至导致管理失败，这种案例在国内外比比皆是。

（3）企业文化与战略。使命是组织的整体功能。使命所回答的是"组织致力于完成什么"。在使命中可以界定组织所服务的顾客或市场、所具有的独特能力或所应用的技术。使命决定了组织战略发展的方向和业务选择的领域。愿景是指组织所追求的未来状态。愿景描述了组织正在向何处去，希望未来成为什么或被视为什么。战略是组织实现和落实愿景的有效手段，愿景作为组织的长期目标，指导了组织战略目标的设定。

（4）企业文化与领导力。领导者能够对企业文化产生影响。好的领导者需要发展技能来使自己能够改变现有文化中的某些方面以改善组织绩效；企业领导是企业文化的塑造者、倡导者，是企业价值观的代表；企业文化是领导者、员工意识、市场环境共同作用的结果。企业文化和领导者是相互影响的，领导者在塑造文化的同时也受到文化的塑造。文化能够影响领导者的观念、风格和实践活动。在高度集权的文化下，存在集中的决策结构。在以高度集权为特征的企业文化中，经理们更多地使用规章制度处理日常事务，与集权程度低的组织中的经理相比，他们较少依靠下属和个人经验处理日常事务。

4.3.3 技术与设备

1. 为什么

技术与设备水平和企业的管理机制相适应，同时也影响着管理模式的形成。耐克公司依靠的是领先的技术和强大的供应链管理水平，而富士康公司则是以精良设备和大规模制造能力见长。

三流的企业做产品，二流的企业做技术，一流的企业做标准。华为在5G上的成就，让我们看到了中国在电子领域的希望，只有掌握了核心技术才能拥有话语权。技术是企业发展的基础，技术决定了组织的核心竞争力。技术落后就要挨打，没有自主知识产权和核心技术作为支撑，一切繁荣都是过眼云烟。经过改革开放40多年的发展，我国的经济水平取得了大幅提升，很多国人开始飘飘然，然而，美国对华为手机芯片的控制给了我们当头一棒，让我们清醒地认识到与国际先进技术水平的差距。

设备是企业生产和服务的基础，设备管理奠定了企业的竞争优势，是各类制造业企业落实供给侧结构性改革的必要条件。在质量提升的今天，在发展中国制造的今天，依靠正确的、科学的理念去发展设备，才是组织真正成长的道路。

设备的先进性是企业利润的保障。在市场竞争中，最有利可图的竞争是产品差异化竞争，也就是做到人无我有，人有我优。企业要想实现产品差异化，依靠的一定是独一无二的设备。

我国是世界上最大的制造业国家，国内多数企业的优势在于生产和制造能力，因此，基础设施管理对于它们来说是关键经营因素。

2. 是什么

（1）技术分类。组织往往拥有多种技术分类，许多分类会相互交叉。为了更好地了解自身技术实力和水平，组织需要对自身拥有的技术进行盘点，应结合行业特点和自身经营发展水平，按不同的分类方式，对组织现有的技术进行细分。一般来说，我们可以从以下几个方面对技术进行分类：

- 产品技术，可以按产品类别、业务类别进行分类汇总；
- 专业技术，包括按不同专业领域技术方向和水平进行汇总；
- 设计技术，包括设计手段、仿真和模拟技术、实验和验证技术等；
- 工艺技术，可以按工序进行分类汇总；
- 装备技术，可以按工艺和装备进行分类汇总；
- 检验技术，可以按原材料检验、制品检验、成品检验进行分类汇总。

（2）设备分类。基础设施包括设备和设施，设备主要指机械设备，设施更多侧重于建筑、管道和平台等方面。比如，石油化工企业除了专用机械设备外，更多的是管道、平台、储罐等设施；在三峡水电站中，大坝就是设施，发电机组则是设备，而变电站中变压器和开关是设备，输电线路是设施。有时，为了简化统称为设备设施。

- 设备分类。设备分类不是简单的设备清单，企业可以按加工工序分，也可以按产品和业务对设备进行分类，这取决于企业的生产方式。例如，传统企业一般按加工工序进行设备布局；而流程性企业一般是按生产线进行布局的。为了提高生产组织的柔性，满足不断变化的客户需求，越来越多的企业采用"一个流""单件流"，以及U形布局的生产组织方式，设备一般按生产线来进行分类管理。
- 设备分级。企业按照对产品的影响程度、设备的价值、维修难度等因素，对设备进行分类管理，重点加强对"关键、重大、精密、稀有"设备的维护保养力度。
- 设备技术水平。评价一个企业的设备技术水平，不应只简单地关注数量多少，还应同时关注生产出的产品的品质和产能。先进设备是制造出高性能产品的基础。企业应保持关键设备设施始终处于行业先进水平，在设备规划阶段就要做好设备选型，选用主流程；在使用过程中通过保持设备精度使设备处于良好的工作状态。在设备维修阶段"逢修必改"，通过不断升级改造使设备保持行业领先水平。

3. 如何做

（1）技术评估体系。企业应建立完善的技术评估体系，制定技术评估流程。组织应成立技术委员会，如果涉及的专业比较多，在技术委员会中可以分多个专业技术分会，负责组织技术管理。技术委员会除了邀请组织的专业技术人员外，还可以邀请科研院所和行业专家参加，以提升组织技术水平。可以结合组织的业务和目的，分类进行技术评估，一般技术评估包括以下几类层级。

- 战略技术评估：是组织全面的系统评估，主要是为制定技术规划和技术发展路线图作支撑。
- 年度立项评估：一般是专业领域评估，在技术发展路线图的基础上，每年要对所开展的技术项目进行立项评估，以确定哪些项目可以优先开展。
- 项目评估：主要针对单个技术研发项目进行评估，包括项目进度评估、结题评估，以及评价项目完成情况和成果的技术水平。

（2）技术水平。对于每类技术，组织应明确目前行业的主流技术是什么，我们的技术处于什么水平。为了解自身的技术水平，通常有以下两种方法：一是项目结题评估，大多数技术研发项目在结题评估时，会有技术水平等级的评价结论；二是在进行年度立项分析、长期技术规划分析时，有时会对组织拥有的专业技术水平进行评估，重新评估和确定原有技术目前所处的水平。

而技术水平对比的手段通常有以下两种形式：一是逆向工程，通过对主要对手和标杆产品的分析研究，确定自身的技术水平；二是专利查新，通过定期的专利查新，了解最新技术研究成果。

（3）技术成果。技术成果从结果的层面来展示组织的技术水平，主要包括：标准、专利、技术诀窍、科技进步奖项等。

标准包括国际标准、国家标准、行业标准、地方标准、团体标准、企业标准等几类。为了更好地推进标准化建设力度，国家近几年特别加大了对团体标准和企业标准的扶持力度，鼓励行业协会和产业联盟组成高水平的团体，引导企业追求产品和服务质量的提升。同时，国家积极推进企业标准领跑者制度，以企业产品和服务标准自我声明公开为基础，通过发挥市场的主导作用，调动标准化技术机构、行业协会、产业联盟、平台型企业等第三方评估机构开展企业标准水平评估，确定企业标准"领跑者"，营造"生产看领跑、消费选领跑"的市场氛围，从而以标准领跑促进产品和服务质量不断提升，引导市场资源逐步向领跑者企业倾斜。企业标准"领跑者"制度的实施，对于培育一批具有创新能力的排头兵企业、助推供给侧结构性改革具有重要作用，有利于推动我国产业迈向全球价值链中高端，更好地满足人民日益增长的美好生活需求。

我国在知识产权的保护和使用方面还比较落后，在国际竞争中备受打压。企业通过专利战略和专利布局，可以有效保护组织的知识产权，提升国际市场竞争力。国家鼓励自主创新，加大对专利的保护力度；各地政府出台政策，对参与相关标准编制、获得专利的组织给予不同额度的配套资金扶持和奖励。

（4）成果转化。组织应推动科技成果应用与转化，促进企业转型升级。组织应制定科技成果转化管理办法和奖励制度，加大对在科技成果转化工作中做出贡献的人员的奖励力度，以提升广大员工围绕公司转型升级从事科技研发和科技成果转化工作的积极性，营造良好的科技成果转化氛围，树立科技成果转化导向和信心。组织可以通过不同形式开展成果转化：

- 深入实施校企合作模式，通过"资源共享、优势互补、协作创新、合作共赢"，积极探索以科技为依托、项目为载体、成果应用与转化为目标的合作机制。
- 采取分步实施的方式，在相关科技成果具有可行性时，利用多种方式或渠道将科技成果转化和落地应用。
- 充分利用各级政府科技创新政策和财政支持，拓宽公司技术获取和科技成果转化渠道，为核心技术研发和科技成果转化获取资金支持。
- 坚持以市场为导向、企业为主体、政策为引导，积极参与产业技术创新战略联盟，深化公司与院校和上下游企业的紧密合作，促进产业链和创新链深度融合。

（5）设备管理。"工欲善其事，必先利其器"，回到本质，设备是人类为了提升工作效率而制造的。因此，我们应从5S管理做起，做好点检、定修，建立全员设备管理（TPM）。在设备管理的理念上，我们不妨多借鉴日本企业的先进经验。日本企业将管理分为四个层次：

第一个层次是5S管理。一个制造业企业如果没有5S管理，说明其缺乏最基本的管理概念和管理意识。5S管理，是让管理者明确管理是改变效率最简单的方式之一。没有实施5S管理的企业，很难吸引其他企业与之合作。

第二个层次是TPM。对制造业企业来说，只有做好5S管理，才有可能做好第二个层次：TPM。TPM活动通过全员参与，并以团队合作的方式，创建并维持优良的设备管理系统，提高设备的开机率（利用率），提高安全性及质量水平，从而全面提高生产系统的运作效率。实际上，在日本制造业的设备管理概念中，已经把经营的相关要素都融合到了设备管理的体系内。

第三个层次是全面质量管理。质量奖项目是世界范围内公认的引导企业实施全面质量管理的有效方式，世界上最早的质量奖是日本的戴明奖。在日本，企业如果想申报戴明奖，需具备一个前提，就是要荣获"设备管理大奖"。没有荣获设备管理大奖的企业没有资格申报戴明奖。为什么会有这样的规定？究其原因，还是因为设备管理是企业运营的基础。这个基础不牢，做好其他工作是很难的。

第四个层次是理想的目标——精益管理。能够达到精益管理境界的企业，几乎只存在于理想中，因为精益管理的目标是零库存、零浪费。这些听起来容易，做起来相当难。零浪费，不仅仅体现在原料和产品上，还要体现在设备上；如果产品销路不好，为了做到产品的零库存，可以停止设备的运转，但设备的浪费就无法避免。虽然理想化，但这是个非常好的目标。企业可以对标参考，即使做不到完美，也可以持续追求完美，在追求完美的道路上获得优异的成就。

4. 关注点

（1）战略与技术规划。公司战略一般是中期规划，多数国企参照国家五年规划把长期战略定为五年，中期战略按三年滚动，并通过年度经营计划落地。而市场竞争激烈的IT、服装等行业，长期战略一般为三年，甚至两年。

无论公司中长期战略周期多长，都应制定中长期的技术规划，明确技术发展路线图，一般技术规划应长于公司战略，最少是10～20年，甚至更长。例如，一款新手机的上市周期虽然只有不到一年，但是手机企业需要在相关领域和平台进行大量的技术储备，特别是行业前沿技术的跟踪和研究往往在10年以上；汽车行业的一个新车型的研发周期在3～5年，销售3～4年后进行中期改型，整个车型的生命周期在10年左右；一个武器装备型号的研制周期在15～20年。

技术是组织发展的基础和后盾，缺乏明确的技术规划和技术发展路线图，公司的战略就成为无根之木，组织将很难保持持续的竞争优势。

美国对中国企业的技术封锁，使我们认识到了自身技术和国际先进技术的差距。正如中科院院长所说："在未来的日子里，中科院全院将会集中科研力量去攻克那些被美国掌握的重点技术，也就是对我们来讲的卡脖子技术……把美国卡脖子的清单变成我们科研任务的清单进行布局。"国家明确了技术发展方向，那么，每个企业也应制定自己的技术发展路线图，组织应时时关注行业的技术发展方向，"使用一代、开发一代、储备一代"，紧跟时代步伐，加大技术投入，为组织的持续健康发展奠定坚实基础。

（2）专利和成果是否越多越好。专利和成果应以提升组织经济效益为目的，专利和成果需要大量人财物的投入，若没有良好的科技成果转化机制，将很难维持高水平的投入，从而使科技研发缺乏后劲。我国很多科研院所"闭门造车"的研发模式，严重制约了我国科研发展水平。

曾经的手机巨头诺基亚一度掌握着手机领域数量最多的专利，智能手机的标准也是诺基亚最早提出的，但是由于错判了手机技术的发展趋势，没有把握住智能手机的发展时机，诺基亚公司快速走向没落。虽然现在诺基亚每年还可以从手机专利中取得可观的专利使用费，但是难掩其在短短两三年内便离开手机行业第一宝座的无奈和没落。

在质量奖评审时，不仅仅要关注组织专利和成果的数量和水平，更要关注专利和成果对组织的经济贡献以及对组织核心竞争力的支撑作用。

（3）设备是否越先进越好。不要把购买成熟的设备当作竞争优势，能够从外面购买而来的，绝对不会成为公司的核心竞争力。只有那些融合了公司自主研发的、先进的技术的设备，才能真正地提升企业的核心竞争优势。也就是说，设备管理应该做好清晰的定位，在企业内部逐步形成以设备为核心的运营机制。市场的竞争能力源自产品领先，产品领先取决于差异化的先进技术，这些先进的技术在企业实践中最好能先通过人的操作来使用，然后逐步标准化，在标准化的基础上实现工业化、装备化，持续扩大在技术方面的竞争优势。

在纺织、钢铁等传统制造业领域，行业领导者的竞争优势大多源于自主研发的先进设备。虽然我国近些年引进了大批的先进设备，但很多时候却没有实现理想的目标，这主要是我们在设备优势方面的认知偏差导致的。

（4）设备管理的目标不仅仅是正常运转。理想的设备管理目标是什么？国内大多数企业的答案是"少坏"或"不坏"。与之对应，设备管理者的工作就被局限为修理设备。对维持生产产能、保障既定的产品质量来说，维持设备的"少坏"或"不坏"是没有问题的。但是在竞争的市场环境中，有吸引力的产品应该具有良好的品质，并且与竞争对手产品形成明显的差异化优势。打造这样的产品，就需要企业拥有竞争对手所没有的差异化技术，把这些领先技术通过设备体现于产品。真正有价值的设备管理，应当是通过对各台设备的熟练使用，把握设备的各项潜在能力，并对各台设备的性能进行优化，提升设备的生产效率和产品品质。简单来讲，基于竞争市场环境下的设备管理理念应该是在"少坏"或"不坏"的基础上，进一步研究如何把轿车开出赛车的感觉。

4.3.4 法规环境

1. 为什么

法规环境考察的是组织所处的行业和地区的管制因素，外部的法律法规环境有时决定了组织的经营决策和管理模式。组织所处的法规环境对组织提出了要求，并影响组织所从事的经营活动。近几年，我国在节能、环保、劳动等方面法律法规政策的改变也对很多行业的竞争格局产生了深刻的影响。

近几年，国家提出加大环保执法力度、更新排放标准、加强能源管理等一系列政策，对钢铁、化工等高污染、高能耗行业产生了巨大影响，大量产能落后的企业被淘汰，使得行业竞争格局发生巨大变化。与此同时，员工观念的转变，特别是90后劳动力主力大军就业理念的转变，引发了多个产业生产模式的变化。例如，传统用工大户服装和电子加工行业，正在加快智能化改造，那些技术含量低、劳动强度大的流水线正逐步被机器人代替；而建筑业由于劳动强度大、风险高及面临环保压力，正逐步向预制化转型。

2. 是什么

这里所谈的法规环境，更多的是在通用的国家法律法规要求之外，组织所处的地区、行业、领域的有针对性的特殊要求。比如，军工企业除了执行会计法外，还需要关注《军工科研事业单位会计规章制度》；河北省的企业除了执行国家的环保法外，还需要执行《河北省生态环境保护条例》和《京津冀协同发展生态环境保护规划》等；对医药企业来说，除了要有常见的三大管理体系认证，还要有我国强制性的从业认证，分别是 GAP（good agriculture practice）、GMP（good manufacturing practice）、GSP（good supply practice）、GLP（good laboratory practice）。这四个体系认证均为强制性认证，其中 GAP 认证从 2016 年起取消，改为备案制。

- GAP 认证：中药材生产质量管理规范认证，针对的是中药材生产基地。
- GMP 认证：药品良好生产规范认证，针对的是药品生产企业。
- GSP 认证：药品经营质量管理规范认证，针对的是药品流通企业。
- GLP 认证：药物非临床研究质量管理规范认证，针对的是药物非临床安全性评价研究机构。

3. 如何做

（1）行业许可和产品强制认证。对产品、生产、经营三个环节分别有产品认证、生产许可证、经营许可证三类认证许可管理。

产品认证：是由第三方通过检验评审企业的质量管理体系和样品型式试验来确认企业的产品、过程或服务是否符合特定要求，是否具备持续稳定地生产符合标准要求产品的能力的活动。产品认证分强制性产品认证和自愿性产品认证两种。中国强制性产品认证（简称 CCC，也可简称 3C）是政府为了保护消费者人身和动植物生命安全，保护环境，保护国家安全，依照法律法规实施的一种产品合格评审制度，它要求产品必须符合国家标准和技术规范。强制性产品认证实行目录管理，对列入目录中的产品实施强制性的检测和审核，凡列入强制性产品认证目录内的产品，没有获得指定认证机构的认证证书的，一律不得进口、不得出厂销售和在经营服务场所使用。自愿性产品认证是对未列入国家认证目录内的产品的认证，是企业的一种自愿行为。目前，我国执行强制性产品认证的产品共有十七大类，分别是电线电缆、电路开关及保护或连接用电器装置、低压电器、小功率电动机、电动工具、电焊机、家用和类似用途设备、电子产品及安全附件、照明电器、车辆及安全附件、农机产品、消防产品、安全防范产品、建材产品、儿童用品、防爆电气、家用燃气器具。除了中国强制性产品认证外，世界上还有很多知名的产品认证，主要包括：

- ETL 认证，是产品出口美国及加拿大所需的认证；
- CE 认证，是欧盟安全认证，被视为制造商打开并进入欧洲市场的护照；
- FCC 认证，是在美国、哥伦比亚地区销售的与生命财产有关的无线电和有线通信产品的安全性的一种认证；
- UL 认证，UL 安全试验所是美国最有权威的，也是世界上从事安全试验和鉴定的较大的民间机构；
- RoHS 指令，欧盟发布的《关于限制在电子电气设备中使用某些有害物质的指令》；
- GS 认证，是获得欧洲市场广泛认可的自愿性的德国安全认证；
- CQC 认证，是中国的自愿性产品认证。

生产许可证：是国家对于具备某种产品的生产条件并能保证产品质量的企业，依法授予的许可生产该项产品的凭证。生产许可证的范围一般包括那些直接关系公共安全、人体健康、生命财产安全的重要工业产品，国家对实行工业产品生产许可证制度的工业产品实行统一目录、统一审查要求、统一证书标志、统一监督管理。实行生产许可证制度的工业产品重点包括以下几类：

- 乳制品、肉制品、饮料、米、面、食用油、酒等直接关系人体健康的加工食品；
- 电热毯、压力锅、燃气热水器等可能危及人身、财产安全的产品；
- 防伪验钞机、卫星电视广播地面接收设备等关系金融和通信质量安全的产品；
- 安全网、安全帽等保障劳动安全的产品；
- 电力铁塔、桥梁支座、铁路工业产品、危险化学品及其包装物、容器等影响生产安全、公共安全的产品等。

经营许可证：是法律规定的某些行业必须经过许可，由主管部门颁发的许可经营的证明。经营许可证一般包括以下几类：网络文化经营许可证、广告经营许可证、煤炭经营许可证、医疗器械经营许可证、药品经营许可证、道路运输经营许可证、网吧经营许可证、文化经营许可证、食品经营许可证、危险化学品经营许可证、烟花爆竹经营许可证等。

（2）安全、环保、节能、职业健康的要求。合法经营是基础，组织经营可能需要满足更多相关要求。组织需要系统审视面临的各种环境，明确组织是只满足相关法律法规的最低要求，还是高于其要求。在评审时，评审员也需要关注企业经营中是否有考虑这些法规要求的行为，高于最低要求是领先组织的重要特征。

组织应全面识别生产经营过程中产生的安全、环保、节能和职业健康方面的要求，确定最主要的因素，以及这些因素对应的国家、地方和行业标准及限值。同时，还要提供组织的内控标准及控制措施。

（3）产品标准。产品标准是针对产品而制定的技术规范，在我国，产品标准有国家标准、行业标准、地方标准和企业标准四种。

对需要在全国范围内统一的技术要求，应当制定国家标准；对没有国家标准而又需要在全国某个行业范围内统一的技术要求，可以制定行业标准；对没有国家标准和行业标准而又需要在省、自治区、直辖市范围内统一的工业产品的安全、卫生要求，可以制定地方标准；企业生产的产品没有国家标准和行业标准的，应当制定企业标准作为组织生产的依据。企业标准是在企业范围内需要协调和统一的技术要求，是企业根据管理要求和工作要求所制定的标准，是企业组织生产和从事经营活动的依据。企业标准一般分为产品标准、方法标准、管理标准和工作标准四类。企业的产品标准须报当地政府标准化行政主管部门和有关行政主管部门备案。

（4）管理体系的认证认可。认证认可分为"认证"和"认可"两部分。其中，认证是指由认证机构证明相关技术规范的强制性要求或标准的合格评定活动；认可是指由认可机构对认证机构、检查机构、实验室以及从事评审、审核等认证活动人员的能力和执业资格进行审查评定，予以承认的合格评定活动。

认证是针对企业的，认可是针对认证及相关机构的。认证分为产品认证和体系认证两大类。在产品认证中，除了强制性产品认证外，还有很多自愿性产品认证，比如，有机产品认证、环境标志认证等。

体系认证比较多，主流的有质量、环境、职业健康安全三大管理体系认证。我国常见的体系认证主要有以下几类。

- 质量管理体系认证：ISO 9001（GB/T 19001）。
- 环境管理体系认证：ISO 14001（GB/T 24001）。
- 职业健康安全管理体系认证：ISO 45001（GB/T 45001）。
- 能源管理体系认证：ISO 50001（GB/T 23331）。
- 社会责任标准认证：ISO 26000（原 SA 8000）。
- 食品安全管理体系认证：ISO 22000（GB/T 22000）。
- HACCP 认证：食品生产企业危害分析和关键控制点（HACCP）管理体系认证。
- 信息安全管理体系认证：ISO/IEC 27001。
- IT 服务管理体系认证：ISO 20000-1（GB/T 24405.1）。
- 商品售后服务评价体系认证：GB/T 27922。
- 培训管理体系认证：ISO 10015。
- 知识产权管理体系认证：GB/T 29490。
- 供应链安全管理体系认证：ISO/PAS 28000（反恐认证）。
- 危险物品进程管理体系认证：QC 08000。

就质量管理体系而言，除了 ISO 9001 外，还有很多行业的质量管理体系认证，比如，医疗器械质量管理体系认证 ISO 13485，军工产品质量管理体系认证 GJB 9001，汽车行业质量管理体系认证 IATF 16949，航空航天质量管理体系认证 AS 9100 等。

4. 关注点

（1）合规性评价。企业可以结合环境和职业健康安全两个管理体系认证中的"合规性评价"进行梳理。建议企业可以在体系认证中要求的合规性评价基础上，对各职能领域所执行的标准进行识别和评价，并建立起相应的内控目标和控制措施。组织经营需要满足很多相关要求，但是合法经营是基础。

（2）行业的界定。行业标准包括全行业的行为守则和政策指引。"行业"一词指组织运行所处的界别。对非营利组织来说，这个界别可以是慈善组织、专业的协会或社团、宗教组织或政府机构，也可以是这些组织的下属单位。

（3）标准领跑者制度。已有国家标准或行业标准的，国家鼓励企业制定严于国家标准或行业标准的企业标准，在企业内部适用。国务院联合有关部委以先进标准引领消费品质量提升，鼓励全面实施企业产品和服务标准自我声明公开和监督制度，发布企业标准排行榜，实施企业标准"领跑者"制度，以高水平标准为引领，增加中高端产品和服务的有效供给，引导消费者更多地关注"领跑者"产品，以系列鼓励性政策支撑高质量发展。

4.3.5 组织架构

1. 为什么

组织架构是企业管理模式的重要表现形式之一。一般来说，管理模式是一个企业在管理制度上与其他企业不同的地方。组织架构是管理制度的最基本内容，它规定了组织中的人是如何有机组合的。

不管组织能力如何，首先一定要有人，人是最关键的；人来了之后，如何让他有动力，这就要依靠管理机制；有了动力之后，需要一个平台，使人员能够有机地组织起来完成目标和使命，这就是组织架构。组织架构决定了企业的管理方式，影响着企业的管理效率。因此，分析和了解企业的组织架构，有助于组织更好地理解其运营所依托的背景条件，理解组织要实现当前及未来的成功和可持续发展所必须满足的关键要求。

2. 是什么

工作系统指的是如何完成组织的工作。工作系统包含劳动力、关键供应商和合作伙伴、分包方和协作者,以及生产、交付产品和服务所需的供应链以及其他组成部分,包含经营过程和支持过程。

工作系统中最重要的是组织架构,重点指员工在正式或非正式、临时或长期的单位中是如何被组织或自行组织起来的。这包括工作团队、过程团队、项目团队、顾客行动团队、解决问题团队、卓越中心、职能单位、远程工作者和跨职能团队,以及自我管理或由监督员管理的部门。

对工作系统的决策是战略性的。这些决策包含对核心能力的保护和投资,包含在组织内部生产与外部采购之间做出决定,以确保组织在市场上的高效和可持续运营。

3. 如何做

(1)公司的股权结构。公司的股权结构决定了组织的性质和管理模式。通过股权结构可以了解组织的管理权限和管理重心。例如,作为集团的全资子公司,公司的战略和日常经营管理将完全执行集团政策;如果上级单位只是参股和投资管理,那么公司将拥有完全的自主经营权;而如果是上市公司,那么公司将严格按照上市公司的监管要求进行规范治理。

(2)组织各层级间的汇报关系。目前,对子公司的管理主要有三种方式:财务控制型、战略控制型、运营控制型。这三种模式具有各自的特点:运营控制型和财务控制型是集权和分权的两个极端,战略控制型则处于中间状态。有的企业集团从自己的实际情况出发,为了便于管控,将处于中间状态的战略控制型进一步细分为"战略实施型"和"战略指导型",前者偏重于集权而后者偏重于分权。

- 财务控制型是指集团对下属子公司的管理控制主要通过财务手段来实现,集团对下属子公司的具体经营运作和管理基本不加干涉，也不会对下属公司的战略发展方向进行限定。集团主要关注财务目标的实现，并根据业务发展状况增持股份或适时退出。
- 战略控制型是指集团的核心功能为资产管理和战略协调功能。集团与下属子公司的关系主要建立在战略协调、控制和服务的基础上，但是集团总部很少干预子公司的具体日常经营活动。集团根据外部环境和现有资源，制定集团整体发展战略，通过控制子公司的核心经营层，使子公司的业务活动服从于集团整体战略活动。通常，这种情况比较适用于相关产业企业集团的发展。
- 运营控制型是指通过母公司的业务管理部门对控股子公司的日常经营运作进行直接管理，特别强调公司经营行为的统一、公司整体协调成长和对行业成功因素的集中控制与管理。大部分房地产开发公司都属于这种情况，比如房地产公司和下属项目子公司之间的管理控制关系就是这样的，大型房地产集团公司的区域中心和下属项目公司之间也属于这种情况。

（3）常见的组织架构及其特点。目前，常见的组织架构主要包括：直线制、职能制、直线职能制、事业部制、矩阵制等几种（见表4-1）。企业应根据行业特点、员工素质、企业规模来选择合适的组织架构。

近几年，逐步出现了很多新兴组织架构，如无边界组织、学习型组织、阿米巴组织、虚拟组织结构、流程型组织等，它们是新产业和新业态发展的产物，是在新的管理实践中被不断总结提炼出来的，是最新管理理念的体现。

- 无边界组织：其横向的、纵向的、外部的边界不由预先设定的结构所限定或定义。运用跨层级团队和员工参与的方式，弱化纵向边界；运用跨职能团队和流程化工作的方式，弱化横向边界；通过与顾客和供方建立战略伙伴关系，弱化外部边界。

表 4-1 不同组织架构形式的对比分析

类型	定 义	优 势	缺 陷	适用范围
直线制	职权从高层直接向下进行传递和分解，经过若干个管理层次直达组织的最底层	上下关系简明，层级制度严格，职权和责任分明；便于统一指挥，集中管理，提高各级主管人员的责任心	管理沟通速度和质量严重依赖直线中间的各个点，没有职能机构作为人员的助手，容易使主管人员处于忙乱之中	适用于劳动密集、机械化程度高、规模小的企业，在初创企业中比较常见
职能制	又是采用多线型组织架构。其特点是采用按职能分工实行专业化的管理办法来代替直线型的全能管理者，各职能部门在分管业务范围内直接指挥下属	管理工作分工较细，收专家参与管理；由于吸管能部门在分管业务范围内直接指挥下属	多头领导，不利于集中领导和统一指挥；各职能部门过多考虑自身利益，不能很好配合；过分强调专业化	适用于劳动密集型的大中型企业
直线职能制	以直线制为基础，在各级行政主管之下设置相应的职能部门，从事专业管理工作	既能保证了集中统一的指挥，又能发挥各种专家管理的作用	各职能部门自成体系，不重视信息的横向沟通，工作易重复；若职能部门力过大，易干扰直线命令系统；部门缺乏弹性，对环境变化反应迟钝	目前，我国多数企业采用这种模式
事业部制	由相对独立、拥有较大自主权的事业部组成，每个事业部独立经营，能不断培养出高级管理人才；责权划分明确，能很好地调动各级经营人员的积极性	事业部以利润责任为核心，能保证稳定利润；通过事业部独立经营，能不断培养出高级管理人才；责权划分明确，能很好地调动各级经营人员的积极性	需要较多素质高的专业人员来管理事业部；管理机构相互重叠，管理人员比重过大；分权削弱了对事业部内控制；太强的竞争可能引发事业部间协调也困难	事业部制是欧美、日本等国家和地区的大型企业所采用的典型的组织形式。有时也称之为"联邦分权化"，因为它是一种分权制的组织形式
矩阵制	既有按职能划分的垂直领导系统，又有按产品（项目）划分的横向领导关系的结构，可分为二维矩阵和三维矩阵	项目组织加了项目组织成员的责任感；加强了不同部门之间的协同信息交流	小组受双重领导管理，常出现责任不清，互相扯皮的现象，成员不固定，易产生临时观点，责任心不够强	一般在建筑、咨询等以项目为主的行业比较常见

- 学习型组织：由于所有组织成员都积极参与到与工作有关的问题的识别和解决中，不断获取和共享新知识，因而使组织形成了持续的适应和变革能力。

- 阿米巴组织："阿米巴"（amoeba）在拉丁语中是单个原生体的意思，属原生动物变形虫科，虫体赤裸而柔软，可以向各个方向伸出伪足，使形体变化不定，故而得名"变形虫"。变形虫最大的特性是能够随外界环境的变化而变化，不断地进行自我调整来适应所面临的生存环境。阿米巴组织让第一线的每一位员工都能成为主角，主动参与经营，进而实现"全员参与经营"，这样，企业组织就可以随着外部环境变化而不断"变形"，调整到最佳状态，即成为能适应市场变化的灵活组织。阿米巴经营模式的本质是一种量化的赋权管理模式。

- 虚拟组织结构：也称网络型组织，是指在特定的机遇下为实现某一目标临时把人员召集起来，待目标完成后即行解散的一种临时组织。虚拟组织结构是一种很精干的核心机构，以契约关系的建立和维持为基础，是依靠外部机构进行制造、销售或其他重要业务经营活动的组织结构形式。其主要特征如下：一是具有较大的灵活性，虚拟组织是一个以机会为基础的各种核心能力的统一体，当机会消失时组织就解散；二是能共享各成员的核心能力，从而节省时间，降低费用和风险，提高服务能力。虚拟组织的风险在于成员之间潜在的信任风险，这是由于虚拟组织的成员是被临时组合在一起的，因此在成员的协调合作中可能会出现问题。

- 流程型组织：是以系统、整合理论为指导，为了提高对顾客需求的反应速度与效率，降低产品或服务成本而建立的以业务流程为中心的组织形式。流程型组织的特点是以顾客或市场为导向、以流程为中心，组织结构扁平化、灵活多变，组织边界动态化。流程型组织将所有的业务、管理活动都视为一个流程，注重它的连续性，以全流程的观点来取代个别部门或个别活动的观点，强调用全流程的绩效表现取代个别部门或个别活动的绩效表现，打破职能部门本位主义的思考方式，将流程中涉及的下一个部门视为顾客。因此流程型组织鼓励各职能部门之间互相合作，共同追求流程的绩效，也就是重视顾客需求的价值。

4. 关注点

组织架构需要与战略和业务相匹配，没有最好的组织架构模式，适合组织自身特点的架构才是最好的。随着竞争加剧，行业和分工也逐步变得模糊，新的业态、新的商业模式不断出现，跨界竞争、降维竞争越加频繁。在这种背景下，组织架构已不单单是人力资源部门的职责，对组织架构的决策也上升到了公司战略层面。这些决策包含对核心能力的保护和投资，包含在组织内部生产与外部采购之间做出决定，以确保组织在市场上的高效和可持续运营。

公司的战略和竞争目的是保持持久的竞争优势，这一切取决于公司的核心竞争力。公司通过关键过程管理，强化和培育核心竞争力，为了提升过程能力，组织架构的安排成了过程设计和战略部署的重要组成部分。以客户为导向的流程型组织正日渐成为众多公司的选择。

4.3.6 关键客户

1. 为什么

彼得·德鲁克在《管理的实践》一书中提出：企业的目的只有一个有效的定义，那就是创造客户。组织对目标客户类别的划分和对顾客关系管理方式的选择，决定了组织的运营机制和管理模式。

顾客是组织的绩效和质量、产品和服务的最终评判者。因此，组织必须考虑到所有产品和服务的特性、特点以及所有有价值贡献的顾客的接触和支持模式，这样才能引来顾客，赢得其满意、倾向和忠诚，最终提升业务的可持续性。

从优秀走向卓越，不是组织自愿的行为，是由顾客驱动的，只有卓越的组织才能赢得顾客的信任、信心和忠诚度，才能在激烈的竞争中脱颖而出，持续成功。

想要达到顾客驱动的卓越，要求组织不只是重视满足顾客对产品和服务基本需求的特性，还要重视使自身区别于竞争对手的特征和特性，这种区别可基于创新的供应、产品和服务的组合供应、供应的定制化、多重接触和对外沟通机制、快速反应或特殊关系等。另外，顾客驱动的卓越还要求组织对外部环境变化和新出现的顾客和市场需求，对影响顾客满意和忠诚的因素，能够长期保持敏感。

2. 是什么

（1）顾客的定义。顾客是组织的产品和服务的实际或潜在的用户。顾客既包括产品、项目和服务的终端用户，也包括那些直接的购买者或使用者，如批发商、代理商或再加工商。我们一般所说的顾客是广义的，包括组织及其竞争者的当前和未来的顾客。在某些非营利组织里，顾客可以包括会员、纳税人、公民、接受者、客户和受益人。顾客群可以基于共同的期望、行为、喜好或背景等因素划分。在一个顾客群里可能存在因差异性和公共性而产生的顾客细分。

（2）顾客的声音。顾客的声音是指组织获取顾客相关信息的过程。我们应了解顾客的信息，包括市场和销售信息、顾客契合度数据、得失分析和投诉数据。"市场可用的信息"是指在产品和顾客互动方面影响组织与顾客未来关系的具体问题。获取顾客声音的过程旨在以主动的、持续创新的方式来获取明示的、未明示的和预期的顾客要求、期望和需要。其目的是获得顾客契合。"倾听顾客的声音"包括收集和综合各类顾客数据，例如调查数据、重点群体调查结果、保修数据以及影响顾客购买和契合决定的投诉数据。

3. 如何做

（1）市场细分。市场细分是指营销者通过市场调研，依据消费者的需要和欲望、购买行为和购买习惯等方面的差异，把某一产品的市场整体划分为若干消费者群的市场分类过程。市场细分包括三个步骤，即STP：S——市场细分、T——目标市场、P——市场定位。市场细分包括组织市场细分、国际市场细分、消费者市场细分三类。我们常常提到的市场细分一般指的是消费者市场细分。

组织市场细分针对的是工业企业。相对于消费者市场来讲，组织市场顾客群数量相对比较少，而且都是企业，顾客的购买习惯和特征相对比较固定和理性。组织市场细分变量主要包括以下几类：一是统计学变量，包括行业、客户规模、地理位置等；二是客户运营变量，包括客户技术水平、客户其他能力；三是客户采购方式变量，包括采购部门、采购类型、采购标准、采购流程、采购方式等；四是情境因素变量，包括订单紧迫程度、产品使用环境、订单大小、订单频率、产品最终用途等；五是购买者的个性变量，包括采购人员的动机、买卖双方的相似性、风险策略等。组织市场基于产品线或特性、分销渠道、业务量、地理区域或其他能使组织确定市场细分的因素，可再分为细分市场，即二次细分。

国际市场细分是开拓国际市场时的重点考虑因素。一般来讲，国际市场细分的顾客群数量更少，其细分变量主要包括以下几类：一是地理变量，包括不同国家、不同经济区域等；二是经济变量，包括发达、发展中等国家和地区；三是政治和法律变量，包括不同政治形态、不同法律体系等；四是文化变量，包括不同宗教类别、东西方文化差异等。

消费者市场细分针对的是最终个体消费者，其数量众多，需求和偏好的个体性差异很大。其细分变量主要包括以下几类：一是地理因素，包括地区、城市、人口密度、气候等；二是人为因素，包括年龄、家庭规模、收入、职业、教育、宗教、种族等；三是心理因素，包括生活方式、社会阶层等；四是已购买行为因素，包括使用时机、追求利益、使用频率、品牌忠诚度、对产品的态度等。

（2）客户的需求、期望和偏好。顾客群和细分市场的要求可包括及时交货、低缺陷水平、安全保证、持续降低的价格、技术手段、快速响应、售后服务以及多语言服务。利益相关者群体的要求可包括对社会负责的行为及社区服务。对于某些非营利机构来说，上述要求也可包括管理成本减少、上门服务、紧急情况下的快速响应。客户的需求和期望是组织发展的动力，对不同客户需求和不同层次问题的解决能力决定了企业的盈利能力。

- 客户需求是合同明示的内容。企业如果只能满足客户需求，那么企业只能赚取行业正常利润，这是大多数企业达到的水平。
- 客户期望是客户明白，但是不能完全表达清楚的内容。企业如果能满足客户期望，就能赢得超额利润，比如，苹果产品的性能指标和配置虽然没有极大的突出之处，但是顾客体验极好，因此，苹果手机一度赢得了整个手机行业 70% 的利润。
- 客户偏好是客户自己也不是完全清楚，但是一看到就能令人惊艳和激动的内容。企业如果能满足客户偏好，那将获得巨额利润。比如奢侈品，一个 LV 限量版手提包可以卖到几十万元。

（3）了解顾客需求的方法。在技术快速变化、竞争日渐激烈的社会环境中，很多因素都会影响顾客的偏好和忠诚度，这就使得持续的倾听和了解顾客需求成为必要手段。倾听和了解只有与组织的总体经营战略紧密联系起来时才有效。

倾听顾客声音策略的选择取决于组织的关键成功因素。组织倾听顾客声音的方式日益多样化，常用的方式有：与由关键顾客组成的焦点小组沟通，收集博客评论和其他社会媒体数据、保修数据、市场和销售信息，与关键顾客紧密联络，对流失顾客和潜在顾客的购买或相关决策进行了解，运用顾客投诉过程来理解关键的产品和服务特性。

顾客满意度调查是收集顾客需求和期望信息的有效手段，调查方式包括：进行神秘人调查，收集正式和非正式的客户反馈，分析顾客账户历史记录、投诉、行业报告、顾客推荐率以及交易成功率等。

组织应根据不同的顾客、顾客群或细分市场差异确定适宜的方法，以便更好地了解客户的需求和期望。例如，钢厂针对汽车、铁路等重点行业和大客户设置客户经理。这些方法和渠道也应根据顾客生命周期的不同阶段而变化，比如，随着年轻群体增加，通过建立微信群、论坛和聊天室等方式可以更好地了解客户的需求。组织应充分利用社会媒体和网络技术来倾听顾客的声音，比如官方微博和企业微信公众号等。

（4）顾客购买因素重要性排序。进行市场细分的目的是开发新产品、发现新市场、拓展新应用，因此，只有明确不同顾客的需求和期望，特别是把握住对他们业务发展、采购决策最为关键的因素，才能更好地开发出适销对路的新产品。在此基础上制定差异化的营销策略，满足客户需求，超越他们的期望，企业才能在市场中立于不败之地。企业不仅仅要了解客户的需求，还要深入研究客户的产品和业务，分析他们内心的真正想法，总结并提炼，挖掘他们的期望和偏好，在此基础上开发新产品，制定整体解决方案，为顾客提供增值服务，不断巩固和提升企业的竞争地位。

4. 关注点

（1）商业生态。理论是灰色的，而生活之树常青。商业生态系统之所以在2019—2020版波多里奇国家质量奖评价准则中才出现，而不是在理论诞生之初就写入准则，是由准则本身的性质——各类组织成功经验的总结决定的。第三次工业革命到第四次工业革命的发展过程中，通过构建商业生态系统而取得成功的组织越来越多，"跨界、场景、链接、平台"等从新鲜词汇逐渐变成现实存在。以中国企业为例，第一届全国质量奖得主海尔公司构建了开放共享的生态服务平台，布局生态圈、生态收入、生态品牌；移动互联网公司小米，正在构建庞大的小米生态圈。对各类追求卓越的组织来说，现在应当转变战略观念，从原先的强调竞争转变为强调构建商业生态系统。

（2）不是所有的消费者都是我们的客户。市场细分是一个客户取舍的过程，组织的资源有限，任何企业都不可能同时占有全部人力、财力、物力、信息等一切资源，不可能向市场提供所有的产品，满足市场所有的购买或消费需求。同时，由于资源限制和其他约束，任何一个企业都不可能在市场营销全过程中占有绝对优势，因此，企业通过市场细分可以制定有针对性的市场营销策略，集中人力、物力投入目标市场，为目标客户提供差异化的产品和服务，最大限度地满足客户需求和期望，提高经济效益。

（3）顾客与消费者。顾客是直接接受我们产品的客户，消费者是最终使用产品的客户。组织的市场除受直接消费者的影响以外，还会受到利益相关者的影响。例如，儿童是童话书的直接消费者，父母是童话书的购买者，而老师可能会影响购买，这三个群体都会对童话书的销售产生影响。因此，我们在进行市场和顾客细分时，不仅仅要关注直接消费者，更要全面分析，找出影响购买决策的利益相关者，分别制定相应策略，通过整体策划和一揽子解决方案赢得客户。

（4）为什么要关注竞争对手的顾客。关注竞争对手的顾客主要有两个目的：一是通过关注对手的顾客可以确定影响此类客户购买决策的因素,从而明确公司的改进方向;二是做好准备,一旦竞争对手出现失误,公司就可以快速替代。例如,2016 年以前,手机高端市场长期由苹果和三星主导,2016 年发生三星 Note7 电池门事件后,华为 Mate 系列手机快速替代了三星手机在高端手机市场的地位。

4.3.7 供应链管理

1. 为什么

目前,很多领域的竞争已不仅仅是公司间的竞争,而是整个供应链的竞争,甚至是整个产业生态的竞争。供应链的选择和管理,在很大程度上决定了组织的经营模式,耐克的"微笑曲线"以及富士康的代工生产就是典型的例子。

对许多组织而言,供应链管理日益成为实现生产率目标和利润目标以及实现整体经营成功的重要因素。在组织重新审视其核心竞争力时,供应商、合作伙伴和合作者越来越受到战略上的重视。供应商管理应达到两个目的,一是帮助供应商和合作伙伴改善绩效,二是通过特定的行动促使供应商和合作伙伴为组织的工作系统改进做出贡献。

2. 是什么

(1)主要供应商及其角色。在供应商依赖型的组织中,供应商对组织的运转及保持或实现竞争优势极为重要的那些过程,发挥着至关重要的作用。组织的供应商、合作伙伴及协作者对组织的贡献程度是不一样的。供应商的角色是相互的,例如,某钢厂一年供应某建筑公司钢筋 2 万吨,占其采购量的 70%,但是这个量在钢厂总产量中占比很少,对中大型钢厂来说还不到 1%。那么在这种情况下,该建筑企业不可能是钢厂的战略合作伙伴。只有双方在彼此业务中的份额和地位大致相当时,双方才可能成为长期合作伙伴,甚至战略合作伙伴。

（2）供应链要求。供应链要求可以从两个方面来说明：一是组织对供应商的要求，包括及时或准时地送货，具有灵活性、可变的人员配置、研究和设计能力，可提供定制化制造或服务等；二是供应商对组织的要求和期望，一般会聚焦在长期稳定合作、优惠的付款条件等方面。因此，组织需结合经营考虑对关键供应链的要求，影响因素可以有很多，如地理位置、质量、技术能力、管理水平等。以地理位置为例，很多时候精益管理中的 JIT 会要求供应商与组织在同一个经济开发区内。供应链要求是对组织关键供应链的情况说明，使得评审员能快速、清晰认识整个产业链情况，这也是分析公司竞争力和战略策划的背景。

（3）供应商沟通机制。很多时候采购物品达不到要求，是因为双方在采购标准和要求上没有达成共识。因此，要建立固定的、正式的沟通渠道，特别是针对生产资料的采购，要明确沟通方式、沟通人员、采购标准和需要确认的内容。供应链的沟通机制应该是双向的，沟通应该使用双方都易懂的语言，可以是当面的，也可以通过普通邮件或电子邮件、网络通信工具、电话的方式进行。对许多组织而言，沟通机制会随着市场、顾客或利益相关者要求的变化而变化。

3. 如何做

（1）供应商分类。一是按采购物品的重要性分类。组织一般按采购物品对最终产品和服务质量的影响程度来划分，A 类物资指直接应用于产品上的物资，如原材料、外购零部件等；B 类物资指虽然不直接用于产品上，但间接作用于产品上，对产品的质量有重大影响的物资，如辅料、设备备件、润滑油等；C 类物资指非生产物资。另外，如果采购量和采购金额比较大，即使不直接用于产品上，也应归为 A 类物资。二是按供应量及其占比分类。很多组织认为每一类采购物资都应确定其主力供应商和备选供应商，比如采用"7∶2∶1"或"8∶2"的采购量分配模式，既保障了供应的稳定性，又通过备选供应商及时了解市场行情，保证供货安全。

（2）供应商溯源。目前，行业竞争已逐步由产品竞争转向了供应链的竞争，坚实稳固的供应链是产品质量的保障。供应链管理中可能会包括选择供应商的过程，目的在于减少供应商的数量，筛选优质供应商和伙伴。

国内多数企业在采购问题上陷入误区，采购部门把大部分精力放在了招标和询价上，整天忙于日常的供应商信息查询、采购物品的退货和索赔，没有时间关注供应商质量的改善和提升。

招标只是手段而不是目的，特别是在大型采购中，对供应商的选择存在很大的不确定性，采购结果不易在短期内直接评估，采购人员一般不愿承担未知的采购风险，因此，价格和选拔程序的公正性成了主要的选择标准。串标、陪标成了招标工作的潜规则。国家也意识到了招标中存在问题，最近发布的招标投标法修订草案公开征求意见稿中不再强调低价中标，意在鼓励企业选择最合适的供应商。

组织可以按采购物资的价值和采购风险两个维度进行分类，把工作重点放在核心产品和瓶颈产品的管理上。对于价值大且采购风险大的核心产品，组织应通过建立战略联盟、建立长期合作模式的方式建立稳定的供应关系；对于价值不大但采购风险比较大的独家供货产品，重点是寻找和开发有潜力的供应商，并通过供应商质量工程师（SQE）不断提高供应商能力，降低采购风险；对于价值大但采购风险小的标杆产品，可以通过集中招标、功能性承包等方式，以量换价，致力于采购成本的优化；对其他采购产品可以实施标准采购，通过电商平台、供应商库存（VMI）等形式简化采购流程，提升采购效率。

（3）供应商评价。选出好的供应商只是一个良好的开端，企业需要建立供应商动态评价机制，对供应商进行分级管理。

组织可以组成供应商评审委员会，制定供应商评价标准，定期对供应商的供货进行评价。参加供应商评价的人员除了供应部门人员外，还应包括使用单位、质量部门、生产部门、技术研发部门、财务部门的人员，分别对采购物资的使用效果、进货质量、供货能力、产品品质等进行评价，并按照"优、良、中、差"进行分级管理。

组织可以根据动态评价结果制定相关采购政策，对表现优秀的供应商可以在采购量、付款条件、合作开发等方面给予政策扶持，鼓励供应商不断提高供应质量。目前很多企业特别是国有企业普遍存在的问题是：上级要求达到一定金额的采购必须招标，因此，供应商评价分级缺乏相应的激励政策，这使得供应商评价成了走形式。

（4）供应商改善。组织的成功越来越依赖高水平的供应商，强大的供应链是企业保持竞争优势的基础。除了供应商溯源外，采购部门的另一个主要工作就是供应商质量改善。企业的很多潜在和新开发的中小型供应商虽然产品质量很好，但是管理水平一般都不高。因此，企业可以派遣供应商质量工程师到供应商现场，帮助他们完善体系、提升管理，通过流程改善、工艺优化，提高供应商的生产效率和产品质量，逐步把他们发展成可以长期合作的优秀供应商，不断强化公司的供应链水平。

（5）外包管理。随着社会分工越来越细，社会协作日益重要，组织的经营重心也聚焦在核心竞争力的巩固和培育方面。"核心竞争力"指组织最擅长的领域，即那些对组织实现使命至关重要的或是使组织在所处的市场或服务环境中保持优势的具有战略重要性的能力。通常，这是竞争者或供应商和合作伙伴不易模仿、能给组织提供可持续竞争优势的能力。组织的资源有限，通过外包管理，组织可以把人、财、物等资源集中在组织的优势领域。因此，外包管理和供应链管理也上升到公司战略管理层面。外包管理应注意以下几个方面：

- 确定外包原则。明确组织必须把控的领域，即对公司战略至关重要的业务，即使现有能力不足，也不能轻易外包，要不惜代价集中力量发展壮大；在不影响主要产品和服务质量的前提下，尽可能将核心业务之外的业务外包。比如，万科把日常财务核算、费用报销等传统会计业务外包给有资质的会计代理机构，公司的财务人员把精力全部投入财务分析、管理会计、投融资管理等业务方面，全力服务公司项目拓展，为经营管理和战略决策提供数据支撑。

- 选择优质供应商。外包的目的是让专业人员做专业的事，把工作做得更好，是强强联合，而不是简单地降低成本。因此，外包合作伙伴一定要选择领域内最优秀的供应商，否则，企业宁可自己做，也不能因为外包而降低品质。
- 加强过程管控和评估。外包不等于不管，通过业务外包，公司的主管部门可以投入更多精力用于过程监控和评估，以确保过程更高效。

4. 关注点

（1）从"供应链"到"供应网"。基于生态系统的理念，组织产品和服务的生产与交付不再是简单的"供应商 A—供应商 B—组织"的供应链模式。复杂组织可能整合了很多供应商的行动，其中一些组织是复杂组织网络中的一部分，各自在生产或交付环节扮演重要角色。这些实体越来越紧密交织、相互依赖，不再是线性关系，转而呈现出交叉关系。在这种情况下，组织的成功依赖于识别和管理这些交叉关系，以实现整合。

新版的波多里奇国家质量奖评价准则在相关条款中以"供应网"替代原先的"供应链"，并更加关注供应网的联合、协作和敏捷。组织的供应网由参与到组织产品生产、服务供应和顾客交付中的实体组成，波多里奇国家质量奖评价准则使用"供应网"而不是"供应链"，以此突出组织及其供应商间的紧密关系与相互信赖。

（2）与供应商长期合作共赢。许多组织在设计阶段就需要考虑供应商、合作伙伴和合作者的要求。总体来说，有效的设计必须考虑到价值链中所有的利益相关者。若有设计项目平行展开，或者假如组织的某些产品在生产过程中使用与其他产品相同的零部件、设备和设施，则资源的协调可能就是一个重要的问题，但也可能成为大大减少单位成本和上市时间的契机。例如，奔驰公司对关键零部件供应商采用单一供货模式。一般一个新车型的研发周期是3～5年，在新车型立项之初，公司就确定了零部件的供应商，他们与公司一起进行新车研发，在整个车型的全生命周期中，供应商原则上不变，以保证零件的质量和稳定性。在特殊情况下，如果必须更换供应商，也要在严格按照研发流程和供应商筛选流程完成全部的验证后，才能进入试用期，因此，奔驰公司的关键供应商基本上都是长期合作的供应商。

（3）采购追求的不应是最低价。"羊毛出在羊身上"，一味追求低价中标只能导致劣币驱逐良币，最终吃亏的还是企业。企业不应单纯追求采购价格最低，而应从整个产品的生命周期和产品整体成本最优化的角度来确定采购策略。例如，钢厂的铁矿石成本占到制造总成本的一半以上，不同品位的矿石在价格上有明显差距。如果一味追求低价选择低品位矿石，虽然采购成本低了，但是由于矿石品位低会增加高炉中燃料的使用量，同时，低品位矿石影响了铁水质量，特别是生产高端钢材时，还增加了在炼钢和轧钢工序的加工难度，总成本反而升高了。因此，一些钢厂对矿石进行分类管理，高端产品用高品位矿石，低端产品用低品位矿石，追求产品整体成本最小化。合作双赢才能持久，很多企业采用了"功能性承包"方式，比如，一些在生产中使用耐火材料的企业根据往年的数据，测算出单位产量的耐火材料使用量，确定了单位产量采购金额，根据产量与供应商结算采购金额，促使供应商集中精力进行产品的升级改造，双方共享成果。

4.3.8 竞争环境

1. 为什么

管理模式是对以往成功经验的总结和提炼，这些经验和做法往往是通过发挥战略优势，成功应对问题和挑战取得的。

竞争格局变化带来管理模式的变革。行业技术的突破往往会引起行业竞争格局的变化，特别是互联和通信技术的发展应用改变了很多领域的竞争格局。比如，手机支付的广泛应用催生了共享单车行业，并导致我国自行车制造和自行车维修行业受到冲击。

行业痛点往往是突破竞争格局的最大变数，例如电商的兴起解决了商品流通环节过多的弊端，快递业的发展解决了长期困扰企业和顾客的"最后一公里"的问题。目前，国内市场上最大的痛点是电池和芯片等，石墨烯、量子芯片的技术突破将会引起汽车、家电、IT等领域竞争格局的颠覆。

了解组织在改进及成长方面的优势、劣势和机会，对企业经营的成功和可持续性有着极为重要的意义。一旦组织遇到特别重大的挑战，往往会带来毫无准备的技术破裂，并威胁到组织的竞争地位。组织需要时刻巡视所处行业的内外部环境，尽可能在最早的、最恰当的时点发现这些潜在威胁和挑战。

2. 是什么

（1）竞争地位。竞争地位说明了组织所处行业的竞争背景。对于不同的竞争者，企业选择的竞争策略也是不一样的。明确竞争者的特点、数量和关键特征，对于确定组织在行业和市场中的竞争优势是非常重要的。行业领先的组织对于自身当前所处的竞争环境、影响日常绩效的因素、影响未来绩效的因素往往有深刻的理解。例如，如果市场中竞争者数量巨大，则说明行业处于自由竞争阶段，同质化竞争严重；如果行业集中度比较高，说明行业已形成垄断竞争，行业竞争格局比较稳定。

（2）战略机遇。战略机遇是指新的或不同的产品、服务、流程、商业模式（包括战略联盟）或市场前景，产生于创造性思维、头脑风暴、新发现、研究和创新过程、对当前情况的非线性推断以及对未来的其他方法的前景的不同设想。产生战略机遇的想法得益于鼓励发散思维和自由思考的环境。为做出明智的战略机遇选择，需要考虑到风险、资金及其他方面。机会总是留给有准备的人，随着社会的进步，行业竞争的加剧，比较大的、明显的市场机遇越来越少，因此，战略分析更多着眼于寻找和创造市场机遇。只有洞悉行业变化，才能未雨绸缪，提前做好准备迎接新机遇的到来。公司战略的重点就是如何消除战略盲点，发现和捕捉稍纵即逝的市场机遇，发挥组织优势，实现跨越式发展。

（3）战略优势。战略优势指对组织未来可能达到的成就起决定性影响的市场利益。这些优势通常是组织优胜于当前和未来的同类组织的源泉。战略优势是组织核心能力的基础，组织应抓住战略机遇，充分发挥战略优势，把优势转化为胜势，并形成组织的核心竞争力，从而使组织能持续保持竞争优势。

（4）核心能力。核心能力指组织最擅长的方面，是那些使组织在市场或服务环境中具备战略优势的重要能力。对竞争对手或供应商和合作伙伴而言，核心能力是难以模仿的。核心能力为组织提供了可持续的竞争优势。核心能力包含技术专长、独特的服务、恰当的市场定位和特别的经营才干（如业务获取）。

（5）战略挑战。在当今这种高度竞争的市场上从事经营活动，意味着组织要面对诸多的战略挑战，这些挑战影响着组织保持绩效水平和竞争优势的能力。战略挑战是施加在对组织未来可能达到的成就上的起决定性影响的压力。这些挑战通常由组织预期的相对于其他类似产品的供应商的竞争地位驱动。外部战略挑战往往是行业和客户关注的焦点，内部战略挑战构成了组织发展的瓶颈因素，而组织的管理模式常常是在有效地解决内外部战略挑战后，经过梳理和提炼形成的，因此，全面收集和分析公司的战略挑战因素，有助于更好地总结和提炼组织的管理模式。

3. 如何做

（1）同行业企业分析。首先，将同行业所有竞争对手按其各自的规模和影响力的大小列出名单。这个名单可以使咨询者对这些厂家能够向社会提供的产品量有一个初步的认识。

其次，了解同行业中主要企业的情况，内容可包括企业名称、企业所属工厂及有关机构的地理位置和具体地址、企业年营业额以及大致的市场占有率、企业的产品产量及产品种类、企业的职工人数、企业利润等。

再次，进行企业分类。企业分类标准可以考虑产品性质、工艺性质、经营成果、市场范围、市场占有率等因素。

最后，再次细分。有时按大类进行细分时发现很多企业之间不存在明显差别，这就需要进行再次细分，比如可以按产品性质、市场范围（国内或国际、城市或乡村）、地理位置、增长速度、技术工艺、利润、专业化程度等进行多次细分，从而确定有哪些公司是与组织相近的同类企业。细分是为了寻找新商机，或是开发新产品满足目标市场要求，或是制定新的营销策略满足目标客户需求。细分需要成本，如果市场和客户的需求没有差异，就不需要细分，同时也说明了这个市场处于同质化竞争阶段，不是一个成熟的市场，未来必然要经过惨烈的低价竞争，淘汰大多数竞争对手后，才能形成稳定的竞争格局，例如我国的家电行业。

（2）正确选择对手。行业内同类企业很多，不是所有的同行都是竞争对手，例如，同为汽车制造商，奔驰不会把夏利当作对手。只有那些与组织规模相当、业务相似、战略定位相近的公司才会被当作对手。战略集团分析是选择竞争对手常用的方法。战略集团是指在市场上的竞争策略和地位相似的一群厂商，同一战略集团内的厂商具有产品线相似、价格质量相近、分销渠道相同、吸引购买者的产品属性相似、为购买者提供的服务和技术支持相似等特点，因此同一战略集团内部企业竞争相对比较激烈，是企业的主要竞争对手。战略集团分析一般包括以下五个步骤：

- 识别行业中各厂商的竞争特点。通常可以考虑以下因素：价格与质量区间（高、中、低）、地理区域范围（当地、区域、全国、全球）、垂直一体化（无、部分、全线）、产品线宽度（宽、窄）、分销渠道（一个、一些、全部）、提供的服务程度（无附加、有限服务、全方位服务）。
- 竞争因素对比分析。用上述那些成对的差别化特征将各企业列于一张双变量图上。注意两个变量不应有强相关性，如规模和分销渠道；竞争因素变量应能体现不同竞争厂商竞争目的之间较大的差异；列示各个企业的规模。
- 战略集团划分。把大致位于相同战略空间内的厂商归为同一个战略集团。为了更准确地进行战略集团分析，对于两个以上的变量，分别成对进行列示，从而找出不同维度差异化比较大的战略集团。
- 竞争对手确定。同一战略集团内的厂商就是企业的直接竞争对手，而且，战略群体间距离越近，企业之间的竞争越激烈。
- 同类企业分析。分析者应该尽量详细地说明这些主要企业在行业中的作用和它们的战略。通常情况下企业盈利必然是出于某些特殊的原因使其能够与环境相适应。有时，一个主要企业的产品质量并非上乘，价格也高于一般企业，但是却能获得较多的利润，实现企业的不断增长。在此情况下，应该找出是哪些因素促成了这种反常的成功，才能更好地制定差异化竞争策略。

（3）行业关键成功因素。关键成功因素分析法可作为确定决策者信息需求的方法。任何组织都有一些对其获得成功非常重要的特定的因素，如果同这些因素相关的目标没有实现的话，组织将很难获得成功。

关键成功因素是指那些在行业中占重要地位，对企业竞争力有重大影响的条件、变量或能力等特定因素。例如，房地产行业的融资能力、政府关系管理等就是其主要的关键成功因素；而对服装行业来说，营销渠道和库存管理是两个比较重要的关键成功因素。每个企业的资源都是有限的，那些在市场上获得成功的公司并不是在所有方面都比竞争对手好，而是在对行业竞争有重要影响的一个或几个方面做得比对手出色，因此，确定行业的关键成功因素有重要的战略意义。

（4）确定战略优势和战略挑战。关键成功因素是企业内部优劣势分析的基础。战略优劣势是相对的，是基于关键成功因素，与主要对手和标杆进行对比分析而得出的。如果企业想要持续成长，就必须对这些少数的关键领域加以管理，否则将无法达到预期的目标。关键成功因素一般有5～8个，企业如果仅仅在1～2个因素上领先，那么只能是特色企业，即我们常说的一招鲜吃遍天。如果在2～3个因素上具有领先优势，就可称为良好企业，在行业内就具有了一定的竞争地位。如果在3～5个因素上具有绝对优势，就可称为优秀企业，在行业内具有较强的竞争地位。如果在绝大多数的因素上具有领先优势，就可以称为领军企业，在行业内具有很强的话语权，往往会引领行业的发展方向。

4. 关注点

（1）垄断和非营利组织竞争对手和标杆的选择。竞争者的数量通常指现有竞争者的数量。处于垄断行业的质量奖申报单位常常会疑惑，竞争者该如何选取呢？实际上，竞争者不一定是同行业的，只要目标顾客一致，其产品很可能替代组织的产品，就可以作为竞争者，即竞争者需要从顾客需求来判断。非营利组织通常处在一个激烈竞争的环境中，他们必须经常与其他组织或能提供类似服务的机构进行竞争，以争夺财政资源、志愿者资源、会员资格、社区知名度以及媒体关注等。

（2）如何确定竞争地位。市场地位一般可以通过市场占有率和竞争力排名两个方面来确定。很多时候，总体市场占有率并不能说明问题，例如，我国钢铁行业企业众多，即使行业龙头宝钢的市场占有率也只有个位数，但是宝钢在汽车板领域，特别是中高档汽车板领域位列行业第一，并且占有很大的市场份额。因此，对于很多大众市场领域，我们所谈的竞争地位，更多的是细分市场、目标市场的占有率。

竞争力排名不仅仅以市场份额为依据，还可以包括技术、产品质量、盈利、综合能力等因素。正如我们经常看到的，北京市各大医院专科排行榜更多关注的是专业科室的综合能力排名，积水潭医院的骨科、朝阳医院的呼吸内科、宣武医院的神经内科均为各自细分领域内的知名科室，而综合实力上协和医院全国第一。又如国内大学排名，除了综合实力排名，还有不同专业的排名，如"两电一邮"的信息技术类专业、"两财一贸"的金融专业均在各自学科领域内声名显赫。

规模不能代表一切，国内很多"百强"评比变成了"百大"评比，入围组织很多是"虚胖"的。我们希望看到更多的"单项冠军"和"隐形冠军"，这些组织才是行业的中坚力量。

（3）从"竞争"到"竞合"。竞争促进资源的合理配置，促使企业能力不断提升。良性的竞争是市场发展的基础，无序的竞争是对行业的损害。一个行业不可能没有竞争，垄断阻碍行业的健康发展，损害社会福利的最大化。企业竞争的目的是找到自身定位，在行业内寻求一个动态的平衡，并不断巩固自身的地位。企业最担心的不是已知对手变强，而是未知的新入局者对竞争规则的改变。360免费杀毒软件的推出使得业内原有的行业龙头瑞星和卡巴斯基被迫出局；共享单车的推出使得原来的自行车生产和自行车修理行业面临淘汰。

在新的形势下，企业竞争不是为了挤垮对手，而是为了明确各自的定位，稳定市场格局，共同抵制新进入的搅局者和跨行打劫者。"有所为，有所不为"，企业应明确发挥自身优势，形成差异化竞争优势，与竞争对手在竞争中合作，促进行业健康发展。

4.4 管理模式提炼的注意事项

并不存在通用的最优管理模式，各个企业所处的环境，所拥有的内部资源，所处的生长阶段等因素不尽相同，所以在选择和设计具体管理模式时，应量体裁衣，不应只关注具体的管理模式的形式，而应就成功管理模式背后的深层因素进行分析，弄清其适用的具体条件和假设，从而寻找合适的管理模式，或创造条件以达到某种管理模式所必需的环境。

为了更好地理解和应用管理模式，需要对模式的背景情况、创新特点、特色做法、关键结果以及推广价值进行系统梳理，这样才能理解管理模式形成的逻辑和指导作用。

4.4.1 背景情况

所有的管理模式都是为了解决某类问题，或是行业痛点，或是顾客关注的焦点，或是企业遇到的瓶颈。

1. 行业难点和痛点

组织梳理管理模式，一定要先了解企业面临的问题，行业的难点和痛点是企业首先要考虑的。目前高速发展的行业均解决了行业难点和痛点，例如，快递行业和互联网行业。目前最成功的企业也是在各自领域里给出了最佳问题解决方案并取得良好效果的企业，比如，京东解决了电商产品质量保证和快速配货的问题，由此取得了快速发展。

2. 客户关注的焦点问题

组织应关注客户的需求和期望。顾客是组织绩效和质量、产品和服务的最终评判者。因此，组织必须考虑到所有的产品和服务的特性、特点以及所有有价值贡献的顾客的接触和支持模式，这样才能引来顾客，赢得其满意、倾向和忠诚，最终提升业务可持续性，达成由"顾客驱动的卓越"。"顾客驱动的卓越"包括对当前和未来两个方面的关注，既要理解当前的顾客需求，还要预计未来的顾客需求和市场潜力。顾客驱动的组织不仅要重视满足顾客对产品和服务基本需求的特性，还要重视使自身产品和服务区别于竞争对手的特征和特性。这种区别可基于创新的供应、产品和服务的组织供应、供应的定制化、多重接触、对外沟通机制、快速反应和特殊关系等。"顾客驱动的卓越"还要求组织具有"以顾客为焦点"的文化和组织敏捷性。

3. 企业发展的瓶颈

企业首先要解决当前面临的挑战，特别是瓶颈问题，这也是企业比较容易解决的问题，在解决这些问题的过程中会形成大量的经验和诀窍，可以通过知识管理系统把这些成果和做法固化。

问题的层次决定了管理模式的推广价值和适用范围。因此，组织在梳理管理模式时，要认真分析企业面临的管理背景，明确该管理模式提出的初衷，需要解决的问题，以及围绕这些问题的策划和思考。

4.4.2 创新特点

管理模式的关键在于创新，没有创新就没有工具方法的应用，更谈不上形成企业的管理模式。创新点可以从下面三个层次进行总结：

1. 全新模式

这是企业致力于追求的创新，特别是在出现全新行业、全新领域、全新业态时，往往可以形成全新的管理模式。

2. 方法上创新

结合企业的实际情况对原来的管理方法和工具进行改良，使其更适合国情和企业的实际情况。比如华为的集成产品开发（IPD）模式，是在 IBM 相关模式的基础上进行优化，形成了更适合我国国情的研发模式。

3. 应用上创新

纵观管理学发展史，管理方法和工具大量诞生于 20 世纪七八十年代，2000 年之后，很少有全新的管理理论和管理方法被提出，更多的是在原来的理论和方法上进行扩展和深化，例如，早在 1986 年摩托罗拉就提出了六西格玛管理，而 2000 年提出的精益六西格玛是对六西格玛管理的改进；再如，1987 年 ISO 9000 质量管理体系认证诞生，而到了 1994 年，美国三大汽车公司在 ISO 9000 基础上提出了 QS 9000 汽车行业质量管理体系认证，并使其逐步演化成 ISO/TS 16949，进一步升级为 IATF 16949。

因此，基于现有的管理工具和方法的创新和应用更为常见，即把传统的管理方法和工具应用于新的领域，从而取得意想不到的效果。

4.4.3 特色做法

模式的目的是推广和应用，因此，只有全面系统总结模式实践过程中的特色做法，特别是这些做法背后的逻辑和思考，才能更好地起到示范和指导作用。

1. 典型事件

模式的形成需要时间的沉淀，不是一朝一夕的事情。通过对组织发展历程的梳理，我们能全面回顾企业历史，总结成败，认真反思，更好地找出企业成功背后的逻辑和核心竞争力。

我们从企业发展历程，特别是重大转型事件，梳理每一阶段的得失，寻找公司延续的优良传统和做法，这些都是公司宝贵的财富，需要系统整理和总结。有时我们会发现，很多优良的传统和经验并没有被坚持和发扬。通过回顾历史，我们能更好地认清自己，发掘和提炼出适合自身的管理模式。

2. 工具方法应用

改革开放带来了新的理念和先进的工具方法，同时也撩拨着我们浮躁的神经，国内一度盲目引进外国的理念和工具。曾经有个企业的老板批评企管部，说隔壁的企业都有 ISO 14000 认证，我们怎么还在做 ISO 9000 认证，人家都引进 8S 了，我们怎么还是 5S。虽然这是一个笑话，但是也反映了国内企业的浮躁情绪，恨不得有一剂灵丹妙药，企业马上就能进入世界 100 强。

4.4.4 关键成果

管理是一门实践的科学，只有验证有效的模式才是有意义的。管理学历史上提出了很多理论，只有那些经过反复的实践验证的，经过大量的企业应用取得成效的，才是好的理论和模式。

中国企业有很多经验，但大多数没有经过验证，就大张旗鼓地推广，最后往往惨淡收场。例如，张兴让的满负荷工作法、马胜利的一包就灵就是典型的例子。

只有经过实践验证的管理模式才具有推广价值，因此，组织在进行管理经验提炼时，一定要注意方法引进前后的绩效变化。组织不仅要统计改进后的成果，还要关注成果与设定目标的对比，以及改进成果的保持情况。因此，组织在制订改进计划和改进方案时，应设定改进目标及里程碑节点，并做好改进方案监测。改进成果不仅仅包括直观的经济和技术指标的完成，还应包括提升员工能力、促进技术进步、改善企业形象等综合绩效结果。

因此，我们在总结和提炼管理模式时，一定要总结这些管理模式的成效，不仅要关注财务和市场定量的绩效收益提高，还要关注内部效率提升、管理改善和员工能力提高等隐性绩效，同时，也要关注环境改善、可持续发展等社会绩效的提升。

4.4.5 推广价值

管理来源于实践，并在实践中不断发展，因此，我们不仅要关注新理论、新模式和新方法的提炼及总结，还要关注这些新理论、新模式和新方法的应用领域和推广价值，特别是对其他企业的指导作用。只有这样，我们的管理模式才能被更好地分享和应用，促进行业和社会整体进步。

在总结和提炼管理模式时，我们要把重点放在该管理模式对行业的贡献和起到的示范作用，以及对其他企业的借鉴意义上。管理模式推广应用的范围说明了管理模式的特色和有效性。

1. 组织内部推广

这类管理模式往往解决了企业的瓶颈问题，取得了可观的收益，因此，可以在单位内部同类部门或不同部门推广交流。内部对标往往就是在企业内部相类似的单位之间互相"比、学、赶、帮、超"，促进共同进步，每个单位都有自己的独门绝技，通过分享这些经验，企业整体管理水平就会得到提升。

2. 集团内部推广

这类管理模式往往解决了公司和集团的战略性问题，代表了公司和集团的战略方向。随着企业规模越来越大，管理一致性成了企业面临的最大问题。

大型集团内部管理面临的最大难题是各分、子公司之间管理的一致性。因此，很多集团内部通过对标管理，发现和挖掘不同领域、不同流程的有效做法和最佳实践，在集团内部进行推广应用，以提升集团的整体管理水平。

3. 地区、行业推广

各级政府质量奖和行业质量奖设立的目的，就是建立地区和行业质量奖励制度，通过设立质量奖，树立地区和行业标杆，宣传推广它们的成功经验和特色模式。获奖单位多是在解决行业难题、引领地区和行业经济发展方面表现突出的组织，它们的成功也促进了地区和行业的进步。

4. 全国推广

中国质量奖旨在推广科学的质量管理制度、模式和方法，促进质量管理创新，传播先进质量理念，发掘和树立在推进高质量发展、落实质量提升活动中的标杆组织，推广它们优秀的经验和管理模式，激励引导全社会不断提升质量水平，建设质量强国。

5. 国际推广

首届中国质量奖获奖组织中国航天科技集团提出的质量问题"双归零"方法，从企业标准、行业标准到国家标准，最终上升为国际标准（ISO 18238:2015《航天质量问题归零管理》），不仅解决了行业发展的难题，代表着中国正在由制造大国向制造强国转变，也标志着中国企业对世界管理领域做出了卓越贡献。

案 例 篇

优秀组织管理模式汇编

企业规模不断增长,管理过程中的各种压力和阻力随之而来。在这些不确定的因素中找到最佳的经营之道,是很多企业孜孜不倦的追求。

本篇从历年政府质量奖获奖组织中选择了井冈山旅游发展总公司、航天科技、华为、宣武医院、鞍钢、谢家湾小学、京东方这些来自不同行业、不同领域、不同体制的组织,通过解读它们的管理模式,力求更好地帮助读者理解管理模式的结构和编写方法。

每篇案例都从管理背景、模式框架、理论基础、典型做法、管理成果、推广价值六方面展开。通过研究和分析这些获奖企业的管理模式,抛砖引玉,为广大读者提供总结提炼管理模式的参照或思考框架。

这些案例均来自历届中国质量奖获奖组织和个人质量管理经验与事迹汇编,以及相关省份质量奖获奖企业的案例汇编。

第 5 章

井冈山旅游发展总公司
"红色+"旅游发展模式

井冈山风景旅游区是 1982 年国务院公布的第一批国家级重点风景名胜区之一，1991 年又被评为中国旅游胜地四十佳之一，还是全国爱国主义教育示范基地和中国十佳优秀社会教育基地之一。2018 年，景区经营管理者井冈山旅游发展总公司获第三届中国质量奖提名奖。

5.1 管理背景

随着人民生活水平的不断提升，我国旅游业得到了井喷式的发展，但在繁荣的背后，也不断暴露出一些问题。比如，景区同质化严重、景点缺乏特色和竞争力，很多景区缺乏可持续发展眼光，游客被宰现象不断被媒体曝光。

井冈山是一座没有围墙的红色博物馆，已成为人们励志修身、接受革命传统教育的"精神家园"。景区通过深挖红色文化元素,整合红色旅游资源,形成了以"红色文化"为基础,集红色教育、旅游观光、休闲度假、生态养生为一体的多元化旅游产品体系,把井冈山打造成为中国红色旅游首选地。

5.2 模式框架

井冈山景区形成了以"井冈山精神"为核心的"红色+"旅游发展模式(见图5-1)。井冈山坚持"红色引领、绿色崛起"的发展理念,争当弘扬跨越时空的井冈山精神的排头兵,争当打造美丽中国"江西样板"、发展绿色经济的排头兵,争当打赢脱贫攻坚战的排头兵。

该模式以"坚定执着追理想、实事求是闯新路、艰苦奋斗攻难关、依靠群众求胜利"的井冈山精神为核心,坚持"红色引领、绿色崛起"的发展理念,通过"红色+培训""红色+接待""红色+绿色""红色+生态""红色+扶贫""红色+乡村旅游""红色+文化"等方式,延伸红色旅游产业链,打造绿色和谐的经济业态,聚焦"产业扶贫",实现可持续发展。

图5-1 "红色+"旅游发展模式

资料来源:第三届中国质量奖获奖组织和个人管理经验与事迹汇编。

井冈山精神：坚定执着追理想、实事求是闯新路、艰苦奋斗攻难关、依靠群众求胜利。

"红色+"的可持续发展模式：红色+培训、红色+接待、红色+绿色、红色+生态、红色+扶贫、红色+乡村旅游、红色+文化。

红色引领：挖掘红色资源，传承红色基因，强化精神引领，强化发展引领，强化同向引领，强化担当引领，强化党建引领。

绿色崛起：提升旅游产业，创新经济业态，筑牢绿色崛起的产业支撑；夯实平台建设，拓展绿色崛起的承载空间；健全"引进、推进、激励"三项机制，狠抓项目建设，增强绿色崛起的不竭动能；统筹"服务环境、生态环境、社会环境"三项建设，建设和谐井冈，打造绿色崛起的优良环境；大力改善民生，共享绿色崛起的发展成果；聚焦"产业扶贫"，大力支持全市率先脱贫"摘帽"，实现绿色崛起的组织愿景。

5.3 理论基础

1. 创新

（1）传承方式创新。井冈山充分利用深厚而独特的红色文化资源，挖掘历史细节，把弘扬井冈山精神作为红色培训的"灵魂"来实施，针对不同受众，设置系列核心课程，开发系列教材。由一批党史专家、红军后代、先进模范、扎根老区的知青代表、曾在井冈山战斗过的红军后代担任义务教员，以红色培训为核心，推出了"吃一顿红米饭、唱一首红军歌、走一趟红军路、读一本红军书、听一堂传统课、扫一次烈士墓"的"六个一"革命传统教育，组建了井冈山干部教育学院，成立了井冈山精神研究会、井冈山精神宣讲团，全面提升红色文化影响力。

（2）表现形式创新。深入挖掘革命历史、红色文化等优势资源，投资7亿多元，运用高科技手段等多元化表现形式，大力开发文化旅游产品，充分彰显井冈山文化旅游魅力。在通往井冈山的道路上建设了红旗、标语、雕像等 7 个以"红军万岁"为主题的红军故乡情景工程，使广大游客一进入井冈山就能感受到强烈的红色文化氛围。同时，建设了全国爱国主义教育示范基地"一号工程"井冈山革命博物馆新馆，全面修缮了旧址遗迹，开发了大型实景演出《井冈山》、井冈山斗争全景画、3D 电影《黄洋界保卫战》、红色音乐电影《井冈恋歌》等红色文化产品，极大地增强了井冈山旅游的文化吸引力和思想震撼力。

（3）管理机制创新。景区利用门票政策"稳而有活"的杠杆作用，做大会议经济、红色培训和针对性市场，全力打造法治景区、文明景区、智慧景区。景区大力开展旅游服务业标准化制度体系建设，扎实推进旅游综合执法工作，建立违规违法旅游企业、从业人员"黑名单"制度和行业违规通报、曝光及奖惩制度，切实维护旅游市场秩序。

（4）生态机制创新。景区加强井冈山生态旅游物联网项目管理，提升景区信息化和智能化水平。通过实施生态修复工程，对人工针叶林和毛竹林补植乡土阔叶树，形成针阔混交林和竹阔混交林；通过增强生态功能和生物多样性保护，有效提高了水源涵养功能；通过加强天然林与生物多样性保护，在适宜区域利用人工实施生态修复工程，构建稳固的生态屏障；通过加强对古树名木、珍稀植物、野生动物的保护，强化生态建设，保护青山绿水；通过积极推进景区移民保护，探索建立宅基地有偿使用、有偿退出和跨村置换机制，使井冈山的生态环境得到有效保护。

2. 可持续发展

绿水青山就是金山银山。绿色是井冈山最大的优势、最大的品牌和最大的财富。要牢固树立尊重自然、顺应自然、保护自然的理念，积极响应全省生态文明先行示范区建设，加快构建绿色、环保、低碳的产业体系、发展模式、生活方式，建设资源节约型、环境友好型社会。

5.4 典型做法

1. 整合红色资源

景区对红色资源进行深度整合，挖掘红色资源潜在内涵，整合红绿（生态旅游）、红古（文物文化旅游）等多种形式的遗址遗产，打造若干新的红色景区、景点，开发了荆竹山雷打石、红军挑粮小道等红色景区景点。在进山主干道沿线新建了以"旗、火、魂、号、情、山"为主题的红军故乡情景再现工程。强化与外部红色资源的整合和呼应，与永新、遂川等地开展红色旅游一体化建设。

（1）深挖红色文化元素。作为中国共产党创建的第一个农村革命根据地，井冈山拥有独特的红色革命文化资源。井冈山旅游发展总公司（以下简称"公司"）深入系统地普查井冈山红色文化资源，建立以红色文化遗迹、遗址、诗词、楹联、歌谣、戏曲、故事、传说、标语、漫画等为主要载体的物质和非物质的红色文化大数据中心，推出系列高质量理论成果，制作和创作了一批以革命历史为题材的歌舞、影视、网游、动漫等红色作品，奠定了井冈山红色旅游深度发展的基石。

（2）传承红色文化。2016年2月，习近平总书记在江西看望慰问广大干部群众时指出："井冈山时期留给我们最为宝贵的财富，就是跨越时空的井冈山精神。"习近平总书记还指出："今天，我们要结合新的时代条件，坚持坚定执着追理想、实事求是闯新路、艰苦奋斗攻难关、依靠群众求胜利，让井冈山精神放射出新的时代光芒。"

景区追求文化事业与文化产业相协调，将文化向商业、旅游、生态、科技等领域渗透，丰富文化产品和形式，鼓励多种文化事业形式同步发展，建立博物馆，定期举办展览，与其他城市进行文化交流。文化旅游业方面，当地着力打造茨坪经罗浮至新城区以田园花海、农业观光、民风古韵、特色餐饮、农事体验为主题的精品旅游带，加快推进旅游小镇建设，进一步挖掘农家乐文化内涵，打造一批有井冈山特色的农家乐示范点。此外，景区深入推动文化节庆和演艺活动发展，在实现发展经济的同时也促进了文化的传播。

（3）红色文化宣传。井冈山一直都非常重视通过多形式、多渠道、多层次向世界展示井冈山精神。一是成立了井冈山精神研究会，编著出版了《天下第一山》等书籍，推出了以井冈山斗争史为主题的《岁月井冈山》红色歌舞晚会，编排了《八角楼的灯光》等传统歌舞节目，举办了井冈山斗争图片展。二是利用多种媒体特别是互联网扩大宣传，多次邀请全国知名网络媒体进山采风，抢占了网络宣传的有利平台。三是通过在全国进行"井冈山精神大展览"巡回展和举办旅游文化节等方式深入宣传红色文化。四是组织旅游促销小分队深入大江南北、长城内外进行深层次宣传。

（4）红色旅游资源整合。公司整合红色旅游资源，推出"六个一"活动，即"吃一顿红米饭、唱一首红军歌、走一趟红军路、读一本红军书、听一堂传统课、扫一次烈士墓"，被学员称为最接地气的"草根教育"。

2. 坚持可持续发展，加强景区生态环境保护

井冈山是我国为数不多的具有生物多样性、景观资源十分丰富的生态名山，景区内植被古老，素有"第三纪型森林"之称，有12个植被类型，92个群系（林系），占江西省的99%，全国的16.1%。《中国植被》收集的24个"典型常绿阔叶林"中，6个类型的标准结构模式选自井冈山国家级自然保护区。井冈山景区森林覆盖率达96%以上，有迄今为止全球同纬度保存最完整的7 000公顷的原始森林，每立方厘米空气中含负氧离子数超过8万个，最高的地方达18万个，被誉为"天然氧吧"和"绿色宝库"，吸引了众多国际专家来井冈山进行科学研究考察。井冈山在2013年入选国家生态旅游示范区，还曾被授予"2015—2019年度全国科普教育基地"称号。在国际上，井冈山也颇负盛名。2012年7月，井冈山国家级自然保护区被联合国教科文组织授予"世界生物圈保护区"称号。

3. 拓展"红色培训"产业

（1）创新红色培训模式。公司挖掘历史细节，把弘扬井冈山精神作为红色培训的"灵魂"，推行红色教育培训管理标准化，实现了从传统的红色观光之旅到红色心灵之旅的转变。景区组织了一批党史专家、红军后代、先进模范、扎根老区的知青代表、曾在井冈山战斗过的红军后代担任义务教员，把再现革命情景、体验红色文化、考验自我品格、熔炼团队精神等教育内容融合在一起，走出了一条崭新的红色培训之路。

公司不断探索创新红色培训新模式，充分利用红色资源开展红色培训。组建了红色培训宣讲团，研发精品红色培训课程"永恒的信念"。依托中国井冈山干部学院、江西干部学院、全国青少年井冈山革命传统教育基地等，推出集培训、参与、体验为一体的红色培训"井冈模式"。红色培训已成为井冈山红色文化品牌的一部分，并成为井冈山红色旅游经济新的增长点，2016年共举办各类红色培训班4 355期，培训学员25.9万人。

（2）延伸红色培训产业。公司不断培育高效、开放的红色培训产业体系，推动红色培训与农业、工业、服务业，以及会展、体育、民俗文化等业态的高度融合。具体做法包括：新建红色标语馆、红色电影剧场、红色文化演艺馆、红色图书馆、非遗展示馆、书法美术摄影文化创作基地和一批以红色元素为题材的城市雕塑；扶持井冈山实景演出做大做强，鼓励创作了一批蕴含井冈山精神的红色文化演艺产品；扶持发展一批与城镇建设、新农村建设和乡村旅游相结合的红色培训体验点；引导建设红色文化旅游工艺品、食品等加工销售特色商贸街，将红色培训与精神体验、精神修养、人格锤炼、职业教育、创业教育相结合。

（3）丰富旅游产品。公司大力发展生态、观光、休闲旅游，着力打造以山地观光、民风古韵、农事体验、户外休闲、田园骑行、漂流体验为主题的乡村游。规范农家乐行业标准，打造一批独具特色的农家乐示范点，同时加快龙潭大峡谷景区项目、井冈山国际山地自行车赛道及配套项目、仙口及热水洲景区综合开发的建设步伐，大力推进井冈山游客服务中心和客运站、自驾车营地等项目的建设，丰富旅游产品。对外，景区对接吉安"三山一江"战略，推进红色旅游一体化工作，构建"大井冈旅游圈"，深化与衡山、韶山的合作，塑造"红色摇篮·心愿之旅"旅游品牌，构建"湘赣旅游圈"。

（4）延伸旅游产业链。为满足消费者观光、休闲、度假等复合型需求，公司依托井冈山的红色、民俗、自然生态、乡村农业、运动拓展等资源，深入开发健康养生度假产品，丰富完善观光旅游产品，创新培育节庆会展旅游产品，积极发展特色乡村旅游产品，稳步推进国际山地运动旅游产品，努力构建集观光旅游、传统教育、会议培训、休闲、养生、度假为一体的多元化、复合型旅游产品体系。

4. 标准化提升服务质量

（1）旅游服务标准化。景区以标准为引领，积极推进旅游服务标准化建设，编制了《井冈山国家级旅游服务业标准化文件汇编》，形成了一套系统完整的红色旅游标准体系。标准体系涵盖了红色景点、博物馆、红色培训、绿色景点、票务、观光车、索道、游船、漂流、宾馆、旅行社、导游、道路交通、园林、街区环卫、购物等17个模块，由626项标准组成，其中，服务基础标准49项，景区服务管理标准183项，景区服务提供标准160项，岗位工作标准234项。景区坚持"制度化、标准化、精细化"的质量文化，让标准成为习惯、让习惯符合标准。

（2）讲解模式标准化。为了解决传统红色旅游讲解中普遍存在的形式呆板、讲解服务水平一致性差、游客出现多层次需求、游客量巨增、讲解员队伍急需快速培养等行业共同难题，公司创新发展红色景点"多维度应景式"现场讲解模式，通过制定讲解服务标准化作业规程、开展讲解员星级动态测评、推行多维度应景式现场讲解模式、设立讲解服务标准化示范岗、改造升级讲解语音系统和光电系统等措施，并结合井冈山的特色制定了 23 项红色培训标准，规范了培训内容和形式，有效提高了井冈山革命烈士陵园的旅游服务管理水平。公司多次出色地完成重大接待讲解任务，并获得了来井冈山视察的党和国家领导人的高度赞誉。2016 年，湖北宜昌革命烈士陵园、浙江湖州革命烈士陵园等单位先后组织考察团来到井冈山景区考察学习交流讲解模式。

（3）景区设施标准化。景区按照旅游景区规范要求完善游客咨询处、标识标牌等公共服务设施，提升景区的配套服务能力，实现"无障碍旅游"。景区全力推进旅游公厕等基础设施建设，2015 年投入 1 042 万元按质按期新建和改建 55 个旅游公厕，荣获"江西省旅游厕所革命先锋行动首批建成单位"称号。

5.5 管理成果

1. 中国红色旅游首选地

井冈山是中国革命的摇篮，是全国爱国主义教育示范基地，1982 年被列为国家级重点风景名胜区，又相继入选中国旅游胜地四十佳、中国优秀旅游城市、国家 5A 级旅游景区。

井冈山红色文化资源具有历史文化价值高、数量多、开发维护完好、革命文化沉淀深厚、主题鲜明等特点，井冈山以中国第一个农村革命根据地、在中国革命中无与伦比的独特地位，被誉为"天下第一山"。中国革命的许多"第一"都诞生在这里：第一部土地革命法、第一所红军医院、第一个红色贸易部门、第一家红军造币厂、第一次在军队中实行民主制、第一次提出"三大纪律、六项注意"等，这些独特的红色革命文化资源具有一种强大的吸引力，成为井冈山红色旅游开发的支柱。

通过发展红色旅游，爱国主义教育和革命传统教育更加深入人心。尤其是从2005年井冈山提出"红色培训"以来，每年接待红色培训人数以30%的速度递增，国内众多的单位、企业纷纷在井冈山建立培训基地，除了中国井冈山干部学院、全国青少年井冈山革命传统教育基地等院校外，还有170多家专业机构为游客开展红色培训。

2. 首批"中国研学旅游目的地"

2016年，井冈山入选原国家旅游局首批"中国研学旅游目的地"名单。近年来，井冈山不断探索创新红色培训新模式，充分利用红色资源开展红色培训，组建了红色培训宣讲团，研发精品红色培训课程"永恒的信念"，成立了6个专项工作组外出推广红色培训项目，与澳门合作建立爱国主义教育培训基地，吸引不同层次、全国各地的人们上井冈山接受"红色洗礼"。红色培训已成为井冈山红色文化品牌的一部分，并成为井冈山红色旅游经济新的增长点。

3. 红色旅游为革命老区经济发展注入新的活力

以红色旅游为主导的现代服务业成为井冈山经济的支柱产业，占据半壁江山，对井冈山经济社会快速发展起到不可替代的作用。景区扩大"红色+"特色旅游服务，持续感动顾客、赢得市场，收入利润率、资产负债率等核心指标优于红色旅游行业及竞争对手平均水平。

通过发展红色旅游，革命老区面貌变化很大。这些年来，景区建有宾馆酒店150余家，床位18 000余张，接待服务设施档次大幅提升。同时，初步形成了集航空、铁路、高速为一体的立体交通网络，景区公路完成全面改造升级，农村公路建设也走在全省前列，城乡一体化统筹发展，农村面貌大为改观，涌现了菖蒲古村等一批景观优美的文化村、生态村、民俗村。井冈山直接从事旅游接待、旅游餐饮等旅游服务的就业人员约达4万人，占全山人口的40%，旅游从业人员的人均年收入约达2.4万元；全山现有农家乐500多家，户均年纯收入达8万多元，参加《井冈山》大型实景演出的群众演员演出一场收入20元，一年可增收四五千元。

4. 中国革命的起点，全国全面脱贫奔小康的新起点

井冈山不忘初心、继续前行，带动区域脱贫致富。党的十八大以来，井冈山深刻牢记习近平总书记"井冈山要在脱贫攻坚中作示范、带好头"的殷切嘱托。景区大力弘扬井冈山精神，通过积极探索实践"旅游+扶贫"模式，实施精准扶贫，拓宽贫困户增收渠道，由过去"漫灌式"扶贫向精准"滴灌式"扶贫转变，全面落实"一户一策"扶贫工作计划，同时逐步加大基础设施建设力度，做好产业帮扶，按照每户"一片毛竹林、一项经营性产业、一个就业岗位、一个提升场所"的"四个一"的总体要求，使村容村貌有明显改观，村民致富技能明显提升。

井冈山作为中国革命胜利的起点，又成为了全国全面脱贫奔小康的新起点。2016年年底，全市贫困发生率降至0.96%，全面兑现了在全国率先脱贫"摘帽"的庄严承诺，向习近平总书记、向全国人民交上满意的答卷。在新的征程中，伟大的脱贫攻坚战再次率先从这里出发，以燎原之势遍布祖国大地，引领全国人民迈上全面小康的大道。

5.6 推广价值

1."井冈山精神"放射出新的时代光芒

"坚定执着追理想、实事求是闯新路、艰苦奋斗攻难关、依靠群众求胜利"，是2016年2月习近平总书记第三次上井冈山视察时，对"井

冈山精神"赋予的新内涵，为井冈山旅游业发展指明了新的方向。井冈山是中国革命的摇篮，井冈山革命根据地留给我们最为宝贵的财富，就是跨越时空的井冈山精神。今天，我们要结合新的时代条件，坚持坚定执着追理想、实事求是闯新路、艰苦奋斗攻难关、依靠群众求胜利，让井冈山精神放射出新的时代光芒。每一名党员、干部特别是各级领导干部，都要把理想信念作为照亮前路的灯、把准航向的舵，转化为对奋斗目标的执着追求、对本职工作的不懈进取、对高尚情操的笃定坚持、对艰难险阻的勇于担当；都要一切从实际出发，解放思想、开拓进取，善于用改革的思路和办法解决前进中的各种问题；都要保持艰苦奋斗本色，不丢勤俭节约的传统美德，不丢廉洁奉公的高尚操守，逢事想在前面、干在实处，关键时刻坚决顶起自己该顶的那片天；都要认真践行党的宗旨，努力提高宣传群众、组织群众、服务群众的能力和水平。

2. 红绿交辉的可持续发展之路

井冈山是中国最绿的山之一，是红色旅游景区中内涵深厚的山。深邃厚重的红色历史与优美的绿色风光交相辉映、完美结合，赋予了井冈山旅游神圣而又神奇的独特魅力。景区不断探索总结，坚持"红色+"旅游发展模式，开拓了一条"红色引领、绿色崛起"的发展之路，成为中国红色旅游独具特色的产业发展引领者。

3. 红色拓展培训模式的时代价值

"弘扬井冈山精神，传承红色文化"，景区通过现场教学、体验式教学、红色拓展教学、激情红歌教学、互动访谈、社会实践等多种形式，将红色资源优势转化为教学优势，构建了以党性党风教育为核心，以革命传统教育和理想信念教育为基本内容的独特培训模式，并通过举办红色培训高端峰会和学术研讨会，强化红色培训的人才队伍建设，全面提升师资队伍的服务意识和服务技能，井冈山已成为全国红色培训乃至教育服务业的标杆。

4. 生态旅游扶贫的模式

生态文明先行示范区的建设，为革命老区的旅游产业甚至经济社会发展提供了良好的实践经验，开拓了革命老区新的发展渠道和空间，将在更深更广的领域促进井冈山经济社会全面发展，也将促进国家旅游扶贫试验区在革命老区井冈山的成功建设。

第 6 章

航天科技

质量问题"双归零"的系统管理方法

中国航天科技集团有限公司（简称"航天科技"或"CASC"），成立于 1999 年 7 月 1 日，前身源于 1956 年成立的中国国防部第五研究院。航天科技是拥有"神舟""长征"等著名品牌和自主知识产权、主业突出、自主创新能力强、核心竞争力强的特大型国有企业，在国资委中央企业名录中，它位列第二，2013 年获得首届中国质量奖。

6.1 管理背景

我国航天发展的进程并非一帆风顺，特别是 20 世纪 90 年代初期，航天发射出现了多次重大失利。1992 年 3 月 22 日，长征二号捆绑式运载火箭发射澳大利亚 B1 卫星失利，故障分析结果是由于点火控制电路中程序配电器上有微量铝质多余物；1996 年 2 月 15 日，长三乙火箭首发"国际通信卫星708"，火箭起飞22秒后爆炸，星箭俱毁；1996年8月18日，长征三号发射中星七号通信卫星，三级发动机二次点火发生故障，卫星未能进入预定轨道。面对重大挫折，航天人卧薪尝胆，深刻反思，系统地总结了1996年以来航天质量管理的经验，充分吸取了国内外成功的企业质量管理经验，针对航天型号研制生产任务的新特点，不断丰富航天质量管理理念和方法，形成了《航天型号精细化质量管理要求》，以及一系列配套的制度、标准。"质量问题'双归零'"管理方法就是在此背景下形成并不断完善的精细化管理方法之一。

从技术归零到管理归零，质量问题"双归零"方法的提炼和形成，经过了一个自我吸收、自我发展、不断完善的过程。通过梳理这个过程，不难发现，质量问题"双归零"的日渐成熟，为中国航天事业发展起到了保驾护航的作用。

- 问题提出。1990年，当时的航空航天部在上海召开会议学习某型号飞机的质量管理经验，具体地讲就是抓好AO（装配工艺指令）、FO（加工工艺指令）、TO（工程工装指令）三方面的闭环管理工作。抓三个零的闭环管理工作经验在航天系统进行了推广，并取得一定的成效。
- 概念提出。1995年8月，原航天工业总公司下发了《质量问题归零管理方法》，第一次明确提出了质量问题归零的概念。
- 初步提出。1996年4月，原航天工业总公司下发《关于进一步做好质量问题归零监督检查工作的通知》，初步勾勒出了质量问题归零的五点要求，第一次系统、明确地提出了质量问题"归零五条"，作为处理型号质量问题的基本原则。
- 全面形成。1997年10月，在不断总结经验的基础上，原航天工业总公司又编制下发了《质量问题归零五条标准宣传手册》，就归零工作中的管理问题也明确提出了五条标准。至此，航天质量问题归零双五条全面形成。

- 企业标准。随着《航天产品质量问题归零实施要求》（Q/QJA 10）中国航天科技集团公司标准、《航天产品质量问题归零实施指南》（QJ 3183）行业标准等文件的陆续发布，质量问题"双归零"方法逐步得到完善和实施。
- 全面完善。质量问题归零工作在航天系统内部已经形成了比较系统、规范的组织、制度和方法，成为一项常规工作，相关的归零评审和监督检查工作也有序实施。各单位已将该工作纳入本单位质量管理体系文件执行，并建立了质量问题归零信息管理系统。

6.2 模式框架

质量问题归零是指对在设计、生产、试验、服务中出现的质量问题，从技术上、管理上分析问题产生的原因、机理，并采取纠正措施、预防措施，以避免问题重复发生的活动。航天产品质量问题归零工作，既强调技术归零，也强调从管理上查找原因，重视完善规章、规范和标准，因此又被称为质量问题"双归零"（见图6-1）。

航天质量问题"双归零"的突出特点和优势是从技术和管理两个维度去分析、考察事件发生原因，在问题处理上形成一个完整的闭环，达到根本解决的效果，克服了常规质量问题处理过程中偏技术、轻管理，重形式、轻落实的不足。因此，管理归零是质量问题处理的一个关键方面，是区别于常规质量问题处理的一个显著特点，能更有效地预防和避免问题的重复发生。

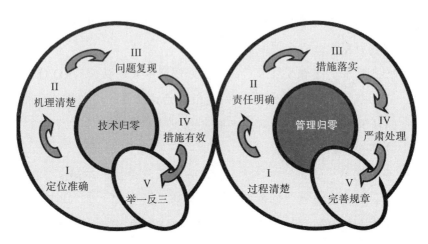

图 6-1 质量问题"双归零"模型

资料来源：首届中国质量奖获奖组织管理经验汇编。

1. 质量问题技术归零五条

"质量问题技术归零"是针对发生的质量问题，从技术上按"定位准确、机理清楚、问题复现、措施有效、举一反三"的五条要求逐项落实，并形成技术归零报告或技术文件的活动。

（1）定位准确。"定位准确"是确定质量问题发生的准确部位。明确问题发生的准确、具体部位是解决问题的前提。发生问题时，首先要找到问题发生在哪里或哪个环节、哪个产品、哪个部件、哪个零件或哪个电子元器件？是什么故障模式？准确定位就是确定解决问题的对象。受损的产品或零部件可能是一个，也可能是几个，都要确定出来。

（2）机理清楚。"机理清楚"是找到问题发生的根本原因和演变过程。只有明确为什么会发生问题，找到发生问题的根源，才能以治本的方法解决问题。梳理问题和原因的因果关系，支持并证明发生问题原因的正确性，为制定措施提供依据。机理清楚是彻底归零的关键，对提升技术水平和解决问题能力是非常重要的。

（3）问题复现。复现质量问题发生的现象，验证定位的准确性和机理分析的正确性。问题复现是采取纠正措施的初步试验。按照对问题的定位和原因分析结果进行地面试验，如果不采取纠正措施，故障（或问题）复现；如果采取纠正措施，故障（或问题）不再复现，说明定位和机理分析是正确的。

对于因某些显而易见的失误而造成的产品损伤等问题，可无须进行复现试验；对于无法进行问题复现的故障模式（或破坏性的故障模式），可以通过分析或仿真来证实故障发生的现象。

（4）措施有效。"措施有效"是针对发生的质量问题的原因，采取纠正措施，经过验证，确保质量问题得到解决。

一个问题是由几个原因造成的，解决问题的措施也要针对几个原因，例如，某电子元器件失效，有降额设计不够的问题，也有安装方法的问题，纠正措施除了完善降额设计外，还要改进安装方法。纠正措施是解决问题的手段和方法，措施有效不仅能纠正本次的问题，还必须能够全面破解发生问题的根本原因。对一些复杂问题要认真分析，制定改进的实施方案和验证方法，并通过必要的试验验证措施的有效性和合理性，确认改进措施有效和合理后，将其固化到相应的设计文件或工艺文件中。

（5）举一反三。"举一反三"是把发生质量问题的信息反馈给本型号、本单位和其他型号、其他单位，检查有无可能发生类似故障模式或机理的问题，并采取预防措施。

通过"举一反三"，把解决本产品本次发生问题的纠正措施，落实到同批次、同样设计机理的其他产品上，使具有相同设计原理的产品都能避免同类问题的发生，对还未发生问题的产品而言，是一种预防措施。

定位准确是归零前提，只有找到问题发生的准确部位，才能明确解决问题的对象；机理清楚是归零关键，只有找到发生问题的原因，才有治本的依据；问题复现是归零手段，是验证定位和机理分析的有效措施；措施有效是归零核心，是解决问题的落脚点；举一反三是归零结果延伸，是防止同类质量问题重复发生的有效方法。

2. 质量问题管理归零五条

"质量问题管理归零"是针对发生的质量问题，从管理上按"过程清楚、责任明确、措施落实、严肃处理、完善规章"的五条要求逐项落实，并形成管理归零报告和相关文件的活动。

（1）过程清楚。"过程清楚"是查明质量问题发生和发展的全过程，从中找出管理上的薄弱环节或漏洞。"过程清楚"就是要清楚发生问题的时间、地点、工况、运行程序、问题现象和结果，清楚产生问题的管理环节、岗位和管理原因，清楚管理工作程序或制度中的漏洞、薄弱环节。

（2）责任明确。"责任明确"是根据质量职责分清造成质量问题的责任单位和责任人，并分清责任的主次和大小。"责任明确"是实施改进措施的前提，只有明确了哪个部门、哪些岗位的责任应改进落实，管理改进工作才能做到有的放矢。依据问题发生的过程，明确问题涉及的相关责任单位、相关人员的直接责任和间接责任，主要责任和次要责任，领导责任和执行责任等，涉及多部门、多岗位、多人员时，应逐一明确。

（3）措施落实。"措施落实"是针对管理上的薄弱环节或漏洞，制定并落实有效的纠正措施和预防措施。"措施落实"要有结果，管理的措施落实要体现在完善规章、教育培训、合理处置等方面，关键是达到提高认识、提高管理能力的目的。措施要具体、可操作、可检查。措施落实应有计划和保障条件，明确责任人，要有落实的客观证实材料和监督检查的记录。

（4）严肃处理。"严肃处理"要求对管理原因造成的质量问题应严肃对待，从中吸取教训，达到教育人员和改进管理工作的目的。对重复性和人为责任质量问题的责任单位和责任人，应根据情节和后果，按规定给予处理。严肃处理重在严肃对待，通过归零工作扩大受教育面，对重复性质量问题和人为责任质量问题的责任单位和责任人给予一定的行政处罚和经济处罚。这种处罚的目的依然是加强教育，预防质量问题的再次发生。

（5）完善规章。"完善规章"是针对管理上的薄弱环节或漏洞，完善规章制度，并加以落实，从规章制度上避免质量问题发生。"完善规章"是结合质量问题管理归零措施，识别现有规章制度中不完善的地方，把归零工作的措施固化到相关的规章制度、作业指导文件、标准或规范中。规章制度的改进是质量管理体系改进的基础，是单位质量改进的有效资源，是组织提升管理能力的源头，也是管理归零实现闭环的归宿。

3."双归零"之间的逻辑关系

（1）技术归零五条逻辑。"技术归零"就是针对发生的质量问题，从技术上按"定位准确、机理清楚、问题复现、措施有效、举一反三"的五条要求逐项落实，并形成技术归零报告或技术文件的活动。这五条要求环环相扣。定位准确是归零的前提；机理清楚是归零的关键；问题复现是归零的手段，措施有效是归零的核心，举一反三是归零的结果延伸。

（2）管理归零五条逻辑。"管理归零"则是针对质量问题，从管理上按"过程清楚、责任明确、措施落实、严肃处理、完善规章"的五条要求逐项落实，并形成管理归零报告和相关文件的活动。这五条要求之间的关系是过程清楚是基础，责任明确是前提，措施落实是核心，严肃处理是手段，完善规章是结果。

（3）管理归零是技术归零的延续。管理归零是技术归零的延续，是技术归零后在更深的层面上铲除质量问题重复发生的根源，是提高质量管理水平的手段。大多数的质量问题或多或少存在管理上的不足或问题，主动查找管理上的不足是提高产品质量与可靠性的有效方法，也是在提高产品设计技术、工艺技术的同时，提高管理水平的重要环节，所以在航天型号研制过程中发生质量问题，既要开展技术归零，也要开展管理归零。

6.3 理论基础

1. 零缺陷

零缺陷是指第一次就把事情做对。零缺陷观念意味着质量是完完全全地符合要求的，而不是浪费时间去算计某个瑕疵的可能危害能否容忍，它的核心就是"第一次就把事情做对"，并在所有环节上都要第一次就把事情做对。对公司来说，就是每个层级都要把事情做对。这需要分层分解，全员参与：在公司层面需要有明确的目标牵引，在管理层面要有明确的责任，在员工层面要有全员参与的意愿和能力。

质量问题归零的核心就是零缺陷，航天科技已经形成了一种持续改进的质量问题归零的文化，从质量问题的发现、报送、分析，再到归零，已经形成了比较完整的问题识别、分析和解决机制。

不怕暴露问题，不回避问题，深入挖掘并预防可能出现的潜在问题已经成为航天科技质量文化的重要组成部分。实践证明，航天产品研制生产过程中的归零工作越彻底，靶场和在轨出现的问题就越少。

2. 全员参与

质量问题"双归零"不是哪一个人的事，而是一个系统工程。职责分工明确，从个人到全员，共同对质量问题负责是该方法的一大特点。从标准上要求行政一把手负责归零工作，充分体现了质量是一把手工程的理念；从做法上深刻体现了"严"的思想，对管理问题要"严肃处理"，警示和教育他人。这些做法较好地解决了长期以来大多数员工在质量意识有待提高的环境下质量工作做得不够细致、不够严格的问题，是彻底解决质量问题和提高员工质量意识的非常具有操作性的手段，体现了中国特色。

3. 持续改进

"双归零"的方法是按照戴明、朱兰、克劳士比和费根鲍姆共同的"质量改进"主题，遵循着戴明环（PDCA 循环），从出现的质量问题入手，通过技术上的分析、管理上的改进，达到系统预防的目的，从而提高航天产品的质量水平。

质量问题归零是从实践中总结提出的具有中国航天特色的解决质量问题的方法。鉴于该管理要求的重要性，航天人不断寻求更为有效的实施方法，将 PDCA 循环理念引入航天产品质量问题归零中，利用其持续改进的理念实现"归零五条"的真正目的。

PDCA 循环不仅指导质量问题归零工作，还能预防质量问题的再发生。当需要解决一个独立的问题时，PDCA 是一个独立的环；当需要解决一个持续改进的问题时，PDCA 就是一个呈螺旋上升的环。在航天产品质量问题归零过程中，有很多问题都具有关联性，忽视一个很小的问题往往会产生许多不良后果。质量问题归零的根本目的不是单纯处理后期改进问题，而是举一反三，重在预防。

6.4 典型做法

1. 职责从个人到全员

质量问题"双归零"不是哪一个人的事，而是一个系统工程。职责分工明确，从个人到全员，共同对质量问题负责是该方法的一大特点。

（1）技术归零分工。从技术归零工作看，其职责分工有五条明确规定：一是项目总指挥（或总负责人）全面负责本项目的归零工作；项目总设计师（或总技术负责人）负责本项目技术归零工作，并负责组织重大质量问题的定位工作，确定技术归零的责任单位，向责任单位或相关单位提出技术归零的具体要求，审批重大质量问题和跨系统质量问题的技术归零报告。二是各承制单位一把手负责本单位产品质量问题的技术归零工作，并落实条件，指定专人具体负责和组织技术归零工作。三是质量管理部门负责技术归零的归口管理；负责对技术归零工作进行监督、检查、把关；负责质量问题的收集、整理、汇集；负责质量问题信息库的建立和质量信息的传递。四是研制生产管理部门负责技术归零工作的组织，负责将技术归零工作计划纳入科研生产计划中，并组织落实技术归零工作所需的保障条件，组织归零工作中的各项活动。五是设计师系统负责设计质量问题的技术归零工作，并会同工艺师系统负责产品生产质量问题的技术归零工作。

（2）管理归零分工。从管理归零工作看，其职责分工分为三项主要内容：第一，集团公司负责制定质量问题管理归零实施要求；负责对质量问题管理归零工作实施监督、指导和检查；负责组织对重大质量问题管理归零报告的审查或评审；负责在集团公司范围内及时通报典型案例和共性问题，并提出举一反三要求；负责将质量问题管理归零信息纳入集团公司质量可靠性信息库进行管理。第二，各院（基地）、公司负责根据集团公司要求制定本单位质量问题管理归零实施细则；负责对厂（所）质量问题管理归零工作实施监督、指导和检查；负责在项目关键节点上，组织对质量问题管理归零工作的审查或评审；负责在院、子集团、集团成员单位范围内及时通报典型案例和共性问题，并组织各项目落实举一反三工作；负责汇总和反馈质量问题管理归零信息，按照集团公司质量可靠性信息系统要求报送有关资料和信息。第三，各厂（所）负责制定本单位质量问题管理归零工作程序；负责本单位质量问题管理归零工作的实施和检查；负责对外协产品责任单位质量问题管理归零工作实施监督、指导和检查；负责在项目关键节点上，配合院、子集团、集团成员单位做好本单位质量问题管理归零工作的审查和汇总；负责组织落实举一反三工作；负责及时记录和上报质量问题管理归零信息，并将其纳入质量可靠性信息库进行管理；负责按照集团公司质量可靠性信息系统要求报送有关资料和信息。

2. 质量问题定性

（1）问题定性难点与关键。质量问题通常按照偏离规定要求的严重程度和造成损失的大小分为三类，即重大质量问题、严重质量问题、一般质量问题。不符合项在质量管理体系中有一般不符合项和严重不符合项。缺陷分为轻微、严重和致命缺陷三类。由于定义都是定性的描述，没有明确定量标准，需要负责处理质量问题的人员具有丰富的工作经验。同时由于产品的规范和体系标准中不可能把可能出现的质量问题现象和模式全部列出来，因此会导致质量问题定性难。

（2）对策和措施。准确确定质量问题的性质和级别。质量问题发生后，确定质量问题的性质和级别是处理质量问题的第一个关键点。在归零要求中，确定问题的性质和级别是必须尽快完成的一项基本要求，重点要注意以下三个方面的工作：

第一，区分缺陷和质量问题之间的关系。按照 GJB 1405A-2006 的定义，缺陷为未满足与预期或规定用途有关的要求。从缺陷的定义可以看出，在产品的制造与验收规范中，对于缺陷的分类已经基本明确，并与产品的抽样方案结合起来，依据产品使用情况，选定产品合格可接受质量水平，给出判定合格标准。致命缺陷一般与安全性有关，或导致产品性能存在重大缺陷，按照规范判定不允许有，所以，通常对照为重大质量问题，必须严格按照程序上报。严重缺陷一般与可靠性、维修性、配套性相关。在产品的抽样过程中，发现单位产品存在缺陷，特别是出现严重缺陷和轻微缺陷时，按照规范的判定准则，不一定判定为批次产品不合格，所以，实际上我们接受的产品存在一定的没有超出规范判定标准约定的缺陷。存在严重缺陷但不一定按规范判定为批次不合格，所以，不是所有的严重缺陷都对应为严重质量问题。在实际工作中，依据规范判定的结果，如果因严重缺陷而导致批次产品不合格，通常定性为严重质量问题，并按照程序组织归零处理。同时，对于存在的严重缺陷虽然不构成批次不合格，但也应给予关注，并按照不合格品管理的程序要求，采用纠正措施，剔除缺陷产品。至于轻微缺陷，通常指外观、非关键尺寸等存在不合格情况，一般不会导致产品性能的严重降低，虽然判定批次不合格，但采取措施能很快消除，通常按一般质量问题加以归零处理或按照不合格品审理的程序来处理。

第二，处理好不合格输出与质量问题的关系。不合格定义：不符合合同、图样、样件、技术条件或其他规定的技术文件的要求。不合格输出定义：任何具有一个或一个以上不符合合同、图样、样件、技术条件或其他规定的技术文件的要求特性的产品和服务。依据定义，不合格输出通常是指经过设计定型的产品，在生产、使用等过程中出现不合格情况。但从实际的执行工作来看，质量问题处理消除的是产品存在某种不合格或缺陷的状态，使其满足规范等技术文件的要求。而不合格输出处理则是指消除某个具体产品实际存在的不合格或缺陷的点。二者的共同点是要求采取纠正措施消除不合格或缺陷。

第三，确定好质量问题的级别。对于质量问题级别，通常依据产品规范给出的判定标准，按前面的定义对质量问题级别给出明确判定。如果不能明确界定质量问题的级别，一般考虑按严重质量问题看待，并在后续的工作中进行修正。对于质量问题是技术问题还是管理问题，或者两种情况都存在，在分辨不清的情况下，一般按技术质量问题对待，并在后续的原因分析过程中进行确定。

3. 质量问题的原因定位

（1）原因定位的难点与关键。无论是技术质量问题、管理质量问题还是产品缺陷，只有确定了问题发生的根本原因才能对症下药，制定详细的改进措施。但实际工作中，由于质量问题第一表现形式为出现问题的结果，很少能直接判断出问题的直接原因，特别是原因的关键点，或可控的工艺、体系、过程等环节，所以，在处理过程中原因定位是否准确成为问题能否彻底解决的关键。

（2）对策与措施。无论是技术质量问题还是管理质量问题，只有确定了问题发生的关键原因，才能对症下药。这是质量问题处理的第二个关键点，核心内容在于确定产品出现问题的系统或产品部位。针对质量问题的实际情况，从产品的工程设计方面、生产控制方面、质量管理方面等进行全面分析，通常采用理论分析、调查试验、分析检查与同类质量问题信息进行类比，按故障树要求采取排除法进行试验验证，对质量问题的每一项证据内容进行核实，分清是人为责任还是非人为责任，明确判断质量问题属于何种原因引起的，推测问题现象的唯一性。

对质量问题的定位要从上到下层层分解，逐步定位到单机、部件，直至零件、元器件、原材料或软件的某一运行状态、某一特定接口，一般要求包括：一是督促成立质量问题排查工作小组；二是运用 PDCA 法则，制订排查工作计划；三是采用失效模式与影响分析（FMEA）和故障树分析法（FTA），建立故障树，制订质量问题分析试验大纲，采取排除法进行质量问题分析定位；四是利用观察、理化分析、解剖、X 射线检查、电子扫描、测试、试验等方法对质量问题进行准确定位。

4. 质量问题故障复现

（1）故障复现难点与关键。由于装备自身的特点，特别是一次性使用的装备，如弹药，大部分性能不易检测，只有在完成功能后才能表现出来，不能通过测试、无损检测等手段完全模拟或重现出现问题的现象，导致故障很难复现。

（2）对策与措施。质量问题复现一般通过模拟试验，如静态检测试验、动态试验，验证质量问题定位的准确性和机理分析的正确性；对小概率事件也不能轻易放过，要进行充分的验证试验，在证明产品的可靠性有保障的条件下，经专家评审确认后续产品不会发生类似问题，才能放行；对于问题不能复现的，应进行问题原理性复现，即复现导致问题现象发生的模式，同时还应对该情况进行分析论证，在采取措施后，可以确保该问题不影响型式试验或后续产品质量，并经专家和相关部门认可。

5. 质量问题隐患消除

（1）隐患消除难点与关键。质量问题涉及范围界定难，消除产品存在的隐患困难。一般情况下，出于生产方式的原因，质量问题大多在科研试验、生产过程、产品交验试验或使用的过程和服务中产生，因此，涉及的产品或体系都不是单件产品或单一要素，而是批量产品、多个过程可能存在隐患。如何找到合理的依据，确定质量问题涉及的范围，成为质量问题处理的落脚点，也是此项工作的难点。

（2）对策与措施。由于生产方式的原因，产品发生问题时，往往已生产出一批或几批产品，涉及的数量大、范围广。如何界定发生质量问题的范围和产品批次、数量，是解决质量问题并最终取得实际效果的关键。如果解决质量问题的方法是改进设计，则包括对产品图样、技术文件、技术状态的工程更改，以及确定是否需要对已交付的各类技术资料进行更改等。通常的程序和要求有以下四个方面：

- 制订纠正措施和实施计划。为了消除隐患，避免同样问题重复发生，有关单位应制订具体可行的纠正措施和实施计划，在计划中有具体落实纠正措施的负责人和完成日期。
- 评审和确认纠正措施。要通过一定试验，至少是产品发生问题的试验，来验证其有效性，同时应分析纠正措施实施的可行性，避免带来新的问题或其他不可靠因素，对于重大纠正措施应当组织同行业专家评审。
- 实施纠正措施。把经过评审和确认的纠正措施反馈到设计、工艺或试验和体系之中，通过技术状态管理程序和体系程序完成相应文件更改和产品更改。
- 纠正措施的记录与监督。在纠正措施实施过程中，有关人员应做好实施纠正措施的完整的、可追溯的记录。质量管理人员要对实施过程做好监督检查，必要时专业技术人员可采取模拟实际环境进行试验、对实施效果进行评审等手段来评价纠正措施的可行性和有效性，完成"归零"工作。

6.5 管理成果

1. 质量问题归零的过程是积累经验，不断提升技术和管理能力的过程

质量问题归零管理体现了"严慎细实"的理念，航天产品每一次质量事故，既是一种代价，也是一种财富。这是因为在质量问题得到彻底归零之后，组织对复杂技术问题的认知水平得到提高，将复杂管理过程的制度加以完善，相关知识得到总结和提炼。质量问题归零要求在技术掌握上丝毫不能含糊，做到三个"吃透"，即吃透技术，充分认识和把握产品及服务内在固有本质；吃透状态，充分识别和验证产品使用、服务应用过程中经历的所有环境及其影响；吃透趋势，不断研究和探索产品及服务发展变化的规律。

通过技术归零，可以深入剖析问题背后的机理，提高对技术的认识，强化对产品研制生产薄弱环节的掌控；通过管理归零，可以不断改进管理，优化流程，完善规章制度，提升管理能力；质量问题归零的经验成果（有关纠正措施和要求）可以固化形成制度、标准、规范，提升各项工作的规范化和精细化水平。

2. 质量问题归零实现了信息的共享

质量问题归零信息是航天工业的宝贵财富，质量问题归零信息库的建立和利用是航天质量问题归零工作的重要组成部分。质量问题发生后，责任单位按规定填报"航天产品质量问题信息采集卡"，采取月报、季报等形式定期统计分析质量问题归零信息，质量信息中心及时发布共性质量问题和产品质量趋势，形成了质量问题快速收集反馈、准确分析处理、充分利用及共享的有效的质量信息管理系统。

质量问题归零不是就事论事，一方面是强调举一反三，对于发生的质量问题要在相关型号上举一反三，在相关单位上举一反三，避免同类问题在其他产品、过程中再次发生，这也是预防措施的体现；另一方面是强调对质量问题归零信息的汇总分析，从中提炼共性问题以及质量问题归零的经验，形成质量管理平台，指导后续型号研制。

6.6 推广价值

1. 提供了解决复杂质量问题的路径和方法

由于 ISO 9001 标准着眼于提出要求，没有提供解决质量问题的路径和方法，使得一些企业在实施纠正措施和预防措施的过程中存在两个误区：一是质量问题原因分析不区分技术问题和管理缺陷的差异，更没有强调分析问题机理和吃透技术和管理过程；二是未掌握纠正措施与预防措施的关联，不知如何整合应用纠正措施和预防措施的方法。而航天系统质量问题归零管理恰恰在这两个方面都提供了最佳实践，为组织出现质量问题后如何行动提供了一个思维模式和行动指南。

质量问题归零管理体现了预防为主的理念，强调通过上级系统负责人主导大系统内相关产品的举一反三，在制度层面采取预防风险的措施，因此它既是对已经发生问题的纠正措施，也是对类似问题的预防措施。质量问题"双归零"管理是对 ISO 9001 标准的持续改进中整合应用纠正措施和预防措施的最佳诠释。

2. 形成标准，全面推广和应用

"质量问题归零其实是一个闭环管理活动，它要求发生的质量问题在内部得到解决。它是航天人在实践中不断总结、完善、创新的具有中国特色的质量管理方法。"时任中国航天科技集团有限公司科技委副主任、中国质量奖评审委员会委员的师宏耕在讲座中如是说。

航天科技推出的航天质量管理系统完整地提出了技术、管理"双归零""双五条"要求。航天科技先后主持制定了《航天产品质量问题归零实施要求》的企业标准、行业标准和国家标准。2015 年，国际标准化组织发布了 ISO 18238:2015《航天质量问题归零管理》标准，最终形成了质量问题归零制度化、标准化和规范化管理。国家标准、国际标准的发布意味着质量问题归零管理具有普遍性和通用性，可以在众多领域广泛推广和应用。

第 7 章

华为

以客户为中心的 IPD 模式

华为投资控股有限公司成立于 2003 年,是全球领先的信息与通信技术(ICT)解决方案供应商。2013 年,首超全球第一大电信设备商爱立信;2016 年,获得第二届中国质量奖;2021 年,入选《财富》世界 500 强企业排行榜,排名第 44 位;2021 年 9 月,入选"2021 年中国民营企业 500 强"榜单,排名第 1 位。

7.1 管理背景

自 1993 年起,华为的研发投入就超过销售额的 10%。然而,华为那时的开发模式还是技术驱动型的,重功能开发、轻产品的可靠性和服务质量,往往是先行开发出产品,再向客户推销,虽然销售额连年增长,但是产品毛利率却逐年下降,出现了"增产不增收"的边际效益递减现象。产品开发处于企业价值链的上游，对下游环节将产生牛鞭效应，开发的问题会通过生产制造、销售、交付、售后服务等下游环节逐级放大，所以最好在各环节装上倒置的漏斗，将其逐步解决掉。在分析采购业务系统时，华为发现很多问题的根源就出在产品开发环节。因此，从产品开发入手，解决产品开发这一源头问题，是提高产品投资收益和解决公司系统性问题的治本之举。

1997年，集成产品开发（integrated product development，IPD）在蓝色巨人IBM身上的成功实践让华为总裁任正非怦然心动。当时，华为的研发费用和周期是业界最佳水平的两倍，人均效益是IBM的1/6。一年之后，华为采用"先僵化、后优化、再固化"这种照葫芦画瓢的方式，强推IPD。IBM专家认为，华为在产品开发方面的主要问题是概念与计划阶段合并在一起，开发活动缺乏计划性和严格的评审。主要表现为华为基本上没有业务计划，甚至在高层指示下就直接开始了开发，从而引起产品与技术的开发重合，最后导致产品迟迟推不出来。华为的评审往往是技术型而不是业务型的，主要依靠主观判断来分析市场需求；由于评审和决策仅仅是出于主观判断，没有符合市场需求的标准，结果造成产品不断修改，错失良机。

IPD实际上是IBM在五年管理实践的基础上总结出来的方法论。20世纪90年代初期，时任IBM总裁郭士纳推行的这一管理实践让技术雄厚而管理混乱的IBM重新变得富有成效，完成了IBM从技术驱动型向市场驱动型的转变。1997年年底，任正非参观了IBM后决定在华为开始实施IPD流程管理。1998年年初，华为开始设计并自己摸索实施IPD，但是由于自行设计的IPD方案欠缺考虑，流程在实际运行中存在诸多不合理之处，最终遭遇失败。1999年年初，由IBM作为咨询方设计的IPD变革在华为正式启动，华为成为国内第一家引进和实施IPD的企业，根据IBM咨询的方法，华为IPD项目划分为关注、发明和推行三个阶段：关注阶段，进行大量的"松土"工作，即在调研诊断的基础上进行反复的培训、研讨和沟通，使相关部门和人员真正理解 IPD 的思想和方法；发明阶段的主要任务是方案的设计和选取三个试点；推广阶段是逐步进行的，首先在 50% 的项目中推广，然后扩大到 80% 的项目，最后推广到所有的项目。最终 IPD 让华为从技术驱动型转向了顾客驱动型，改变了华为人的价值判断和做事方式，技术人员不再以自我为中心，转而以顾客为中心，技术人员与市场人员一起以团队工作的方式来解决顾客的问题，而华为也因此增加了一个营销工程部门，负责顾客需求在团队之间的分配。

经过持续变革，华为逐渐确立了"坚持以客户价值观为导向，持续不断地提高客户满意度"的技术创新理念。华为规定每年 5% 的研发人员去做市场，每年 5% 的市场人员去做研发。研发与市场的紧密结合，让华为能够准确地针对不同的客户需求，提供满足其业务需要的解决方案，根据解决方案开发出优先满足客户需求的质量好、运作成本低、服务好的优质产品。

7.2　模式框架

IPD 是一套产品开发的模式、理念与方法。IPD 的思想来源于产品及周期优化法（product and cycle-time excellence，PACE）。PACE 是美国研发咨询机构 PRTM 提出的研发管理模式，是经过了 IBM 等领先企业实践，总结出来的一套先进、成熟的研发管理思想、模式和方法。IPD 强调以市场和客户需求作为产品开发的驱动力，在产品设计中就构建产品质量、成本、可制造性和可服务性等方面的优势。更为重要的是，IPD 将产品开发作为一项投资进行管理。在产品开发的每一个阶段，都从商业的角度而不是从技术的角度进行评估，以确保产品投资回报的实现或尽可能减少投资失败所造成的损失。

IPD 在综合了许多业界最佳实践要素的框架指导下，从流程重组和产品重组两个方面实现了技术导向向市场导向的转化，达到了缩短产品上市时间、减少研发支出、提高产品利润的目标。华为的 IPD 管理体系见图 7-1。

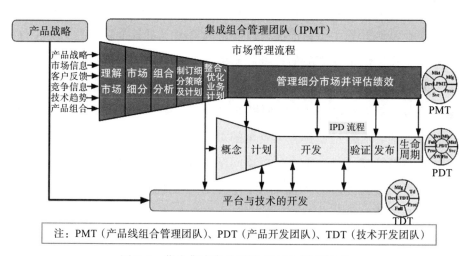

图 7-1　华为集成产品开发（IPD）管理体系

资料来源：第二届中国质量奖获奖组织质量管理经验汇编。

7.3　理论基础

1. 新产品开发是一项投资决策

IPD 强调要对产品开发进行有效的投资组合分析，并在开发过程中设置检查点，通过阶段性评审来决定项目是继续、暂停、终止，还是改变方向。通常在各个阶段完成之后，要做一次 GO/NO GO 决策，以决定下一步是否继续，从而可以最大限度地减少资源浪费，避免后续资源的无谓投入。

市场管理关注市场细分、需求分析和机会分析，可以辅助产品线集成组合管理团队做出类似在一个组合中挑选合适的潜在产品包进行投资的选择，并任命一个产品开发团队（product development team，PDT）来完成这项工作，从而帮助IPD在开发产品包时，更加关注市场信息和客户需求。

IPD强调对产品开发进行有效的投资组合分析。如何正确地评价、决定企业是否开发一个新产品，以及正确地决定对各个新产品的资金分配额，就需要测定新产品的投资利润率。只有明确了投资利润率的各种静态和动态的决定因素和计算方法，企业才能对产品战略做出正确的判断和决策，进而确定产品开发的投资。

企业能否有效地掌握投入资金的对策，取得好的产品资金效果，提高资金运营效率，是一个大的战略问题，也是企业业务投资组合计划的任务。尤其是经营多种产品的生产企业，要正确地做出资金投入对策，还必须研究产品结构，研究企业各种产品的投入、产出、创利与市场占有率、市场增长率的关系，然后才能决定如何对众多产品分配资金。这是企业产品投资组合计划必须解决的问题。企业应该组成什么样的产品结构？总的要求应是各具特色，经济合理。因此，需要考虑服务方向、竞争对手、市场需求、企业优势、资源条件、收益目标等因素，合理安排产品线、产品包与产品的序列包含关系。

2. 市场驱动的开放式创新

早在21世纪初，通信行业的"领路者"阿尔卡特公司就遭遇了严重的市场之困和发展之惑，华为内部由此围绕公司的发展出路展开了一次大讨论，之后形成的公司发展战略的第一条便是"为客户服务是华为存在的唯一理由，客户需求是华为发展的原动力"。就在这一战略确立的前后，华为公司引入IBM公司的管理咨询团队在整个集团开展集成化变革，变革的核心内容就是规划和设计华为未来3～5年需要开展的业务流程和所需的 IT 支持系统，其中包括 IPD、集成供应链、IT 系统重整、财务四统一等八个项目。通过集成化变革，大大缩短了研发和市场的距离，又通过"阿米巴"经营模式，使研发、市场、销售、产品开发、项目工程等形成了围绕客户和市场的"项目化"组织。这种围绕客户和市场的资源集成，使"让听得见炮声的人来决策"落到实处，也使公司的研发创新始终指向市场和客户需求。

更为重要的是，华为这种创新模式不仅是市场驱动和项目化的，而且执行开放式创新战略，即"瞄准客户需求，依靠开放式创新，用自有知识产权与业界厂商实现知识产权交叉许可，华为实现了'站在巨人的肩膀上'的发展与成功"。华为的开放式创新，表现为与客户协商合作，开发符合客户特点和需求的产品。

IPD 强调产品创新一定是基于市场需求和竞争分析的创新。为此，IPD 把正确定义产品概念、市场需求作为流程的第一步，一开始就把事情做正确。

华为根据市场上搜集的客户反馈，考虑市场空间、客户需求的重要性排序以及哪些需求会对未来的市场和产品竞争力产生重大影响等问题。在市场人员的积极参与下，真正的产品概念才得以形成。这种框架设计，使每一条产品线必须对自己的产品是否响应市场需求和产生销售效益负责，克服了研发部门片面追求技术而忽视市场反馈的单纯技术观点，也克服了市场部门只顾当前销售而不关心产品战略的短视倾向。

产品发展的路标是客户需求导向，企业管理的目标是流程化的组织建设。客户需求是经过去粗取精、去伪存真、由此及彼、由表及里的改造之后的精华。最贴近客户的组织理解了真正的客户需求之后，应该成为公司的最高领导机构，就像龙头一样不断摆动，内部的企业组织应该是为了满足客户需求的流程化的组织，追随龙头的摇摆，来满足客户需求。

3. 坚持以"小改变"成就大目标的"渐进式"创新方法

华为公司虽然赞同创新变革是保持公司竞争力的关键，但不支持盲目创新，不把创新炒得太热，并且认为要把模仿引进和自主创新结合起来，做企业不是做科学研究，追求的是创造商业价值。一方面，在企业技术乃至管理模式提高方面，为了缩小和竞争对手的差距，华为主张"拿来主义"的"请进来"战略，将购买核心专利和自主创新相结合，力图在产品的工程设计、工程实现方面有所突破。另一方面，在支持员工创新方面，华为贯彻"小改进大奖励，大建议只鼓励"的方针。华为一直坚持通过持续改进、不断改良来推进变革创新，而不是盲目变革、多头出击、"组织清洗"这种轰动式的创新。华为的六大制度变革从IPD变革开始，由易到难逐步扩展到事关各层级员工的人力资源管理、财务系统的变革上，最终公司较为平稳地度过了公司集成变革创新的"阵痛期"。华为公司反对员工好高骛远地站在山顶上看未来，只要员工在岗位工作范围内不断有改进和提升，自觉弥补每个缺陷，而不是只提大的建议就能为公司做出重要贡献。

4. 以客户为中心

对组织工作成效做出最终判定的是顾客，组织必须考虑所有产品和服务的特征和性能，以及接近和服务顾客的所有方式，以提高为顾客提供的价值。这种行为可以获取顾客的满意和忠诚，最终带来组织的可持续发展。顾客推动的卓越包含了当前和未来两个部分：了解现在顾客的愿望，预测未来顾客的愿望和市场潜力。

顾客对产品和服务的感知决定了他们是维持忠诚还是不断寻求更好的提供商，因此，组织必须注重系统化地倾听顾客声音，并根据顾客的评价迅速采取行动。IPD使用一种称为"$APPEALS"的需求分析工具，用于辨析客户需求、确定产品市场定位。

5. 协同合作

采用跨部门的 PDT，通过有效的沟通、协调以及决策，达到尽快将产品推向市场的目的。实行 IPD 之后，华为的开发流程发生了很大的变化。华为成立了一个全新的部门，即营销工程部。以前华为负责开发项目的负责人全部是由技术人员担任的；现在则强调 PDT 的负责人一定要有市场经验。以前华为的中央研究部全权负责开发，市场部门负责销售，中央研究部做什么，市场部门就得卖什么；现在产品做成什么样不完全由研发人员决定，很多人都得参与，而这些人在以前都是和开发根本不搭界的人。

7.4 典型做法

1. 建立客户价值导向的集成协同价值链

为什么中国优秀的公司难以比肩全球知名公司？为什么许多公司的研发和专利难以实现商业价值？华为公司从它和世界优秀的公司，如 IBM、摩托罗拉、爱立信、朗讯、思科等公司的比较中找到了答案：资源运行效率低且浪费大、组织官僚化造成信息阻滞和执行不畅、研发生产"听不见市场的'炮声'"，导致企业的经营要素不能"和谐同步"，企业的经营与市场变化不能协调同步。这种"失和"在企业经过一个高速发展期之后必然显现出来，成为企业成长的"瓶颈"。

1998 年，华为从业务领域开始引入 IBM 公司咨询团队，启动了大规模的"集成化改造"，"削足适履"以换来系统的和谐运行。坚持围绕客户建立整合的流程价值链，使参与研发、中试、产品设计、生产、营销和工程方案的所有人员都始终围绕为客户创造价值的宗旨展开工作，他们不再是公司组织各个相互分割的"职能或业务部门"，而是一个流程团队，为实现项目和产品的商业价值进行"和而不同"的合作。如果某个客户订单或产品价值得以实现,服务于这一运营价值链的各个流程都将从中获利;反之,如果订单损失或产品销售不利,则每个流程也要承担相应的经营责任。集成化的流程管理大大降低了"科层""人治"给公司运营管理带来的"机会损失"和资源内耗,所有资源能够"聚合"一致地对接市场变化、客户需求和市场竞争,所有经营资源倾听市场呼声,听命于流程规范,这为华为实现国际化并建立全球管理体系奠定了基础。

2. 跨部门团队

组织结构是流程运作的基本保证。在 IPD 中有两类跨部门团队:一是集成组合管理团队(integrated portfolio management team,IPMT),属于高层管理决策层;二是产品开发团队(product development team,PDT),属于项目执行层。

IPMT 和 PDT 都是由跨职能部门的人组成的,包含了开发、市场、生产、采购、财务、制造、技术支援等不同部门的人员,其人员层次和工作重点都有所不同。

IPMT 由公司决策层人员组成,其工作是确保公司在市场上有正确的产品定位,保证项目、保证资源、控制投资。IPMT 同时管理多个PDT,并从市场的角度考察它们是否盈利,适时终止前景不好的项目,保证将公司有限的资源投到高回报的项目上。

PDT 是具体的产品开发团队,其工作是制订具体产品策略和业务计划,按照项目计划执行并保证及时完成,确保小组将按计划及时地将产品投放到市场。PDT 是一个典型的虚拟组织,其成员在产品开发期间一起工作,由项目经理组织,可以是项目经理负责的项目单列式组织结构。

3. 结构化流程

IPD 产品开发流程一般被明确地划分为概念、计划、开发、验证、发布、生命周期六个阶段，并且在流程中有定义清晰的决策评审点。这些评审点上的评审已不是技术评审，而是业务评审，更关注产品的市场定位及盈利情况。决策评审点有一致的衡量标准，只有完成了规定的工作，才能由一个决策点进入下一个决策点。典型的产品开发流程阶段描述如下：

- 在概念阶段初期，一旦 IPMT 认为新产品、新服务和新市场的思想有价值，他们将组建并任命 PDT 成员。
- PDT 了解未来市场、收集信息、制订业务计划。业务计划主要包括市场分析、产品概述、竞争分析、生产和供应计划、市场计划、客户服务支持计划、项目时间安排和资源计划、风险评估和风险管理、财务概述等方面的信息。所有这些信息都要从业务的角度来思考和确定，保证企业最终能够盈利。
- 业务计划完成之后，进行概念决策评审。IPMT 审视这些项目并决定哪些项目可以进入计划阶段。
- 在计划阶段，PDT 综合考虑组织、资源、时间、费用等因素，形成一个总体、详细、具有较高正确性的业务计划。
- 完成详细业务计划以后，PDT 将该计划提交给 IPMT 评审。如果评审通过，项目进入开发阶段。PDT 负责管理从计划评审点直到将产品推向市场的整个开发过程，PDT 小组成员负责落实相关部门的支持。
- 在产品开发全过程中，就每个活动所需要的时间及费用，不同层次人员、部门之间依次做出承诺。

4. 项目管理

项目管理是使跨部门团队集合起来更好地行动的关键。首先要有一个目标，即项目所要达到的效果，一旦我们将客户的需求转换为对产品的需求时，就可以制订详细计划。该计划中的各部分将具体划分为每个职能部门的工作，即这个计划不只是研发部门的计划，也是公司各个部门共同的计划。一个产品从概念形成到上市期间会涉及许多不同的紧密相连的活动，就好像不同职能部门彼此之间是有关系的。同样在一个项目中，它们彼此之间的活动也是有关联的，所有的活动加起来就是整个产品开发。

接下来安排活动的时间，然后对每个活动进行预算和资源的调配，在项目实施过程中还需要不断地与计划对照，因为没有任何一个计划是完善的，所以可以在细的层面上对计划进行一定的调整，但是 PDT 做出的承诺不能改变。整个项目的进行过程都需要 PDT 的参与，因此，PDT 在产品开发全流程中始终存在。

管道管理类似于多任务处理系统中的资源调度和管理，指根据公司的业务策略对开发项目及其所需资源进行优先排序及动态平衡的过程。

5. 异步开发

异步开发模式的基本思想是将产品开发从纵向上分为不同的层次，如技术层、子系统层、平台层等。不同层次工作由不同的团队并行地异步开发完成，从而减少下层对上层工作的制约，每个层次都直接面向市场。并行工程就是通过严密的计划、准确的接口设计，把原来的许多后续活动提前进行，这样可以缩短产品上市时间。采用共用构建模块（common building block，CBB）可以提高产品开发的效率。

通常，在产品开发过程中，上层技术或系统通常依赖于下层的技术，开发层次之间的工作具有相互依赖性。如果一个层次的工作延迟了，将会造成整体时间的延长，这是导致产品开发延误的主要原因。通过减弱各开发层次间的依赖关系，可以实现所有层次任务的异步开发。

为了实现异步开发，建立可重复使用的 CBB 是非常重要的。CBB 指那些可以在不同产品、系统之间共用的零部件、模块、技术及其他相关的设计成果。由于部门之间共享已有成果的程度很低，因此，随着产品种类的不断增长，零部件、支持系统、供应商也在持续增加，这将导致一系列问题。事实上，不同产品、系统之间存在许多可以共用的零部件、模块和技术，如果产品在开发中尽可能多地采用了这些成熟的共用基础模块和技术，无疑会使产品的质量、进度和成本得到很好的控制和保证，产品开发中的技术风险也将大为降低。因此，通过产品重整，建立 CBB 数据库，实现技术、模块、子系统、零部件在不同产品之间的重用和共享，可以缩短产品开发周期、降低产品成本。CBB 策略的实施需要组织结构和衡量标准的保证。

6. 基于流程来抓质量

2000 年的华为，将目标锁定在 IBM 上，要向 IBM 这家当时全球最大的 IT 企业学习管理。当年，IBM 公司帮助华为构建集成产品开发（IPD）流程和集成供应链（ISC）体系。

那时，印度软件企业开始快速崛起，任正非认为软件的质量控制必须要向印度学习。所以华为建立了印度研究所，将软件能力成熟度模型（CMM）引入华为。

IPD+CMM 是华为质量管理体系建设的第一个阶段。IPD 和 CMM 是全球通用的语言体系，这期间也是华为国际化业务大幅增长的时期，全球通用的语言使得客户可以理解华为的质量体系，并可以接受华为的产品与服务。第一阶段帮助华为实现了基于流程来抓质量的过程。在生产过程中，人的不同会导致产品有很大的差异，而这套体系通过严格的业务流程来保证产品的一致性。

华为于 2010 年建立了一个特别的组织：客户满意与质量管理委员会（CSQC）。这个组织作为一个虚拟化的组织存在于公司的各个层级当中。在公司层面，由公司的轮值 CEO 亲任 CSQC 的主任，而下面各个层级也都有相应的责任人。"这样，保证我们每一层级的组织对质量都有深刻的理解，知道客户的诉求，把客户最关心的东西变成我们改进的动力。"

7.5 管理成果

华为 IPD 的实践表明，IPD 能够加快产品开发速度，缩短产品上市时间，减少产品开发的投资失败，从而减少浪费，降低产品开发成本，增加收入，给客户提供物美价廉的产品。

华为通过实施 IPD，逐渐建立起世界级的研发管理体系，形成了世界级的研发能力，优化了公司的整体运行，取得了明显成效。华为摆脱企业对个人的依赖，使要做的事，从输入到输出，直接端到端，简洁并控制有效地连通，尽可能地减少层级，使成本最低，效率最高。

华为把可以规范化的管理都变成扳铁道道岔，使岗位操作标准化、制度化。就像一条龙一样，不管如何舞动，其身躯内部所有关节的关系都不会改变。营销活动就如龙头，不断地追寻客户需求，身体就随龙头不断摆动，因为身体内部所有的关系都不变，所以使管理变得简单、成本低。

7.6 推广价值

1. 打破了传统以部门为管理结构的管理模式，转向以业务流程和生产线为核心的管理模式

实施 IPD 之后，华为的研发流程发生了很大的变化。以前华为负责研发项目的负责人全部是由技术人员担任的，现在则强调 PDT 的负责人一定要有市场经验。以前，华为的中央研究部全权负责研发，市场部门负责销售，中央研究部做什么，市场部门就得卖什么。现在却不一样了，产品做成什么样不完全由研发人员决定，很多人都得参与，而这些人在以前都是和研发根本不搭界的人。

2. 企业自主创新发展的四个阶段

企业自主创新发展一般需要经历四个阶段：一是引进消化成熟技术；二是少部分应用类创新，并通过快速的市场拓展积累实力；三是形成自主创新体系，在国际标准化组织中逐步提高话语权，与国际企业实现专利共享和相互授权；四是关键核心技术自主创新，成为行业创新的主导力量。

3. "先僵化、后优化、再固化"的体系推行模式

引进世界领先企业的先进管理体系，坚持"先僵化，后优化，再固化"的原则，持续地推行管理变革。我们一定要真正理解人家上百年积累的经验，一定要先搞明白人家的整体管理框架，为什么是这样的体系。刚知道一点点，就发表议论，其实就是干扰了向别人学习。

在华为很多方面不是在创新，而是在规范，这就是向西方学习的一个很痛苦的过程。正像一个小孩，在小的时候，为生存而劳碌，腰都压弯了，长大骨骼定形后改起来很困难。因此，我们在向西方学习的过程中，要抛弃喜欢幻想的习惯，否则不可能真正学习到管理的真谛。

4. 其他行业的借鉴意义

中国企业在产品研发管理方面存在很多误区，最典型的问题集中在：在开发过程中缺乏业务决策评审；职能化特征明显的组织结构阻碍了跨部门的协作；没有产品平台规划，无法平台化、系列化地开发产品；项目管理薄弱（包括进度、质量、成本、风险等）。

在美国，众多著名企业纷纷实施 IPD，以提升组织创新能力。在中国，华为从 1998 年率先引进并实施 IPD，使产品创新能力和企业竞争力获得大幅提升。目前，国内 IPD 实践涉及电子、通信、软件、自动化、集成电路、机电设备、材料、卷烟等众多行业，均取得了不同成效。

第 8 章

宣武医院
"P-ACT"规范化质量管理模式

首都医科大学宣武医院是一所以神经科学和老年医学为重点，以治疗心脑血管疾患为主要特色，承担着医疗、教育、科研、预防、保健和康复任务的大型三级甲等综合医院。宣武医院下属神经内科创建于1959年，经过不懈努力，现已发展成为国内一流的神经内科，是中国神经科学的初创基地和培育神经科学人才的摇篮之一，2018年获得第三届中国质量奖。

8.1 管理背景

近年来，在中共中央和国务院深化医药卫生体制改革的大背景下，医疗卫生实行政事分开、管办分开、医药分开、营利性和非营利性分开，鼓励社会参与兴办医疗机构。宣武医院作为非营利性公立医院，必须把社会效益放在首位,全方位、全周期保障人民健康,增进人民健康福祉,增强群众改革获得感。

为患者提供"安全、优质、高效"的临床诊疗服务成了医院竞争的焦点。宣武医院把"提供安全、优质、高效的临床诊疗服务"作为医院发展的第一要务。坚持患者第一,倾听患者需求,力求为之提供安全和满意的医疗服务;充分调动全体职工的积极性,重视环节管理,倡导全员参与,激发管理潜能,全面确保医疗安全;在完成常见病、多发病常规诊疗的基础上,进一步提高疑难与急危重症的诊疗水平,加强学科间的统筹协作,使医院成为疑难与急危重症的诊疗基地。

2018年,宣武医院作为全国第一家也是唯一一家医疗机构获得质量领域最高荣誉"中国质量奖",开创了医疗机构获得此奖项的先河,在现代医院卓越质量管理领域开展了大量探索与创新,并充分发挥神经科学和老年医学两大学科优势,通过学科协同融合发展,以患者为中心,提出了"问题导向、全员协作、全程控制、持续改进"的规范化质量管理方法,建立了多学科、多维度协作诊疗体系,实现了医护全过程质量管控。

8.2 模式框架

神经疾病多样、复杂、预后差,医疗行为个体性强、指标量化困难,学科体系庞杂。基于此,首都医科大学宣武医院神经内科提出了"问题导向、全员协作、全程控制、持续改进"(problem, all, control, transform, P-ACT)的规范化质量管理模式(见图8-1)。

1. 问题导向

如何实现疾病的早判断、早诊治、全面延伸康复和护理,是时代对医疗机构的要求。神经系统疾病疑难危重，缺乏有效的治疗手段，需要不断探索和创新。现阶段医疗机构存在专业划分过细、学科协作不足的问题。如何实现多学科综合施治和诊疗全过程质量控制是医院管理的难点。

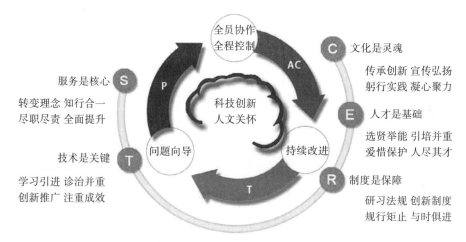

图 8-1　宣武医院"P-ACT"规范化质量管理模式

资料来源：第三届中国质量奖获奖组织和个人管理经验与事迹汇编。

2. 全员协作

通过临床与影像、药剂的联合查房，基础与临床的诊疗协作，内科与外科、中医与西医的密切配合与优势互补，宣武医院神经科始终处于同专业的领先水平。医院建立多学科、多维度协作诊疗体系，对关键环节强化接口管理、风险点识别，实现从末梢到顶端的医护全过程质量管控。

多学科综合诊疗体系是由多学科专家围绕某一病例进行讨论，在综合各学科意见的基础上为病人制定出最佳治疗方案。宣武医院癫痫专业在原有治疗模式的基础上，创新科室间多学科会诊模式，率先开展了以神经内科为主导，成人神经外科、儿童神经外科、儿童神经内科、营养科、精神心理专业、临床神经生理专业、神经影像专业等多学科参与的协作诊疗模式，使癫痫治疗有效率从传统单纯药物治疗的70%提升到90%，该模式已被列入"癫痫综合诊疗体系"并推广到全国。此外，将管控网络向外延伸，形成覆盖北京、辐射全国乃至联结世界的质量控制管理系统，建立了北京市脑卒中筛查及质量控制体系、全国脑死亡评估质量控制标准和体系，开通了国际神经疾病网络会诊业务等，促进了全国各地区医院整体救治水平的提升。

3. 全程控制

疾病的诊治需围绕"生命全周期和健康全过程"，涉及预防、治疗、随访等多个环节，必须做到"质量与安全并重"，在全员协作的基础上，做好全程控制，必须打破传统冗长的管理链条，识别风险点，对关键环节进行接口管理，充分利用大数据、互联网、移动医疗等信息化技术协助管理，做到精益化、效率化的质量管控，帮助患者提高生活自理能力，减少复发。

卒中专业组针对卒中患者急性救治和后期康复护理，经过13年探索，形成了急救车和家属的院前培训延伸，到院内16部门联动，再到App居家延续护理模式，保障了卒中患者的急性救治，促进了后期康复，使溶栓率从1.9%提升至28%，后期随访率从16%提升至70%，吸引了47个国家和地区2 000余家医疗机构的人员前来学习，推进了技术下沉，进而促进了当地的溶栓质量改进。

4. 持续改进

医院秉承"持续改进"理念，组织上述专业和周围神经肌肉病、神经遗传病、神经感染免疫病、睡眠障碍、心身疾病等专业方向人员，深入细致讨论，找出各专业发展中存在的新问题，重新制定发展规划，力促技术水平的提升和管理质量的改进。脑血管病、癫痫、帕金森、痴呆等重大疾病的诊治能力不断提升，技术水平达到了国际先进水平。

5. 强化五要素保障

宣武医院神经内科以 P-ACT 模式为指导，从"文化 – 人才 – 制度 – 技术 – 服务（C-E-R-T-S）"五要素入手，细化管理过程，保障 P-ACT 的顺利实施和诊疗质量不断提高。

- 文化（culture，C）。在多年实践中，秉承"厚德仁爱，励精卓越"理念，结合对社会主义核心价值观的学习，开展一系列丰富多彩的活动，使治科理念内化于心、外示于行。树立质量观念，培养员工重视医疗质量的自觉性，建设科室文化的指导思想是"传承创新、宣传弘扬、躬行实践、凝心聚力"。

- 人才（elite，E）。医疗质量的提高依靠人才来实现，传承老一辈人的优良传统，培育新一代人才，必须建立严格的选人用人制度，同时着力引进国内外知名专家学者，为其搭建平台，发挥其聪明才智。科室选人用人的准则是"选贤举能、引培并重、爱惜保护、人尽其才"。

- 制度（regulation，R）。管理的提升离不开制度，为保障医疗质量，需要深入研究国家法律，学习医院规章制度，结合实际情况创立具体可执行的规章制度，在制度的保障下规范医疗行为。制定科室规范制度的原则是"研习法规、创新制度、规行矩止、与时俱进"。

- 技术（technology，T）。神经内科是一个复杂的综合性学科，为了确保诊疗质量，不断提高技术，必须广泛引进国内外先进技术，结合实际应用，更需要不断创新。作为一个有影响力的知名科室，负责任地向全国进行技术推广。对待技术的态度是"学习引进、诊治并重、创新推广、注重成效"。
- 服务（service，S）。提高诊疗质量最终体现在优质的服务方面，科室要求全员"以服务为核心、以质量为标准"。提升服务质量的要求是"转变理念、知行合一、尽职尽责、全面提升"。

在CERTS五要素的保障下，采取P-ACT规范化质量管理模式，通过持续质量改进，使医疗水平和护理质量均有明显提升。

8.3 理论基础

1. 结果导向

组织不仅要关注过程，更要注重结果。卓越是指组织要实现让所有利益相关方均满意的绩效。卓越的组织既从当前的，也从将来的利益相关方收集信息，并将这些信息用于制定、实施及评审组织短期、中期和长期的方针、战略、目标、指标和计划。收集的这些信息可以帮助组织开发并实现关于利益相关方的一组平衡的结果。结果导向可以促进组织更好地了解现在和将来的绩效要求，建立聚焦战略和客户需求的绩效指标体系，从而为所有利益相关方增加价值，帮助利益相关方实现持续的成功，使利益相关方满意。

2. 持续改进

成功的组织持续关注改进。改进对组织保持当前的绩效水平，对其根据内、外部条件的变化做出反应并创造新的机会都是极其重要的。组织应在所有层级建立改进目标，并对各层级员工在如何应用基本工具和方法方面进行培训，确保员工有能力成功地筹划和完成改进项目。组织应定期跟踪、评审和审核改进项目的计划、实施情况、完成进度和结果，并对改进的成果进行认可和奖赏。持续改进可增强对调查和确定根本原因及后续的预防和纠正措施的关注，提高对内、外部风险和机遇的预测和反应能力，增强创新的驱动力，从而提升过程效率，提升顾客满意度。

8.4 典型做法

1. 服务标准化

宣武医院全面推进护理工作科学化、规范化。推出"延续护理"新模式，为出院患者提供全方位护理服务的专业性智能手机应用程序——医家护。以患者安全为出发点，依靠护理管理系统建立了护理病历、改进措施、落实日常三级质量监控系统。

（1）加强危重、特殊患者管理。2019年全年共组织院内疑难危重抢救病例讨论390次，每月监督各ICU危重病评分表和月报表的及时上交，了解ICU对疾病严重程度进行评估的情况及ICU运行情况、质量安全情况，每季度进行统计，在季度例会上向科主任进行质量反馈。

（2）加强室内质控，提高影像图像质量。临床检验每日开展室内质控、定期参加室间质评，全年室间质评合格率为100%。组织检验科和临床科室开展床旁快速血糖检测和血气分析实验室比对工作。新增神经特检和PCR两个专业认证。牵头北京市医管局医学影像质量控制专题调研项目，完成国内外文献检索与调研报告，在汇报阶段受到医管局的好评。

（3）建立专业联席会制度。神经学科涉及众多亚专业，体系庞杂，学科发展不平衡，为了推进学科建设，提高专业水平，实现多专业交叉融合、全面发展，宣武医院定期召开"专业主任联席会议"，商讨各专业需要解决的切实问题，全员协作、交流经验，实现了资源最佳配置，团队高效运行，促进了专业水平的全面提升。由于神经疾病多样、复杂、预后差、疑难危重患者多，因此，为提高疾病诊治水平，每周举行"疑难病综合讨论"，围绕疑难危重疾病，发挥不同专业专家特长，拓宽诊疗思路，融合技术优势，提供最优化的诊疗方案，治愈了众多各地前来就医的患者。

（4）保证患者安全，重点加强手术科室安全管理。持续改进医疗质量，打造医院质量与安全文化，保障患者安全。宣传落实"患者十大安全目标"，加强患者身份识别制度、手术风险评估制度、医疗安全不良事件上报制度，保障患者安全。加强危急值管理制度、手术标示制度和手术安全核查制度的落实督查力度。将危急值纳入信息系统，形成闭环管理。坚持在每季度医疗质量分析例会和OA系统公示手术开台时间三方到位情况，在保证手术安全的前提下，提高手术室有效利用率及工作效率。

（5）完善高风险诊疗技术项目分级授权管理体系。依据《高风险诊疗技术分级授权管理制度》《高风险诊疗技术资格许可授权考评和复评原则》等制度，进一步完善高风险诊疗技术项目分级授权管理工作。对各手术科室的手术目录、手术级别、手术授权进行逐项核对，有效地保证了系统的完整性和准确性。加强对越权手术的监控，定期在季度医疗质量分析例会中进行公示反馈，有效地保证了手术安全。

（6）提升临床合理用药、安全用药水平。临床药师坚持通过医嘱审核，参加查房、会诊和为特殊患者建立药历等手段，发挥药学专业技术人员在药物治疗过程中的作用，促进药物合理使用。依托合理用药信息系统，加强临床合理用药监控及预警；强化抗菌药物临床应用管理工作，并将其纳入医院常态化管理；充分发挥"用药咨询中心"作用，提供专业药学服务。

2. 持续提升医疗服务质量

（1）开展主治医师查房评比活动。连续多年开展临床主治医师查房评比，突出临床诊疗分析、电子病历书写规范、医疗规章制度落实等主题，依托医疗信息系统，对电子病历、影像检查与化验报告、临床路径等资料进行现场调阅分析。邀请临床专家和医技专家分别到医技科室和临床科室参加查房并进行深入点评，指导科室提高医疗质量、保障医疗安全，加强科室间协作，促进绩效指标完成。

（2）创新责任护士查房评比活动。宣武医院国内首创的多学科合作的责任护士护理查房，围绕责任护士实际护理患者过程中对病情观察效果与护理措施落实展开多学科评价与问题解决，邀请北京市一流医院护理专家与院内护理专家，以及医师、药师、营养师、感染专家、管理专家，共同提升对疑难危重症患者的护理水平，引导护士临床思维，促进护理学科的专业深入。

（3）积极推进主诊医师负责制工作，提高科学化管理水平。宣武医院实行主诊医师负责制，进一步优化诊疗流程与模式，在引入竞争机制的同时，主诊组对患者在门诊和病房进行全流程管理，充分了解患者需求，提供优质服务，充分保证医疗质量和患者安全。

（4）运用疾病诊断相关分组（DRG）技术使医疗绩效管理精细化。结合北京市医管局绩效考核，宣武医院将DRG指标纳入临床科室绩效指标体系，采用病例组合指数（CMI）、诊断相关组数（DRG组数）、低风险组死亡率、神经系统疾病综合诊疗能力等指标，监测临床科室住院医疗病例的难度、收治患者的全面性、医疗质量与安全、专科在行业中的综合水平。通过DRG指标监测，一方面使管理绩效指标精细化，在病种组的层面对临床科室住院医疗绩效进行评估，另一方面，结合北京地区医疗的大数据，评价各专科发展情况，分析优势与不足，集中资源弥补劣势，发挥特长，助力医疗水平提升。

（5）积极推进多学科诊疗工作，为患者提供全面诊治。通过多学科合作，合理有效地利用和组合医疗资源，最大限度地发挥各学科医务人员的优势，大大提高了疾病的治疗效果，提高医疗服务质量和病人满意度，提高患者的救治效率和成功率，保障了患者安全。

3. 患者全治疗周期管理

针对门诊患者，门诊医师在接诊时会根据患者的既往病史、现病史、体格检查、辅助检查等对疾病做出初步诊断，并安排在门诊治疗，对符合入院指征的收入院治疗。在此期间门诊医师将与患者沟通，征求患者的意见，增强患者对各种医疗处置和制度的理解，必要时也会将沟通内容记录在门诊病历上。

针对住院患者，病房医师在患者入院时会在首次病程记录完成时就与患者或患者家属进行沟通。医护人员向患者或患者家属介绍疾病的诊断情况、主要治疗措施以及下一步的治疗方案等，同时回答患者提出的相关问题，必要时也会将沟通内容记录在病程日志上。

针对出院患者，医护人员将向患者或患者家属明确说明患者在院时的诊疗情况、出院医嘱、用药方法及出院后的注意事项，以及是否需要定期复诊等内容。

4. 充分利用信息化手段，提供便捷诊断服务

宣武医院以高质量发展为主题，以加强制度建设为主线，以改革开放创新为动力，全面实施健康中国行动，持续深化医药卫生体制改革，加强公共卫生和重大疾病防治，继续推进中医药在传承创新中高质量发展，进一步完善科技创新政策环境，加快"互联网＋医疗健康"发展，聚焦全面建成小康社会，做好重大主题宣传，稳步提升医疗服务水平，扎实推进重点人群健康服务。

（1）依托信息系统，方便患者就医。宣武医院是北京市唯一一家以人脸识别系统与视频实时对话系统双重保障进行互联网医疗服务的医疗机构。

作为全国首家线上智能前置处方审核的医疗机构，宣武医院在确保用药安全的前提下，降低了人工负担。前置处方审核系统深入挖掘药学基础数据，结合医院合理用药需求，对传统药学服务流程做出优化，在医生开出处方后，先经智能系统审核，若存疑义还要进行药师人工复核，经层层把关后的处方才会交到患者手中，使得处方合格率大幅提升，显著降低了医疗费用，缩短了时间成本。

患者足不出户，即可实现医保实时分解结算和居家取药。线上复诊实现全流程闭环管理，数据全程留痕，降低了医院人流量和感染风险，在保证信息可追溯的同时实现了合理分配医疗资源。

复诊患者挂号、就诊、开药、取药实行全流程线上管理。复诊患者在医院信息系统注册登录后绑定就诊卡或医保卡，可查询体检报告与检查检验报告、提前查看专家停诊信息、了解医院相关情况；也可进行智能导诊或直接图文咨询复诊医生，如病情需要，医生可为患者在线开具电子处方，患者可选择药品配送或自助机缴费、医院药房取药。复诊患者可以随时随地享受到三级甲等医院水平的诊疗服务。在线医生均拥有主治医师及以上职称，都具有丰富的临床经验，医生可在手机端实时查看患者的既往病历、检验、检查等，手机端支持患者上传各种图片，便于医生了解患者相关信息。

（2）通过信息系统对临床路径做到精细化管理。科室利用数据平台动态监测科室临床路径开展情况、患者管理情况，并将监测结果与每季度科室临床路径的主要指标数据通过OA系统反馈给路径负责人，利用微信沟通快捷的优势，组建临床路径负责人微信群，随时与临床路径负责人进行沟通，解答临床路径工作中遇到的一些实际问题。依据科室临床路径工作完成的客观数据及检查评价进行年终考核，促进科室提高临床路径管理质量。

（3）推进面向京津冀地区、辐射全国的国家远程卒中网络建设。在国家发改委和国家卫健委脑卒中防治工程委员会的大力支持下，宣武医院建立了国家远程卒中中心。卒中中心成立以来，采用了多项管理创新模式，极大地推动了远程卒中救治工作的发展。在平台建设方面，通过高科技会诊软件系统研发、音视频传输设备铺设、网络连接、数据库组建等基础设施的搭建，国家远程卒中中心拥有集八大功能为一体的综合会诊系统，为面向京津冀乃至全国的远程卒中网络体系建设打下了基础。在会诊业务方面，建立 7×24 小时全天候值班的溶栓专家团队，实现第一时间为急性缺血性卒中患者提供最有效的远程会诊指导。在国际交流方面，创新国际合作模式，开展远程国际教学，实现了多渠道多国家的学术交流与合作，为国内外学术交流、临床及实验室研究以及人才培养等方面的合作打下了坚实的基础。

8.5 管理成果

宣武医院神经内科一流的实力，吸引着全国乃至世界各地的疑难重症病人。2012年，宣武医院神经内科以总分第一名的成绩获得神经内科国家卫生部临床重点专科的称号。2015年，宣武医院神经内科门急诊量达到67.9万人次，其中外埠患者比例达56%，疑难病比例达70.8%。为了解决溶栓治疗比例低、DNT（脑卒中患者到院至开始静脉溶栓时间）不达标问题，医院建立了多学科融合的高级卒中中心，打破各学科壁垒，优化卒中救治流程，实现院前院内无缝对接。医院DNT缩短了近四分之三，溶栓例数增加近五倍，溶栓率从1.9%提升至28%（中国平均为2%，美国平均为20%），后期随访率从16%提升至70%，大大促进了卒中患者的康复，吸引了47个国家和地区2 000余家医疗机构的人员前来学习，推进了技术下沉。

宣武医院护理团队的"大数据对护理核心质量的监控与管理"项目，

荣获 2018 年度亚洲医院管理奖的"护理卓越奖·金奖",标志着宣武医院护理管理水平获得亚洲同行的广泛认可。应用 DRG 精细化管理医疗质量绩效指标,荣获原北京市卫计委 DRG 评价的北京地区三级医院中"最安全"医院称号。宣武医院血管外科由我国血管外科学首席专家、中科院院士汪忠镐教授领衔,成为国内该学科领军团队之一。2018 年全国三级公立医院绩效评价中,宣武医院在综合医院排名中位列全国第 17,评价等级 A+,并连续多年在中国医院科技影响力排行榜神经内科领域名列前茅。

8.6 推广价值

1. 跨职能协作

社会分工越来越细,三甲医院学科也越分越细,虽然这使很多医生可以在细分科室做更深的研究,但是,也造成了医院各科室各自为政,科室间的壁垒越来越厚,越是综合性的大型医院越是明显。很多医院的科室就像铁路警察各管一段,使得一些有基础病的老年患者奔波在医院各科室之间,身心俱疲,使得本就紧张的医患关系雪上加霜。

宣武医院神经内科的跨职能协作、多学科综合诊疗体系为大型综合性医院在消除科室间壁垒、提升患者医疗体验方面提供了很好的借鉴意义。各科室应充分考虑本专业病理的影响因素,以本科室为主导,联合相关的上下游科室,组成多学科、多维度协作诊疗团队,组织多学科专家围绕某一病例进行讨论,在综合各学科意见的基础上为患者制定出最佳治疗方案,从而实现多学科优势互补,提升医院的诊疗水平和救治水平。

2. 全流程质量管控

宣武医院的"急救车和家属的院前培训延伸,到院内 16 部门联动,再到 App 居家延续护理模式",为大医院开展患者全程解决方案提供了良好的借鉴。

第 9 章

鞍钢

"鞍钢宪法"

鞍钢是新中国成立后第一个恢复和建设起来的大型钢铁联合企业，被誉为中国钢铁工业的摇篮与共和国钢铁长子，是由国务院国有资产监督管理委员会监管的中央企业。鞍钢在 2021 年位列《财富》世界 500 强企业榜单第 400 位，曾获 2010 年度辽宁省省长质量奖、第十届全国质量奖。

9.1 管理背景

新中国成立初期，鞍钢基本沿用苏联钢铁企业的工厂管理模式，核心是一长制，依靠少数专家和一套规章制度。但是，没有充分依靠群众，不搞群众性技术革新，"一长制"领导体制滋生的官僚主义与我国长期追求的企业民主化管理目标之间的矛盾越来越深。1960 年 3 月，在对辽宁省委递交的一份文件的批示中，毛主席针对"一长制"淡化政治观念、侵害职工利益的弊端，强调国有企业要实行党委领导下的厂长负责制并坚持"两参一改三结合"，"鞍钢宪法"由此正式产生。

"鞍钢宪法"的实质，就是要工人们当家做主，激发工人内在的生产、革新的积极主动性和创造性，自觉地遵守各项合理的规章制度，工人们就会像孟泰、王崇伦、王进喜、郝建秀等劳动英模一样，发挥出积极主动性和创造性，从而创造出更高的劳动生产率。所以，提高劳动生产率并不是"鞍钢宪法"的本质，而是"鞍钢宪法"得到实施后必然产生的结果。

21世纪的钢铁工业进入了产业发展的成熟期，我国钢铁行业在经历了高收入、高投入的快速扩张和高速发展后，形成了产能严重过剩、竞争日臻激烈的格局，随着我国市场经济体制改革的不断深化，适应优胜劣汰的市场经济规律越来越成为企业发展成功的关键要素。因此，实施管理变革与升级，建立适应钢铁产业发展趋势、符合市场经济发展要求的企业管理模式迫在眉睫。"鞍钢宪法"所倡导的"全员参与""自主管理"等思想，不仅有着重要的现实意义，从探索符合中国国情的企业管理发展之路的角度看，也具有深远的历史意义。

9.2 模式框架

"鞍钢宪法"实行"两参一改三结合"，即"干部参加劳动，工人参加管理；改革不合理的规章制度；工人群众、领导干部、技术人员三结合"。

1. "两参"：参与管理与"去中心化"

两参就是"干部参加劳动，工人参加管理"，是"去中心化"以消解管理两大群体之间对立情绪的重要体现。它模糊了管理者与被管理者的界限，取消了"中心－边缘"链条上的群体身份认同。"两参"摆脱了科学管理遵循的工具理性逻辑塑造的种种规则、制度与程序对人的自主性的奴役，消解了管理者在企业中的中心地位以及管理中的统治与控制关系，消除了管理者奴役和压迫职工的话语霸权，转向一种去中心化的、分散的自主性管理。企业职工代表大会是"工人参加管理"的重要制度体现。通过职代会，职工不仅能监督管理者的决策行为是否合理，还能参与企业的日常管理，甚至取得与经营者几乎同等的地位而对企业的运营起某种主导作用。"三定一顶"制度是"干部参加劳动"的具体形式，"三定"即通过定岗位、定职责、定时间将干部参加生产劳动落实到具体工作，"一顶"是指根据干部的具体情况，要求每人学习一两门专业技术，在其能够独立操作之后顶替班组的定员进行劳动。这种制度安排，使管理者能够切实参加劳动并接受工人的监督，避免了高高在上的特权阶层的出现。"两参"及其制度设计发现了科学管理中被"中心"边缘化的"他者"的地位和存在意义，并使之参与到管理事务之中，将管理主体由中心"扩散"到边缘，充分体现了国有企业中工人、技术人员与管理者在企业中的平等地位。在此制度下，组织中没有被边缘化的"他者"，都是企业的"主人"，生产经营事实上成为一种自主劳动和自我管理的形式。

2. "一改"：制度创新与"重新想象"

"一改"就是改革工厂内不合理的规章制度，即对企业管理中的一切不合理安排进行"破旧立新"，激发企业职工的创新热情及创造能力。

"鞍钢宪法"诞生后，以鞍钢为代表的国有企业，尊重集体智慧，掀起大规模的群众性创新运动。在"一改"的号召下，群众性技术革新掀起高潮，技术研究小组、技术表演赛等创新制度及创新活动不断涌现。当时所谓"不合理"的规章制度,主要是指泰勒制与福特制相结合造成的资方对劳方进行控制与压迫的管理体制和规章,"一改"即摧毁旧体制中的一切压迫人、奴役人并压缩人的自由创造空间和主动能力的不合理规定,建立一套保证职工当家做主并激发包括工人与技术人员在内的所有人的创造力的新规章制度,这一过程恰似后现代管理者主张的"摧毁一切""重新想象"。"一改"更富有后现代管理意蕴的,是其创新过程是与"两参""三结合"一起推动的,使普通的一线工人与技术人员参与并成为创新的主体,由此使创新摆脱了科学管理模式依靠管理者及高级技工"自上而下"推行,将员工与客户等利益相关者排除在外的传统创新模式,在创新的过程中鼓励职工自我管理,因而是一种自主创新过程。在以知识型员工为主的后现代组织中,知识主要存在于基层,后现代创新必须实施自我管理与自主决策,使知识重新实现从管理层到员工的回归。

"鞍钢宪法"的"一改"思想,就实现了这种知识向基层的回归并消解了由于知识独占而形成的霸权,使组织中的知识与权力分散化,在"重新想象"的创新过程中同时构建了一种新的自我控制与自我管理体制。

3. "三结合":团队协作与整体思维

"三结合"即领导干部、技术人员和工人群众在生产、管理与创新中互相合作。当人的因果信念所支配的活动被用于创造人所欲求的结果时,工具理性便不可避免。人类的经济及管理行为就是一种典型的逐利活动,在工具理性主义驱动下,现代管理的科学化过程同时也是管理中诸因素不断"分化"的过程。这主要表现为,管理者、技术人员与工人不断分离并形成各自不同的利益追求,管理中的每个人只能在自己被明确规定的责任范围内行动,对关系组织整体却与己无关的事宜缺乏热情和干涉权,这就使组织整体事实上被分割成无数个"片段"。这种"分化管理"理念与方式一方面极大地降低了组织的整体行动能力,另一方面由于分工原则下职工只能重复从事机械、简单的活动,所以不利于人的全面发展,严重损害人的精神健康。后现代管理者与此针锋相对,批判科学管理的这种"分而治之"的管理理念,主张以整体性思维与合作理念来"去分化"。彼得·德鲁克就曾指出不区分"技术分工"和"社会分工",将生产中的社会关系按照技术逻辑进行分割是一个"逻辑谬误"。新的管理范式将组织视为一个完整的关系网络,而不是被等级链条和规章制度分割的无数个"碎片",现代管理倡导的"价值链"应该被"价值网"取代。

"三结合"是后现代社会中团队协作与工作自治小组的雏形,日本的"丰田生产方式"其实就是工人、技术人员和管理者的团队合作。鞍钢提出的"三结合"继承了中华民族文化中的集体主义精神与和谐观,将被后现代管理者推崇的整体性思维植入了企业管理之中。后现代管理者认为劳动分工、部门分隔使人的主动性和能动性被剥夺,流水作业的机械活动侵蚀了人的自觉主动意识,由此而倡导整体性思维及组织内合作,与中国古代思想之精华——太极图中蕴含的有机整体观及阴阳和合思想相契合。这种整体性的和合思想在"鞍钢宪法"的"三结合"中充分体现,这正是"鞍钢宪法"之所以成为"后福特制"萌芽并与后现代管理息息相通的关键所在。三结合小组、技术革新小组与诸葛亮会等制度安排使企业中的管理者、技术人员与工人三方不再彼此隔绝,而是共享信息,互帮互助,共同治理企业。这样就消除了科学管理中群体分化与责任分割造成的管理弊端,三结合小组内部的所有员工对整个小组负责任,小组成员之间是一种协作关系而非竞争关系。小组内部虽有分工但不明确,每一个成员都可以根据环境变化及时做出有利于整体的行为,极大地提高了组织对环境的整体适应能力。"三结合"所彰显的集体主义精神，在很大程度上缓解或消除了管理三大主体之间的对立关系，在强调和谐、稳定与秩序的企业文化中营造了和谐的人际关系网络，在工人、技术人员与管理者之间形成了一个稳定的信任合作机制。这种团队协作与整体性思维是对科学管理"分而治之"原则与"碎片化"组织的一种批判和超越。

9.3 理论基础

日本质量管理专家石川馨先生说日本的 QC 小组实际上借鉴了"鞍钢宪法"中工人参加管理这一原则；新日铁首任社长稻山嘉宽说他创办新日铁就采用了"鞍钢宪法"中"两参一改三结合"的办法；美国麻省理工学院管理学教授罗伯特·托马斯明确指出："鞍钢宪法"是全面质量管理和"团队合作"理论的精髓，它弘扬的"经济民主"正是增进企业效率的关键之一。

1. 全员参与

罗伯特·托马斯教授和他的团队创立的"全面质量管理和团队合作"学说对西方企业管理产生了极其深远的影响。这套学说的核心内容就是"基于全员参与的以质量为中心的质量管理形式"。对于"鞍钢宪法"，托马斯教授的评价非常高，他认为"两参一改三结合"充分体现和发扬了"经济民主"，具体就是提倡把工人群众也吸收到管理当中来，这是提高企业效率的"关键"，也是团队合作的"精髓"。他认为，他们的理论和"两参一改三结合"密不可分，充分吸收了"两参一改三结合"的精华。

几乎在"鞍钢宪法"出现的同时，与我国隔海相望的日本正在艰难地进行战后重建，迫切希望找到一种能使日本企业尽快从废墟上站起来并提高产品质量的管理方法。于是，日本在吸收东西方企业管理经验的基础上结合本土实际，直至20世纪70年代有了较快发展，逐渐形成了一些成熟的理论，其中最具代表性的就是"丰田生产方式"或"丰田管理模式"。在这种理论模式之下，他们也提倡搞"全面质量管理和团队合作精神"，即全员、全过程、全面的质量管理，具体就是技术人员、工人和管理者之间的"团队合作"，每个人不用固守于僵化的技术分工，提倡充分发挥工人个人创造性、主观能动性的精神。日本的管理学家也非常肯定"鞍钢宪法"中的合理因素，他们认为"丰田生产方式"等模式都从"两参一改三结合"中得到了很多启发，比如"对员工充分授权，鼓励员工采用团队形式来发现问题和解决问题"的"全员参与"的内容，就是"鞍钢宪法"中的"工人参加企业管理"。采用这个模式后，日本的产品质量迅速提高，实现了质量立国的理想，这种管理模式在1976年进入中国并在大批企业中推广。

开展技术革新和技术革命，最根本的问题是高度发挥广大职工群众的积极性和创造性，放手发动群众，一切经过试验。只有把职工群众充分发动起来，技术上的革新和革命才能又多又快又好又省地实现。

受亚当·斯密劳动分工理论的启发，泰勒遵循效率至上逻辑，最早提出计划与执行相分离的管理原则，使企业中的管理者与被管理者两大主体的界限日益分明；法约尔提出的权责明确与等级服从等原则，使管理者与被管理者进一步分化；马克斯·韦伯则通过一系列基于合理性与合法性的规章体系与制度建构，使管理两大主体的分离制度化和组织化。管理者依靠其掌握的权力及物质资源，迫使员工按照他们的标准和意愿从事效率最大化的机械活动，在各种强制性的规章制度之下，员工成为机械行动和没有思想的物化人。这样，组织中的所有人事实上在管理系统中都被纳入"中心–边缘"特征鲜明的链条之中，被边缘化的人受中心权威者的控制与压迫。后现代管理者猛烈批判这种控制主义与权威主义所形成的话语霸权，他们认为"现代主义是将特权主义与排他主义制度化的'进步'神话，它忽略了一切与之不相适应的'他者'的故事与声音"，主张消解具有剥削性与压迫性的中心主义，将管理系统与管理活动"去中心化"，倾听管理中的另类声音，关注被科学管理边缘化和压制的弱势群体的利益。

2. 自主创新

鞍钢有着深厚的文化底蕴，以"创新、求实、拼争、奉献"为核心的鞍钢精神是其企业文化的精髓。

鞍钢有着自主创新的光荣传统，以发明"万能工具胎"的王崇伦、研制轧机"反围盘"的张明山为代表的鞍钢人，勇于追求技术进步，大搞技术革新和技术革命，依靠现代科技振兴企业。以"两参一改三结合"为主要内容的科技创新管理经验——"鞍钢宪法"，至今仍对国内外企业管理产生深刻的影响。

鞍钢坚持以创新促进管理升级，以创新推动技术进步，以创新驱动产品转型。通过管理体制机制创新变革，强化职能管理的集中管控，凸显一体化管理优势，激发基层单位自主管理能动性，完善管理创新评价、驱动机制，培育事业部管理创新的活力。通过创新驱动技术革新与产品升级，缩短产品研发转化、量产周期，提高独有、领先产品比例，从核心技术的"追随者"向"领跑者"转变。

3. 以人为本

企业员工作为企业的人、财、物、信息四大资源要素中最重要的资源，是一切管理的核心和出发点。鞍钢在新中国成立之初恢复生产和新建改造阶段，就是坚持以人为本，全心全意依靠广大职工办企业，取得了令人瞩目的成就，成为中国钢铁工业的摇篮。因此，鞍钢鲅鱼圈分公司将"鞍钢宪法"的"两参一改三结合"管理思想作为创新企业管理模式的重要精神财富，在借鉴吸收世界先进企业成功管理经验的基础上，发挥国企人力资源优势，笃信员工是企业发展最有活力的原动力，充分调动激发全体员工的积极性、主动性、创造性，汇聚企业广大职工的创新能力和管理智慧，真正将企业战略目标变为员工岗位工作指标和行动方向，实现员工和企业共同发展。

鞍钢以人本管理为根本目的建立"尊重人、依靠人、开发人"的以人为本管理体制，坚持走群众路线，将员工作为企业一切管理的核心和出发点，塑造人性化、民主化的特色企业文化，推进员工与企业共同发展；继承"两参一改三结合"的"鞍钢宪法"精神，创新发展民主管理机制，引导干部服务基层、工人参加管理，创新实施管理点检、区域责任制，推进企业民主管理、全员管理，激发员工积极性、主动性和创造性，全心全意依靠广大员工办企业，致力于个体能力开发与集体协作，以人力资本增值推动企业财务资本增值，实现企业与员工的和谐共赢发展。

"鞍钢宪法"的理论本质是职工当家做主，这是"人民当家做主"这一社会主义政权本质在经济生活中的体现。塑造具有主人翁意识的主体性的人，保证职工对生产管理的主导地位，防止物质主义的异化，将职工从资本主导逻辑中解放出来，实现人的自由而全面的发展是"鞍钢宪法"的根本目的，"鞍钢宪法"就是此原则在中国企业管理领域中的合理展现。

4. 自主管理

"鞍钢宪法"与后现代管理都是一种消解现代性压迫的管理革命，主张人人在管理中实现自我主宰与自我管理，以真正实现经济民主与经济平等。所谓经济民主，在宏观上指将现代民主国家的基本原则——"人民主权"贯彻到经济领域，使各项经济制度安排依据大多数人的利益建立和调整；在微观上指促进企业内部贯彻民主管理，依靠劳动者的创造性来提高经济效率。

鞍钢通过技术表演赛和联合技术大表演赛，进一步激发广大职工群众的革命干劲和发扬共产主义大协作的精神，从而推动技术革新和技术革命运动的开展，更迅速地熟悉和推广新的操作技术，更快地提高工人的技术操作水平。开展技术表演赛是鞍钢在往年大搞群众运动时摸索总结出来的一项重要的经验。技术表演赛是开展技术革新和技术革命运动的重要形式。大搞技术表演赛，不仅能更有效地激发职工的干劲，还能更迅速地推广新的操作技术、提高工人的技术操作水平，更好地促进技术革新和技术革命运动的开展。

9.4 典型做法

1. 传承

传承"鞍钢宪法"管理思想精髓，关注员工参与，强化队伍建设与创新发展，一手抓实践，一手抓提炼。

鞍钢在坚持开展国有企业职工代表大会制、厂务公开制、干部民主评议等职工参政议政、民主管理工作的基础上，通过建立实施企业内部"网络问企"管理创新网，以"求实、求质、重效率"为原则，深入开展全员参与、全业务覆盖、全部门协同的网络问企工作，发挥企业内部信息网络快捷、便利、透明的优势，疏通员工诉求渠道，汇集全体员工创新思维，提高企业民主管理的员工参与度，不断激发员工的创新工作热情和主人翁责任感。

鞍钢组织建立"网络问企"创新管理平台，建立实名制、公开制、跟踪制、奖励制的全员献计献策的民主管理信息平台，形成员工随时提出问题、部门专人研究答复、筛选形成管理项目、公开征集方案、系统落实解决、不断改进提高、积累共享纳标的开放式、闭环式运行机制。

鞍钢制定《"网络问企"运行评价办法》，从真实性、创新性、经济性、可行性、时效性等角度对各单位"网络问企"运行效率、效果进行评价，定期评选出优秀建议及优秀员工实施奖励，使网络问企逐渐成为员工表达合理诉求、参与企业管理、实现群策群力的重要渠道。

鞍钢通过对建议、问题的采纳落实，推动企业管理绩效持续提升。员工通过"创新网"提报问题和建议，通过对问题和建议的评价、采纳、立项实施与效果评价，有力推动了企业各项管理工作的提升，取得了显著经济效益和管理效益。

2. 发展

21世纪，鞍钢在老"鞍钢宪法"的基础上提出了新的"两参一改三结合"的质量管理理念。这是在新形势下，结合中国国情和企业发展现状，对传统管理进行的改良和升华。

新"鞍钢宪法"的"两参一改三结合"是指"最高层领导者参与产品质量推介，技术研发人员参与客户产品质量设计；改变原有产品交付仅依据质量标准的管理理念；产品销售人员、技术开发人员、生产操作人员三结合，推动产品质量持续改进"。

新"两参"是指最高层领导者参与产品质量推介，了解客户需求，最高层领导者带领销售和技术开发团队直接走访下游客户，推介公司品牌产品；技术研发人员参与客户产品质量设计，掌握产品质量发展方向，直接面对客户及其设计单位，了解客户产品质量偏好，分析客户产品工艺特点，帮助客户进行质量设计，将鞍钢质量植入客户心中。

新"一改"是指改变原有"产品交付仅依据质量标准"为"完全依据客户需求"组织生产，创新企业机构改革，成立产品发展部，全面协调产、销、研一体化管理。规规矩矩按产品质量标准生产产品，已经不能满足日益多样化、个性化的客户需求，2014年鞍钢改变了产销系统各自为政、被动参与产品研发的管理模式,成立了产品发展部,负责技术质量管理,分析市场信息和客户需求,协调生产、产品研发、产品销售等内部资源,制定解决方案,加强新产品推广,引导客户个性化需求,负责产品技术服务,处理技术质量异议。

新"三结合"是指实行产品销售人员、技术开发人员、生产操作人员三结合,推动产品质量持续改进。以技术开发人员为核心,协调生产和销售人员,直接面对客户,签订技术协议,负责质量设计,让客户需求明确贯穿销售、研发、生产这条线。

3. 创新

(1) 建立创新体系与机制。一是建立多元项目来源机制。公司依据战略规划提供基础类和产品类项目来源;通过销售来综合客户需求,提供各类项目来源;钢铁研究院主要负责基础类、产品类和生产工序类项目;生产厂主要负责工序改进类项目。研发项目时广泛征求内部专家、国内院士和科研院所著名专家的意见,并组织项目论证会,完善公司重大项目立项程序。

二是完善研发项目管理机制。建立公司研发计划审批制,在公司层面汇总和分析所有重要研发项目需求,统一组织论证,对项目进行审批;完善项目负责制,明晰项目负责人的权利和对应的责任,赋予在团队组建、资源调配、内部考核和跨部门考核建议、"绿色"汇报通道等方面的职责,充分发挥项目负责人的作用。

三是提升激发科技创新活力。按照"全方位、过程与结果并重"的原则,建立起科学、公正、公平的分层次奖励体系,设立科研项目推进专项奖励制度。在原有知识产权激励机制的基础上,进一步加大对专利发明人、设计人和推广人的奖励力度,促进专利技术的开发和推广应用,为企业创造更高的经济效益。对专有技术进入技术市场或实现产业化可实施多种灵活的奖酬方式，使其经济利益与该项技术实现的经济利益直接挂钩。

四是拓展完善产学研用机制。树立"提高知名度、扩大占有率、密切产销研"理念，将生产和研发更加密切地结合起来，建立市场为导向的产品研发、生产机制，缩短研发周期。完善EVI工作运行模式，提高EVI团队工作效能。

五是完善科技工作评价体系。对公司科研项目实行A、B、C、D四个层级分级和备案管理；对子公司重点就科技投入、科技管理制度建立、科技队伍建设、项目的组织与推进及完成质量等方面进行评价；对研发单位重点就承担公司研发项目的完成情况、解决基层工艺技术难题情况、围绕提升核心竞争力取得的科技成果、为公司发展提出建议等方面进行评价。

六是建立业绩终身量化机制。将专利、技术秘密、发表的论文、著作权等作为考核因素，对技术人员的创新成果进行量化和累积考核，同时加大对知识产权成果的奖励力度，建立科研人员分享创新成果产生的经济效益的奖励机制，为技术创新注入原动力。

（2）开展系统创新，推进管理升级。实施管理体制创新，构建扁平高效的组织架构。为快速应对市场瞬息万变的客观需要，改变传统冶金企业"直线职能制"多层级管理，鞍钢采用"分权为主、集权为辅、快速反应"的一级扁平化管理体制。从组织架构上，实行横向集权、纵向分权的一级管理架构，事业部门与职能部门为同一管理层级，管理内容各有侧重，职能部门以落实职能战略为中心，强调横向管理与系统优化；事业部门突出过程管控，不断改进优化过程能力和控制水平。在信息管理上，通过建设系统化、集成化、流程化、数字化的信息、知识管理平台，强化企业内部信息、知识的共享，实现信息渠道的扁平、透明，为扁平化组织的沟通、交互提供保障基础，提高实时管控效率；在流程管理上，简化管理层次，保证事业部门能获得相应的面对市场的独立决策权和管理权，充分发挥其主动性、积极性和创造性，同时高层领导及职能部门通过目标管理、战略管理、系统管理等进行实时监控、纠偏。

实施企业管理制度创新，夯实企业管理基础。企业管理制度创新以系统、规范、科学、简约、适用为目标，以业务流程的优化与再造为核心，强调目标导向、市场导向、细节导向、沟通导向，突出生产运行的应急响应、企业运营的风险控制，符合国家法律法规、管理体系认证标准及国际惯例要求。

一是强化业务流程的优化与再造。梳理、细化各项管理职责、业务的分配，按责、权、利对等及流程管理的快捷有效，优化、调整、再造管理流程，通过程序化、信息化固化管理模式并根据运行情况实施动态调整。

二是突出管理制度的简明与可操作性，创新制度模式。为保证管理制度文本的直观、形象，易于宣贯落实，在管理制度文本模式中，创新设计了管理流程图、业务职责分配表，使得流程明确清晰、职责落实到具体岗位。对于直接、简易的管理要求，设计为管理规定类制度，按照"要求、禁止、注意及奖惩"条款设计，明确管理要求，并逐步实施目视化管理。

三是建立快速反应的应急准备与响应体系，确保全系统生产平稳运行。构建了从上至下的预案管理体系，全面分析和筛选各种重要危险源及可能影响全局、局部生产的各种情况，每项预案经过多次论证、逐级审批，制订汇编成《公司应急救援预案汇编》。

四是加强风险管理与控制，提高风险防范能力。规范建立与维护公司内部控制体系，实施常态化的风险评估与控制，每年编制下发公司《风险评价结果汇总表》和《重大风险及其控制计划清单》，对于属于分公司级的重大风险，通过制度及预案补充和完善内部控制体系，纳入制度管理体系。

五是引进 QEO 管理标准、卓越绩效模式，融合创造钢铁企业管理制度典范。从管理的效率和效果入手，运用卓越绩效模式的学习与整合方法，将 ISO 9001、ISO 14001、OHSAS 18001 等国际体系认证要求进行系统集成和有机整合，实现优势互补和知识积累，提高企业参与国际竞争的能力与水平。

鞍钢创新激励评价机制，搭建多维度创新平台，坚持按劳分配与按生产要素分配相结合、激励与约束相结合、短期激励与中长期激励相结合的原则，推行吨钢工资总量包干、岗位期权、项目经理制、科研人员项目效益工资制等多种分配方式，建立与市场价格接轨、合理有效的创新创效激励机制，激发员工参与创新、创造价值的积极性。以合理化建议、青年创新创效、党员领航、部门青年创新工作室、企业创新联盟、员工"一月一建议""一部一项目"、创新网、企业管理创新成果立项等方式搭建多元化、多维度的创新平台，拓展创新通道，培育创新成果，推动企业创新发展。组织创新论坛，召开科技创新大会，举行创新故事宣讲，大力营造技术创新、管理创新、工作创新的氛围。

（3）全员创新，万众创新。为推动大众创新、万众创新，进一步激发全体职工开展创新活动，公司制定了研发岗位、工程技术岗位、营销岗位等级序列管理办法，设置了首席专家、首席工程师岗位，打通了科研、工程技术人员晋升通道。同时在全公司建立了多个职工创新工作室，另外还开展了网络问企、全员合理化建议等活动，极大地激发了包括科技人员在内的各级职工开展创新活动的积极性。李超创新工作室取得了国家科技进步奖；张福多创新工作室获得了省级劳模创新工作室称号，并成为冶金行业国家级大师工作室；林学斌创新工作室获得冶金行业优秀创新工作室称号。鞍钢通过构建层层联动的阶梯式创新机构和激励政策，为企业开展技术攻关和高技能人才培养打造了双赢的创新平台。

9.5 管理成果

在管理思想百年演变的历史进程中,考察"鞍钢宪法"产生及扩散的情景脉络,我们发现:"鞍钢宪法"是中国传统文化与特定时期的社会主义政治、经济体制结合的产物,其经由自其发展而来的日本的后福特制迅速向全球扩散,并与后现代主义合流后发展为一股至今方兴未艾的后现代管理思潮。

"鞍钢宪法"并未在中国消失,"两参一改三结合"的思想已经渗入国有企业治理的方方面面,使国有企业管理带有明显的人文主义色彩和家庭式的温馨,依然呈现出与效率导向的西方科学管理截然不同的特征。近年来一些民营企业模仿国有企业建立职代会并鼓励职工参与管理,充分说明"鞍钢宪法"强大的生命活力,"鞍钢宪法"可能成为一种知识经济时代迫切需要的管理模式的重要思想来源。

"鞍钢宪法"之所以仍然能够在当代中国生生不息,我们认为主要有两方面原因:其一,"鞍钢宪法"是诞生于中国本土并与民族文化高度契合的思想资源,因具有一定的内生性及适应性而呈现出持久的生命力;其二,"鞍钢宪法"蕴含了丰富的后现代管理思想,实现了合规律性(科学)与合目的性(人文)的统一,与知识经济时代对人性化管理的诉求一致,因而获得了新的生命之源。

9.6 推广价值

1. 学习"鞍钢宪法"精髓,开创富有中国特色的企业管理理念

"鞍钢宪法"并没有随着特定时期政治经济体制的终结而消亡,而是以多种形式在国内外企业治理中渐进扩散,并与知识经济时代的后现代管理思潮高度契合。批判资本主义及其现代性逻辑造成的一部分人对另一部分人的剥削与压迫，追求管理过程中人的自由与解放是"鞍钢宪法"与后现代管理共同的理论聚焦点。"鞍钢宪法"同时蕴含参与管理与"去中心化"、制度创新与"重新想象"、团队协作与整体性思维等后现代管理思想。

2."鞍钢宪法"的合理内核是当今中国的必然选择

当今中国正处在发展的十字路口，一方面，我们重拾被冷落的"鞍钢宪法"是一个必要的选择，就像有的学者所说的，"当年我们倒洗澡水的时候连孩子一块儿倒掉了"，现在回头还来得及。另一方面，因为在当前日趋激烈的国际竞争中，"鞍钢宪法"的"两参一改三结合"及质量型竞争才是我国工商企业振兴的关键。虽然"鞍钢宪法"在历史上有"政治第一""政治挂帅"等方面的错误之处，但对我国及世界的贡献有目共睹，其"群众路线""经济民主""团队合作"的精神实质永远绽放着夺目的光芒。

3."鞍钢宪法"带给我们的启示

目前，管理理论界在某种程度上存在着两种倾向，要么妄自菲薄，要么妄自尊大，前者更为严重。"鞍钢宪法"体现了农耕文明对来自狩猎文明的大工业文明的反思，是开展专家管理还是全员管理的抉择。"鞍钢宪法"给我们带来了大量的启示。

第一，要有自主意识和文化自信，方能有文化自觉，才能冷静客观地对待所谓"先进的管理"。发达国家企业成功的光环使得一些人失去了基本的判断力，不少人对发达国家企业带来的管理理念不加鉴别。

第二，必须始终坚持"不唯先，只唯实"。实事求是是毛泽东同志对辩证唯物主义和历史唯物主义认识论和方法论的高度概括，坚持一切从实际出发去研究和解决问题，坚持理论联系实际去制定和形成指导实践发展的正确路线方针政策，坚持在实践中检验真理和发现真理。在管理实践过程中，不用"先进"和"落后"对管理进行分类，要看其是否科学、有效。

第三，要从新的视角、新的高度去总结我国企业的成功经验。比如，我国不少企业延续并完善了带有亲情和家庭符号的"师徒制"，即便是博士，到企业也要举行拜师仪式。我国一大批企业正在默默探索着适合我国国情的质量管理和改进模式。

第 10 章

谢家湾小学
小梅花素质教育模式

重庆市九龙坡区谢家湾小学校（以下简称"谢家湾小学"）创建于 1957 年，是重庆市首批示范学校，是中国教育科学研究院、中央电教馆、西南大学等科研单位的研究基地和实验学校，也是第三届中国质量奖获奖组织。

10.1 管理背景

我国的基础教育自新中国成立以来，历经了八次课程改革，但是，单纯以学生学业考试成绩和学校升学率评价中小学教育质量，在评价内容上重视考试分数，忽视学生综合素质和个性发展，在评价方式上重视考试结果，忽视学校进步和努力程度，在评价结果使用上重视甄别证明，忽视诊断和改进等问题依然普遍存在。这严重影响了学生的全面发展、健康成长，制约了对学生社会责任感、创新精神和实践能力的培养。

因此，国家对现行的基础教育提出了评价改革的指导思想，根本要求是全面贯彻党的教育方针，落实立德树人的根本任务，遵循学生身心发展规律和教育教学规律，坚持科学的教育质量观，充分发挥评价的正确导向作用，推动形成良好的育人环境，促进素质教育深入实施。谢家湾小学的小梅花育人模式正是对国家教育评价改革的积极探索。

2004年年初，刘希娅调入谢家湾小学担任校长。通过调研走访，发现学校进入发展瓶颈期，教师专业发展出现高原现象，满足于全区考试成绩第一的现状，缺乏开放心态；学生囿于知识技能的学习，在生活情趣、个性发展、爱好特长等方面存在不足。如何实现教育的本质追求，真正回归孩子的立场？如何实现从应试教育到素质教育的转变，回应国家对教育改革的需求？学校亟待突破发展。

她带领老师们从知识育人走向文化育人，抓住课程这一核心要素，基于学生终身发展所需要的关键能力和核心素养，确立了"一切有积极影响的元素都是课程"的课程视野，以"做改良世界的中国人"为培养目标，从课程整合入手，大胆尝试国家课程的破与立、地方课程的增与减、校本课程的融与放，解构原有的课程体系，构建了学科课程、社团课程、环境课程三类一体的"小梅花"学校课程体系。

通过改变教师专业生活状态，多渠道和多平台激发、唤醒、激励每一名教职员工的自我发展意识，带领由骨干教师组成的课程中心和社团中心，充分整合校内外资源，改善学生评价机制和学生校园学习生活方式等策略，促进了课堂教学的深层次变革，形成了教师、学生、家长、社区教育共同体，带来了教师岗位、评价体系、管理模式的综合变革，促进了师生发展。

10.2 模式框架

小梅花育人模式（见图 10-1）是谢家湾小学教育质量管理的顶层设计，"以文化经营学校"是谢家湾小学的创新战略，课程整合是谢家湾小学的行动举措。学校课程建设过程是对学校课程蓝图的勾勒与践行过程，是学校整体发展与形成特色的核心，也是学校的一种常态生活和思考方式，全方位地反映着学校的办学思想。

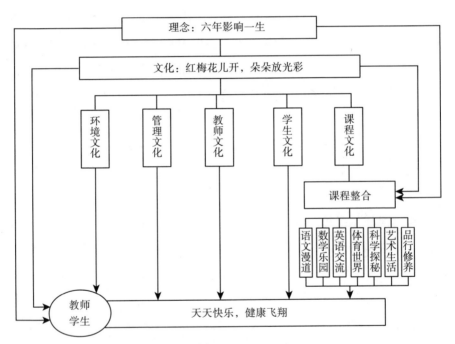

图 10-1　小梅花育人模式示意图

资料来源：第三届中国质量奖获奖组织和个人管理经验与事迹汇编。

在"六年影响一生"办学理念的引领下，从环境文化、管理文化、教师文化、学生文化、课程文化五个维度推进"红梅花儿开，朵朵放光彩"的主题型学校文化建设，不断创新、延伸和积淀，从营造氛围的文化建设走向触及内核的课程整合,构建并实施小梅花课程体系,追求"天天快乐,健康飞翔"的校园生活,实现全体、全面、全过程发展的育人愿景。

基于教育理论的研究,谢家湾小学始终坚持孩子的发展是学校的灵魂,把孩子的立场、体验、收获作为一切工作的出发点和归宿,明确了从知识育人走向文化育人的创新转变,促进学生更好地个性化发展。

10.3 理论基础

1. 六年影响一生

6～12岁期间的教育,对性格的调整以及固化有着关键作用。在谢家湾小学的讨论中有人提出:"六年影响一生"的说法对孩子有消极影响,这句话不应该作为办学理念,应该改为"六年造就一生"或是"六年成就一生"。最后大家一致认为学校的教育不能太功利,"六年影响一生"是办学者的态度和决心,正因为可能存在消极影响,所以才要挖掘真正对孩子有积极影响的因素,才能时刻提醒教育者警惕教育行为,"六年影响一生"不仅仅是时间上的联系,更是教育观念、教育方法与教育技术的联系。因此,孩子的笑脸是永恒的追求,老师的陪伴是成长的摇篮,校园的生活是隐形的课堂。

2. 有教无类、因材施教

学校始终坚持"孩子是校园的灵魂",把孩子的立场、体验、收获作为一切工作的出发点和落脚点。

(1)让每个孩子按照自己的优势去发展。学校追求"天天快乐,健康飞翔"的校园生活状态,通过搭建平台、创设条件、完善机制等努力,

"让每个孩子按照自己的优势去发展",帮助每个孩子寻找、发现、发展自己的兴趣、爱好、特长。走班选课的社团课程和"成长六一周,体验样样有"、每周集中两个小时的专题活动让孩子们在充分体验、参与的基础上去发现、发展自己的优势。

(2)"尊重孩子身心规律"的校园生活方式。通过建立学生介入校园生活的机制,优化校园生活方式。尊重学生身心发展规律,上午主要安排学科课程,以静为主;下午是专题类课程,更多地走出教室,在户外操作、实践、运用。调整作息时间,取消上下课铃声,取消统一的大课间,让孩子有更充足的时间深度学习和体验,让学习与生活互相融合,带来自在、自主、自由、个性化的校园生活状态。

(3)尊重学生意愿。尊重促进人的健康成长,谢家湾小学的一切活动都力求建立在充分尊重孩子的基础上,都力求以孩子的身体、心理和精神需要为出发点。

- 积极看待学生。把学生视为红梅花儿,预示着把学生看成具有发展潜力的个体,具有个人独特的品质,能够适应环境,具有坚强的品格,这是基于积极心理学的积极期待;以学生为中心,学校及其教师把学生视为花儿,那么学校及其教师就是绿叶或土壤,为花儿的开放提供条件,提供有效的教育,体现了以学生为主体、以学生为中心的观念。

- 尊重学生个性。朵朵花不同,朵朵放光彩,充分承认和尊重学生的个体差异,并在此基础上提供个性化教育;欣赏学生的个性,对每个学生给予积极关注,肯定每个学生的成绩,看到他们的闪光点,以此培育自信阳光的个性、品质和心态。

10.4 典型做法

1. 探索国家课程校本化的实施路径

谢家湾小学坚持"一切有积极影响的元素都是课程"原则，通过课程改革（以下简称"课改"）将三级课程体系的十几门课程整合为语文漫道、数学乐园、科学探秘、艺术生活、体育世界、英语交流和品行修养等七门课程，只用原来 60% 的时间即可完成国家课程标准要求，节约出来的时间用来引导同学们开展学科专题活动和社团活动。

学生上午学习学科课程，下午开展专题活动、社团活动等综合类课程，彻底实现国家课程校本化。画沙画、做航模、跳拉丁舞、拼七巧板、学计算机编程……每天下午两点，学校各功能室里热闹非凡，不同年龄、不同班级的孩子们因为同样的兴趣，在同一个教室里一起参加社团活动。现在的谢家湾小学共有生活实践类、艺术创作类、思维拓展类、体育锻炼类等 200 多个社团，几乎每个同学都能找到自己的兴趣社团。

对于辩论赛、演讲赛、新闻评论、超市购物等 500 多个学科专题活动，同学们不仅乐于参加，还潜移默化地提升了他们的生活能力、认知能力和团队合作能力。一至六年级的语文专题活动都有辩论活动，每个年级根据同学们的接受能力设置辩论教学目标，结合课程内容和生活热点设置主题，以辩论的方式帮助学生加深对知识点的理解，培养学生语言交流、逻辑思维和运用知识等能力。六年级设置的"生二孩利大还是弊大""事业型家长和居家型家长哪个更有利于孩子的成长"等话题，还引起了很多学生家长的兴趣，他们特别想通过辩论了解自己孩子的态度。

2. 跨学科教学

倡导教师根据自己的专业背景和特长爱好，跨学科教学，从"教多个班级的一门学科"变为"教一个班级的多门学科",解决了一直困扰老师们的"跑班"状态,教师有了更多的时间与学生相处,深度了解学生,让因材施教成为可能。教师对学生的关注点由原来单一的学科学习情况变为学生作为人的综合成长,实现从"学科人"到"教育人"的转变。

在课程整合行动研究中,老师们创造出了学科之间的整合、教材内外的整合、多版本的整合等横向整合方式,以及同学科不同年龄段之间的纵向整合。这不但丰富了教学资源,促进了学生的发展,更重要的是让老师们逐步形成了"生活中的一切资源都可以成为教学内容"的意识,正在从"教材是我们的世界"走向"世界是我们的教材"。

3. 让孩子们真正实现"快乐学习"

如何让孩子们充满兴趣地学到知识?谢家湾小学用许多细小的事情来影响和引导学生,让他们在学习的环境和过程中找到乐趣。

学校取消了统一的上下课铃声,让每个班级自主安排时间;取消了全校一个步调的大课间操,改由各班级自己创编课间操;每节课也不再统一为40分钟,而是按不同的课程划分为30分钟、60分钟和120分钟。刚进校的一年级学生注意力集中时间往往较短,老师在上课20分钟后就组织课间休息,让他们更容易适应小学生活。

长短课的灵活调节,保持了学生探索学习的兴趣,也有利于学生的身心健康。针对以往学生户外运动量不够,"小眼镜""小胖墩"多的问题,学校将体育课由原来的每周3节、每节40分钟改为每天1节、每节60分钟,几年坚持下来,学生近视率明显降低,超重学生明显减少。

在谢家湾小学的校园里,处处注意营造"乐学"氛围。学生照片墙上定期更换同学们在学校的生活照,每个人都有展示的机会;楼道、会议室、校长办公室展示着各种学习作品,同学们可以互相观摩学习。学校老师也及时挖掘发现好人好事,并在集体朝会、学校公众号、校长公众号、教师群、家长群等多个平台分享。

学校在全天开放的大礼堂、博物馆和聊天室，在操场、过道和绿化带都安放了桌椅，鼓励学生走出教室读写讲练。学生的长方形课桌改为圆弧课桌，便于学习讨论；老师上课从讲台"站桩"变成走进学生中间交流、参与学生学习讨论，课堂洋溢着师生积极互动、相互启发的氛围。

让每一个孩子都对自己有信心、对未来有希望。谢家湾小学实行小干部人人轮流当、合唱节人人上舞台、体育课人人进赛场、领奖台人人受表彰，通过"人人参与"，让每一位同学都有机会绽放光彩。抽样调查显示，学校95%的学生感到在校学习"很快乐"。

4. 从知识育人走向文化育人

（1）教育观念的人文化和社会化。在当前略显浮躁和功利的社会大环境中，通过教育沙龙、读书分享、节日派对等活动，把老师们从烦琐的事务中解脱出来，通过调整心态、打开视野、转换角度，引导老师们过一种有意义、有意思的教育生活。从人文化与社会化的教育观念出发，树立新的学生观、质量观和教学观。

（2）教育方法的科学化和个性化。以满足每一个孩子的需求为考量，与孩子们建立平等的对话关系，在课程规划、进度掌握、教材编拟、教具制作、教学技巧及班级经营等专业领域进行主动自发研究，相互讨论、观摩、对话，追寻学生的终身发展。

（3）绩效评价的人性化和现代化。通过思想引领、氛围营造、实践分享、平台搭建、创新突破等多种策略，努力让老师们实现生命的增值。学校每年投入最多的资金让老师到国际国内各机构培训、交流、展示，每年通过梅花奖颁奖典礼让师德标兵、课改先锋享受学术假、孝心假、亲子假，激发教师的工作激情。

5. 促进教师专业成长

（1）更新教师教育教学观念。影响学生，关键在教师；提升育人质量，关键在提高教师的素养。在提高教师素养方面，在教师队伍建设中，谢家湾小学十分注重对教师的培训，始终把教师培训作为学校最优先、最有价值的工作。尤其注意引领教师把自己的工作价值与生命价值结合起来，在工作中实现生命的增值。鼓励老师读书自修，送老师去考研进修，请专家驻校指导，请名师来校上课交流；每周一小时的集中学习或每学期各种教师集会，都要精心组织讨论活动，让老师体会"享受工作，品味生活"的乐趣；常常以别具一格的形式和教职员工们进行心灵的碰撞与沟通，精选一些老师对教育教学生活的感悟，例如，如何在工作中实现生命的增值，如何欣赏我们的孩子，怎样尽可能避免职业倦怠……以分享育人工作的幸福，引领教师把自己的工作价值与生命价值融为一体。这些改革打开了老师的视野，放开了老师的胸襟，调整好老师们的思想情感状态。老师有了正确的价值观，就有了对教育的真情投入，就有了对学生深刻而积极的影响。

（2）多元培训，专业引领。谢家湾小学一直把对教师的培训作为最大的福利来加强教师培训。除了常态化地以请进来、派出去的方式为教师提供专业学习和培训的机会与平台以外，学校还对接芬兰教育，与芬兰芬中教育协会深度合作，共同成立"课程联合开发实践基地"，引进芬兰教育专家到校开展深度教学研讨，组织学校教师赴芬兰参加课程研修，实现多元化培训和研修，提升教师专业化水平。

（3）绩效管理，激发热情。随着小梅花课程的深入推进，谢家湾小学的管理格局、教职工的岗位聘任、评价机制等方面也相应地发生变化。根据能者多劳、多劳多得、优质高酬的绩效分配原则，谢家湾小学修订了符合学校课改实情的绩效考核及分配方案，调动了教师的工作热情，提高了教师的职业幸福感。

10.5 管理成果

在教育教学实践中，谢家湾小学立足学生发展，实践对话课堂，优化教学方式和学习方式，创新教育教学管理，构建"小梅花"课程体系，以课程整合为核心推动教育教学综合改革，探索出了一条实施素质教育的新路径，办学质量和办学品质得到全面提升，促进了学校的高品质可持续发展，赢得了社会各界的高度赞誉，成为基础教育学校的典范，2014年获得"基础教育国家级教学成果二等奖""重庆市基础教育教学成果一等奖"，2016年获得"重庆市首届教育综合改革试点成果一等奖"等，在全国范围内产生了积极深远的影响。

1. 得到社会的广泛认可

谢家湾小学早在2006年就因为学校文化建设的卓越成效，承办了"重庆市学校文化建设现场会"，推广介绍学校文化建设经验。全国十余省市258团次人员专程到校考察学校文化建设，刘希娅校长应邀到天津、山东、河南等地分享学校文化建设经验176场，不但强有力地带动了重庆市学校文化建设，还掀起了全国中小学校园文化建设的热潮，谢家湾小学成为重庆市基础教育的窗口学校之一，跨入中国小学教育一流学校行列。

2. 教育质量持续提升

谢家湾小学的学生学业发展呈现良好态势，在各级测试及评估中均名列前茅。据重庆市教育评估院质量监测显示：谢家湾小学的学生学业成绩处于全市领先位置，学习负担最轻、兴趣爱好广泛、综合素质好、解决问题能力强、逻辑思维能力强。在九龙坡区历年测评中，谢家湾小学学生的语文、数学、英语等学科成绩一直稳居第一。

历届学生毕业后，进入市重点中学的比例高，学生因为学习灵活、性格开朗、综合素质强，深受重庆一中、三中、八中、育才中学、巴蜀中学、外国语学校等重点中学的青睐,很多学生进入各中学学生会、团委担任学生干部。据不完全统计,谢家湾小学毕业的学生在高考中分数超过211、985工程重点学校录取分数线的,占当年谢家湾小学同届学生总人数的60%以上,在同类型学校中处于绝对领先水平。

3. 学生综合素质逐步提升

近年来,谢家湾小学学生逐渐形成阳光自信、落落大方、多才多艺、乐于交往的群体特质,学生综合素质不断提升。在全国数学、音乐、学科优质课竞赛中,谢家湾小学学生在上课现场所表现出的学习能力和学习状态赢得来自全国各地的教育工作者的肯定和赞誉。谢家湾小学学生的书画作品被收藏在世博会中国馆,并长期作为市政府礼品赠送国际友人,学生的合唱、舞蹈代表重庆、中国内地赴中国香港、白俄罗斯交流。学生的实践能力不断提升,学校一年一度的科技创新节均能收到孩子们的科技发明等作品。

"结对帮扶",携手成长。谢家湾小学和库区沿线的凤翔小学、舟白小学、石龙学校、桑柘小学等多所有课改愿望但又面临困难的薄弱学校,签订帮扶协议;学校还对梁平、大足、巫溪、荣昌等区县学校开展"领雁工程"帮扶活动。学校和偏远落后的西彭三小结成城乡一体化发展学校,选派骨干教师前往指导,西彭三小干部教师轮流到谢家湾小学培训提升,短短两年时间,西彭三小发展成重庆市关爱留守儿童典范学校,成为西彭镇优质学校。

10.6 推广价值

谢家湾小学以课程整合为核心、"六年影响一生"为理念,建立了小梅花育人模式,在提升育人质量上取得了明显的成效。尤其是以小梅花课程建设为核心的课程整合给基础教育研究带来的启示与思考,产生了积极而深远的影响。

1. 关注学生成长规律、探索小学生课程改革优秀做法

课程整合是十余年谢家湾小学文化建设水到渠成的结果，是"六年影响一生"办学理念的深入落实，是"红梅花儿开，朵朵放光彩"的具体体现，更是对学生身心发展规律和学习规律的科学坚守。学校的课程综合化、教师全科教学、学生探究性学习等是当前世界基础教育课程改革的大趋势，谢家湾小学的课程整合探索了我国教育领域中减负提质的难题，符合国际课程改革方向。

2. 自主研发课程丛书

谢家湾小学自主研发的谢家湾小学《小梅花课程系列丛书》已经投入使用一年，对促进学生综合能力的提升发挥了显著的作用，获得了良好的口碑，13个省、自治区、直辖市百余所学校或科研单位纷纷慕名购买该套丛书，涪陵区李渡石龙学校已经推广使用《小梅花课程系列丛书》。

3. 交流和分享课改经验

作为"中国移动中小学校长培训项目实践基地""教育部课程改革研修基地""中国教育科学研究院课程实践基地""中芬课程联合开发实践基地"，谢家湾小学的教育理念和办学经验推广到了重庆市31个区县、全国28个省、自治区、直辖市，20万余名中小学管理干部和教师受益。

近几年，学校接待了多批次来自北京、深圳、广州、山东、河南、贵州、西藏等地慕名到校参观考察的教育同行，并承担多个国培、市培项目，多批次为全国骨干校长高级研修班、全国优秀班主任培训班、重庆市小学数学骨干教师研修班等提供培训。同时，学校还积极走出去，分别派出学校干部教师在"第二届中芬基础教育高峰论坛""中国教育学会年会""LIFE 教育创新首届峰会"等国际国内会议上交流学校办学经验或课改经验。

第 11 章

京东方

"创新引领产业"发展模式

京东方科技集团股份有限公司（BOE）创立于 1993 年 4 月，是一家为信息交互和人类健康提供智慧端口产品和专业服务的物联网公司。京东方入选"2019 福布斯中国最具创新力企业榜"，位列 2019 年《财富》未来 50 强榜单第 34 名。京东方于 2015 年获得首届北京市人民政府质量管理奖，此后还获得了第二、第三届中国质量奖提名奖。

11.1 管理背景

电子行业是技术发展和迭代最快的行业，创新是发展的源泉，只有依靠创新驱动，才能使企业紧跟时代技术发展步伐；只有产业化发展，才能更好地贴近市场，把握客户需求和期望，引领行业发展。

京东方的前身是创建于 1956 年的北京电子管厂，1993 年通过股份制改革逐步成立了京东方科技集团股份有限公司。经过多年的发展，京东方目前已成长为以电子显示屏为主导产品，在智能手机、平板电脑、笔记本、显示器、电视机等五大主流产品的显示屏等半导体显示领域市场占有率保持第一，并通过跨界创新，发展端口器件、智慧物联和智慧医工领域业务的全球领先企业。京东方在北京、合肥、成都、重庆等国内 20 多个地区拥有多个制造基地，子公司遍布美国、德国、英国、日本等 19 个国家和地区。

京东方的发展历程是中国电子行业发展的一个缩影，通过研读和追寻京东方的发展史，我们可以更好地理解世界电子行业的发展规律：创新是电子行业发展的驱动力，互联网行业只有拥抱传统产业才能健康发展。

11.2　模式框架

作为供给侧结构性改革的典范，结合多年的管理实践，京东方开发了供给侧结构性改革模型（见图 11-1）。京东方认为供给侧结构性改革的核心就是通过产业升级满足顾客的有效需求，提升顾客的满意度。

京东方始终坚持客户导向、以"创新引领产业"为核心的管理模式。顾客满意的基础是优质的产品和稳定的质量，因此，公司聚焦三个转变，通过质量管理提高产品的可靠性，通过创新管理确保产品的先进性，通过品牌管理增强顾客的依赖性，从而提升顾客满意度，实现公司经营水平的提高，同时，以创新引领产业发展，带动整个社会进步。

1. 聚焦科技创新

半导体显示产业是世界上各大类产业中技术进步和迭代最快的产业之一。基于行业特点和规律，京东方前董事长王东升对京东方的发展提出了"不论技术如何迭代，总能引领潮流不被替代；不论市场景气与否，营收和利润都能保持可持续增长"的指导思想，确认了公司经营要以"科技创新为大前提"的发展定位，把科技创新作为公司发展的首要条件。京东方目前推出的新产品中，多数属于全球首发产品。公司产品广泛应用于手机、电视、电脑、可穿戴设备等先进领域，引领了半导体显示行业的发展潮流。

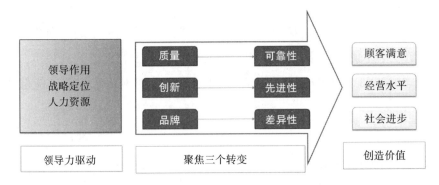

图11-1　京东方以"创新引领产业"为核心的发展模式框架

资料来源：第三届中国质量奖获奖组织和个人管理经验与事迹汇编。

2. 引领产业发展

京东方基于"物联网大平台"的总体设计，通过"液晶屏＋互联网"的业务再设计，不断地创新经营模式，培育起了多个跨领域的新兴产业。

（1）"互联网＋服务"的"健康服务"业务形成了新产业。京东方基于液晶显示器的领导者地位，逐步通过"液晶屏＋互联网"，开拓了"健康医疗"产业；借助显示产品的优势，综合医疗大健康的社会趋势，在综合大数据、信息化等多项成果的基础上，逐步形成了"在线医疗"的新兴产业。这使患者获得了远程医疗、大数据、信息实时监控等多项便捷的服务，使传统医疗在模式上发生了质的变化，形成了新的"健康服务"产业。

（2）"互联网＋产品"的"智慧车联"新产业培育。在"智慧车联"方面，京东方借助汽车产业变革契机，陆续推出抬头显示（HUD）、智能后视镜和大屏中控等全车显示系统，未来还将提供液晶天线系统、高级驾驶辅助系统（ADAS）、高精度定位系统等全车电子系统。

（3）"互联网＋产品"的"智慧屏联"新产业培育。京东方致力于提供"硬件产品＋软件平台＋场景应用"的整体解决方案。目前，京东方正在搭建两个平台：一是有 BOE 特色的画框、触控、拼接、透明等一系列显示终端产品平台，二是基于人工智能与大数据技术的软件平台，依托这两个平台，整合形成智慧银行、智慧画廊、智慧教育等一系列行业解决方案。

11.3 理论基础

半导体显示产业发展的两大关键驱动力：一是技术进步，二是市场应用。新的消费需求推动显示产品性能不断提升。而新型显示技术的出现，会带动材料、工艺和装备技术的进步，继而加速新型显示技术产业化，进一步推动市场应用。下面是影响电子信息产业的六大定律，它们揭示了半导体显示产业发展的关键驱动力在于创新和市场应用。

（1）摩尔定律：当价格不变时，集成电路上可容纳的晶体管数目，每隔 18 个月便会增加约 1 倍，性能也将提升 1 倍（1965 年）。

（2）吉尔德定律：在可预见的未来，主干网的带宽每 6 个月增长 1 倍，其增长速度是摩尔定律预测的 CPU 增长速度的 3 倍，并预言将来上网会免费（1997 年）。

（3）贝尔定律：每过 10 年，半导体、存储、用户接口和网络技术的进步会促成一个全新的、价格更低廉的计算机平台，产生一个独立的产业结构,即每10年一个重要的计算机架构就会出现。这个定律解释了大型主机、微机、工作站、PC、WEB、掌上电脑、移动设备的演变过程以及互联网在过去发生的一切。家庭网络和体域网也会遵循这一发展路径(1972年)。

(4)梅特卡夫定律:网络价值同网络用户数量的平方成正比,即 N 个联结能够创造 $N \times N$ 的效益(1993年)。

(5)海兹定律:LED 每 18~24 个月可提升 1 倍的亮度,而在未来 10 年内,预计亮度可以再提升 20 倍,而成本将降至现有的 1/10(2003年)。

(6)王氏定律:京东方创始人王东升通过对半导体显示行业技术特点和行业周期波动的长期研究,提出了关乎企业在显示产业生存的王氏定律:若保持价格不变,显示产品性能每 36 个月须提升 1 倍以上,这一周期正被缩短(2010年)。王氏定律的提出,对加快创新,形成"价值创造驱动"发展机制起到了指导性的作用。王氏定律曲线见图 11-2。

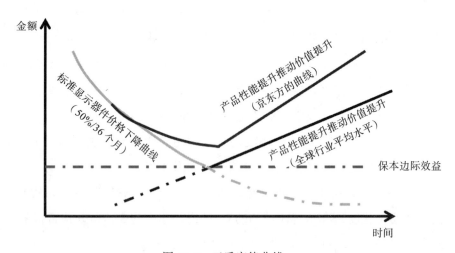

图 11-2 王氏定律曲线

资料来源:第三届中国质量奖获奖组织和个人管理经验与事迹汇编。

11.4 典型做法

1. 对技术的尊重和对创新的坚持

京东方始终秉持"对技术的尊重和对创新的坚持",不论技术如何迭代,总能引领潮流,不被替代;不论市场景气与否,营收和利润都能保持长期稳定可持续增长。京东方的历史就是这样一部创新进取、不断迈向更高目标的创业史。

京东方一切围绕技术进行资源配置,持续加强技术研发投入,将每年营收的7%左右投入研发,不断强化自主创新能力,全力确保技术及产品的前瞻性和领先性。以开放、包容的创新环境和科学、完善的创新体系吸引广大精尖人才汇聚京东方,以无处不在的创新改变世界、创造未来。京东方始终围绕着行业的技术方向进行产业布局,从填补国内产业空白,到领跑世界,企业的核心竞争力和市场地位持续提升,比如2003年投建中国大陆首条自主技术建设的第 5 代 TFT-LCD 生产线,填补了国内 TFT-LCD 显示产业的空白。

京东方围绕核心技术进行专利布局,形成专利防御体系。随着全球专利战争白热化,专利已经成为企业的核心战略资源和企业竞争中的有力武器。京东方有针对性地在核心和前瞻技术方向上进行了重点布局,逐步形成了以 TFT-LCD 核心技术为主,OLED 核心技术快速增长的专利防御体系,在知识产权方面奠定了基础的战略防御能力,为京东方的发展打下了坚实的基础。

京东方积极主持推进半导体行业国际标准制定,提高在国际上的话语权。具体表现为围绕核心技术和前瞻性领域,制定标准发展规划,积极参与国际、国家、行业、协会或联盟标准的修订、制定工作,主持推进了包括 IEC(国际电工委员会)国际标准、ITU(国际电信联盟)国际标准、中国国家标准、电子行业标准及团体标准等 49 项国际、国内标准的修订、制定项目，累计参与修订、制定国内外技术标准136项，涵盖信息产业的核心领域，极大地提升了中国在半导体产业的国际话语权。

2019年，京东方新增专利申请量达9 657件，其中发明专利超过90%，海外申请比例高达38%，自主专利已广泛覆盖美国、欧洲、日本、韩国等国家和地区。2019年，京东方在IFI专利授权排行榜中排名全球第13位，在全球国际专利申请排名中位列第6位，这也是京东方连续第4年进入全球PCT专利申请Top10。京东方跻身2020年《财富》中国500强，位列第88位，为该榜单半导体显示细分领域第1位。

2. 聚焦国内最薄弱领域的自主创新

2010年，我国共生产1.18亿台电视机，其中1亿台为平板电视。然而，平板电视机中的核心器件，包括显示芯片在内的显示屏及模组，95%以上依靠进口，每年采购耗费约2 600亿元，成为我国继石油、铁矿石、集成电路板之后的第四大进口材料。

京东方致力于国内工业最薄弱的环节——电子显示屏的自主创新。随着京东方的强势崛起，该领域目前形成了韩国、中国大陆、中国台湾三足鼎立的格局。京东方从原来的跟随到现在的领跑，已经成为全球市场占有率最高的电子显示屏供应商，不仅瓦解了国外对中国的"技术封锁"，还在国内实现了自给，且产品远销海外，成为众多国际知名品牌的首选供应商。

在上古时代，我们曾是"言语之民"。造纸术和印刷术的诞生让我们成为"书籍之民"。今天，文字已经从纸浆里转移到了计算机、手机、游戏机、电视和平板电脑的电子显示屏当中，我们变成了"屏幕之民"。屏幕占据了我们的口袋、行李箱、仪表盘、客厅和建筑物的四壁，占据了我们清醒的每个时刻。在不远的将来，屏幕或将成为我们身体的一部分，成为我们寻找答案、寻找朋友、寻找新闻、寻找意义、寻找我们自己是谁以及能成为谁的首选工具。

作为一个半导体显示企业，京东方占据了显示屏的入口，结合"屏显时代"特点，基于"半导体显示"领域的领先科技，以显示屏为基础，积极拓展智慧健康、智慧屏联、智慧车联等基于屏显的新领域，探索出一条符合中国国情的电子显示产业发展之路，助力中国制造产业转型升级。

3. 致力于产品品质提升，成为电子显示屏领域的"中国创造"

京东方面临苛刻的市场环境，坚持以质量赢得市场，打造高品质的产品，通过系统的质量提升，成为全球领先的供应商。

首先，电子产品是互联网的基础，新兴的人工智能对电子产品的质量提出了更为苛刻的要求，品质和可靠性是行业竞争的焦点。其次，该行业是一个全球开放、充分竞争的行业，经过多年的大浪淘沙，留下来的对手都是经验丰富、竞争力强劲的国际一流企业。最后，京东方的主要服务对象为国际一流品牌，如苹果、华为、戴尔等，只有持续创新，为客户提供质量更好、性价比更佳的产品和服务，才能赢得客户，提升市场竞争力。

京东方不断提升技术与产品创新力，坚持以"技术领先、全球首发"为基本方针，提供令人激动的产品和服务，为客户创造价值。自2013年以来，京东方的技术创新力、全球首发产品覆盖率、盈利水平始终保持全球业内领先。例如，2017年全球首发的2.1英寸Retina VR显示屏，高达2 300PPI的超高像素密度创造了业界新高。

京东方在全球业内的影响力和知名度不断扩大，得到了国际顶尖客户、合作伙伴和同行的高度认可。目前京东方已成为华为、苹果、三星、戴尔、HP、LG、微软、飞利浦等国际一流品牌的核心供应商，获得了华为全球供应商金奖、HP最佳品质奖、最佳服务奖、戴尔品质最佳进步奖、年度创新型供应商奖、Lenovo客户卓越质量奖、智慧先锋奖、杰出质量人奖等。

京东方的主流产品持续荣获国际创新大奖，得到各界的青睐。2019年，65英寸UHD BD Cell获年度国际信息显示学会中国区（SID China）最佳创新显示金奖；2018年，6.39英寸QHD OLED Display获年度国际信息显示学会中国区最佳显示应用产品金奖。

京东方联合华为、腾讯、中国移动等42家单位共同成立了中国超高清视频产业联盟，致力于与联盟伙伴一起，携手打通8K+5G产业链条，例如，在巴塞罗那世界移动通信大会（MWC）上实现了全球首次8K+5G跨国直播。除此之外，京东方还在医疗、文化娱乐、安防等多个创新场景中开启了5G传输、8K呈现的新模式。

4. 物联网转型，引领产业升级

人工智能等信息技术的进化，推动了物联网的蓬勃发展，开启了第四次工业革命的第一波浪潮。

世界已经在向物联网时代迈进，京东方紧跟时代发展，致力于成为智慧产品和服务领域全球领先者，聚焦于物联网细分领域的解决方案。京东方正在逐步构建物联网平台，促进国内物联网产业的提升，未来将借助物联网大平台，通过"液晶屏+互联网+业务创新"的发展，引领更多产业升级再造，促使国内更多产业早日实现物联网转型。

紧扣时代发展脉搏。凯文·凯利在《必然》一书中提到："很难想象有什么事物会像廉价、强大、无处不在的人工智能那样拥有'改变一切'的力量……把机敏的头脑置入普通事物之中才能带来真正的颠覆……真正的人工智能不太可能诞生在独立的超级电脑上。"

物联网就是将相关的芯片、显示器件、软件和内容、功能硬件和谐地组合起来，形成一个人与人、人与物、物与物相联的价值创造系统，也是一个新的包容性产业生态系统。

京东方结合"屏显时代"特点，基于半导体显示领域的领先科技，以显示屏为基础,紧抓第四次工业革命的巨大历史机遇,实现了向物联网产业的战略转型。例如,京东方携手中国联通推出"5G+医疗""5G+交通""5G+零售"等创新应用解决方案,为人们带来全新的物联网创新产品和服务。通过智慧门诊、数字病房及远程会诊等自研系统,提供数字医院解决方案。京东方 ESL 在零售行业已使用超过 1.7 亿片,全球市场占有率超过 50%。目前,京东方已在全球 61 个国家实现布局,与阿里、京东、沃尔玛、家乐福等线上线下 100 多个零售品牌商合作,为超过 17 000 家门店提供解决方案。

5. 以极高的志向、坚定的信念驱动公司快速发展

京东方取得突出成就的根本原因来自"坚持"——对成为伟大企业的理想的坚持,对以创新驱动增长的坚持。聚焦于电子显示产业,从追赶者、跟跑者、并跑者到领跑者的逐步转变,构建了领先的核心竞争优势,以优良经营业绩和对利益相关方的责任感奉献于社会。

京东方注重目标管理,以愿景驱动员工的发展,在创立之初就坚定信念,以极高的志向、决心、智慧和勇气,凝心聚力,创新、创业、创未来。京东方现在的目标是成为物联网领域的全球领先企业,半导体显示领域的全球领导者,智慧系统领域的全球领先者,健康医疗领域的全球典范。

6. 设立京东方内部质量奖

作为国内液晶行业的龙头企业,京东方积极参与国际竞争,与三星、LGD 等国际巨头同台竞争。为了提升竞争力,京东方全面引进卓越绩效模式,设立"京东方质量奖",总结和提炼企业成长过程中的经验和最佳实践,为行业提供借鉴思路,带动行业发展。

- 标准特点:为了使卓越绩效模式更好地落地,京东方制定了《京东方质量评价标准》,该标准是以中国质量奖为依据,以欧洲质量奖卓越模式为框架，借鉴了戴明实施奖标准和新乡奖模式要求，在充分考虑了公司的管理要求和特点的基础上形成的。《京东方质量奖评价标准》由8个部分组成，其中包括"驱动因素、创新管理、质量管理、品牌管理"4个关键过程和"关键绩效、创新结果、质量水平、品牌价值"4个方面的经营结果。

- 标准应用：京东方质量奖在集团内部现地分子公司全面推广实施，并鼓励各现地分子公司积极参与当地政府质量奖的申报，通过外部质量奖检验引入和推进卓越绩效模式的效果。

京东方以质量奖为抓手，不断深化卓越绩效模式，京东方质量奖标准聚焦创新、质量和品牌三个能力的提升，通过创新管理确保产品的先进性，通过质量管理提高产品的可靠性，通过品牌管理增强顾客的依赖性，从而提升满足顾客需求的能力，实现公司经营水平的提高。评审过程首次提出"案例式评价方式"，即引导各部门围绕企业面临的瓶颈问题，聚集顾客需求，系统考虑战略要求，设定改进目标，创新思路，选用适宜的工具和方法，进行持续提升。通过案例评审来梳理和挖掘京东方的最佳实践，在集团内进行交流分享，提升各现地公司的管理水平。同时，希望能探索出适合中国企业普遍推广的最佳实践和管理模式，以引领产业发展。

11.5 管理成果

企业是实现人类命运共同体进程中的重要一环，要能够担当社会责任，推动社会进步和发展。目前，京东方不仅占据了全球显示屏市场超过四分之一的份额，而且其超高清、柔性、微显示等解决方案已在智慧医疗、零售、城市、养老、家居、车联等多个物联网领域实现创新应用，并广泛服务于国内外知名品牌。特别是智慧交通解决方案，已服务于国内 22 个城市的地铁线路，覆盖全国 80% 以上的高铁线路，还为多个海外城市提供智慧交通的专业服务。

1. 助力中国信息产业整体升级

半导体显示产业关乎新一代电视、电脑、手机和平板电脑等下游整机的核心部件。京东方的快速发展，带动了下游手机领域的华为和小米、电脑领域的联想、电视领域的海信等国内企业的快速成长，促进了中国信息产业的整体升级，对于解决我国电视企业的整体转型和产业升级，促进本土整机企业的技术进步，特别是促进显示屏与系统的技术整合，发展物联网产业，全面提升核心竞争力等均具有极为重要的意义。

京东方强势崛起，让中国企业不再"少屏"，摆脱了对国外进口屏的依赖。"中兴事件"再一次为中国企业敲响警钟，在核心技术上不能心存幻想，只有自主创新，补齐短板，建立完整的产业链，才能挣脱国外束缚，提升我国在全球的竞争力和话语权。

2. 普惠百姓，新产品应用便捷

京东方的发展使得国内家电用屏摆脱了国际品牌的垄断，促进了国内电视机等家电快速升级换代，且价格大幅下降，成为百姓家中的常规消费品。2008～2012 年，32 英寸液晶电视价格由 5 000 元左右下降至 1 000 元左右、46 英寸由 10 000 元左右下降至 4 000 元左右，广大消费者成为平板显示器件产业发展最直接的受益者。

3. 带动国内高科技材料、装备制造业快速成长

电子显示行业科技含量高，一块不起眼的芯片上，汇聚着上千项专利，技术更新迭代快。

京东方因高科技、高品质、大规模的发展特点，对中国材料、装备等领域起着良好的带动作用，成为中国工业发展的拉动者。目前，京东

方 60% 的材料实现本土化，促进中国 TFT-LCD 材料产业发展，并已经形成一定规模。我国已有数十家装备企业进入 TFT-LCD 装备制造领域，国内装备企业的配套能力、装备水平大幅度提升。

例如，石家庄诚志永华公司是中国半导体显示材料行业的龙头企业，是我国第一家液晶材料生产厂商，创立了自主液晶品牌 slichem，成功打破了国外企业对关键技术和液晶材料的长期垄断。目前，公司已发展为全球液晶材料的主要供应商之一，拥有全球领先的液晶单体、中间体处理能力和混合液晶生产能力。公司在单色混合液晶产品方面的全球市场占有率保持在 50% 左右，混合液晶材料销量国内领先。

4. 不仅实现了良好的经济效益，更为未来奠定了坚实的发展基础

（1）8 亿个智慧端口。京东方与全球伙伴联合创新，提供了超过 8 亿个智慧端口，超高清显示屏、VR/AR、柔性屏、基因检测芯片、移动健康等多类产品已经广泛应用于消费电子、车载产品、艺术、家居、文旅、健康等行业。

（2）800 个解决方案。京东方不断提升软、硬件融合能力，提供了超过 800 个物联网解决方案，涵盖交通、医疗、金融、文化、公共服务等多个领域。北京大兴国际机场、莫斯科的城际列车、纽约的商超门店均应用了京东方的产品和服务。

（3）5 000 家合作伙伴。京东方坚定实施"开放两端，芯屏气/器和"的物联网战略，始终坚持与合作伙伴共生发展。目前已和超过 5 000 家创新伙伴深入合作，完善全球化的研发、供应、销售和服务布局，合作成果遍及世界各地。

11.6 推广价值

京东方的发展史就是一部自强不息的奋斗史，一部聚焦核心竞争

力、咬定青山不放松的质量提升史，正如习近平总书记在视察重庆京东方基地时所言："创新不是别人能赐予的，特别是在关键技术、核心技术上，只能靠中国人自己的努力，否则你只能跟着别人走。"

创新引领发展，奋斗浸透血汗。京东方聚焦于电子显示产业，从追赶者、跟跑者、并跑者到领跑者逐步转变，构建了领先的核心竞争优势。

"要不来、买不来、讨不来"，只能凭我们自己的奋斗。要想在核心技术上不被"卡脖子"，必须自主创新；要想立于竞争不败之地，必须奋力超越。近年来，随着智能科技的快速发展、国际竞争的日趋激烈、单边主义和保护主义的持续升级，越来越多的人认识到：实体经济和制造业是国家的"骨骼"和"肌肉"，关键核心技术和质量是制造业的生命。

经过对京东方管理模式的研究和解读，我们可以更清晰地了解电子行业的发展规律。京东方的发展历程带给我们以下两点启示：

- 一是创新是电子行业发展的驱动力。电子行业是技术发展和迭代最快的产业，创新是发展的唯一源泉，只有依靠创新驱动，才能使企业紧跟时代技术发展步伐；只有产业化发展，才能更好地贴近市场，把握客户需求和期望，引领行业发展。
- 二是互联网行业只有拥抱传统产业才能健康发展。近几年，"互联网+"概念风靡全国，国内更有小米和格力等传统产业企业和互联网企业的豪赌。京东方的产业发展历程对此做出了很好的解答，互联网只是手段，未来社会的发展方向不是超级电脑，而是"传统产业+互联网"，通过人工智能置入来提升和拓展传统产业，促进产业转型升级。

附录 A

世界各国或地区质量奖设立情况一览表

序 号	国家或地区	奖项名称	设立时间
1	日本	戴明奖	1951 年
2	挪威	挪威质量奖	1974 年
3	韩国	韩国质量管理奖	1975 年
4	加拿大魁北克	哈林顿－内隆奖	1977 年
5	爱尔兰	爱尔兰国家质量奖	1982 年
6	加拿大	加拿大卓越奖	1984 年
7	美国	波多里奇国家质量奖	1987 年
8	澳大利亚	澳大利亚卓越经营奖	1988 年
9	中国香港	香港工商业奖	1989 年
10	芬兰	芬兰质量奖	1990 年
11	比利时	比利时质量奖	1990 年
12	墨西哥	国家质量奖	1990 年
13	中国台湾	台湾质量奖	1990 年

（续）

序　号	国家或地区	奖项名称	设立时间
14	欧盟	欧洲质量奖	1991年
15	印度	拉吉夫·甘地国家质量奖	1991年
16	巴西	巴西国家质量奖	1991年
17	北爱尔兰	北爱尔兰质量奖	1991年
18	秘鲁	秘鲁国家质量奖	1991年
19	法国	法国质量奖	1992年
20	瑞典	瑞典质量奖	1992年
21	印度尼西亚	印度尼西亚质量奖	1992年
22	新西兰	新西兰质量奖	1992年
23	西班牙	菲利普亲王工业质量奖	1992年
24	乌拉圭	国家质量奖	1993年
25	土耳其	土耳其质量奖	1993年
26	荷兰	荷兰国家质量奖	1993年
27	丹麦	丹麦质量奖	1993年
28	阿根廷	阿根廷国家质量奖	1993年
29	英国	英国卓越质量奖	1994年
30	苏格兰	苏格兰质量奖	1994年
31	威尔士	威尔士质量奖	1994年
32	新加坡	新加坡质量奖	1994年
33	阿联酋	迪拜质量奖	1994年
34	葡萄牙	葡萄牙质量奖	1994年
35	波兰	波兰质量奖	1995年
36	捷克	捷克国家质量奖	1995年
37	斯里兰卡	斯里兰卡国家质量奖	1995年
38	越南	越南质量奖	1996年
39	奥地利	奥地利质量奖	1996年
40	俄罗斯	俄罗斯质量奖	1996年

(续)

序号	国家或地区	奖项名称	设立时间
41	乌克兰	乌克兰国家质量奖	1996年
42	匈牙利	匈牙利质量奖	1996年
43	智利	国家质量奖	1997年
44	菲律宾	菲律宾质量奖	1997年
45	德国	德国质量奖	1997年
46	意大利	意大利质量奖	1997年
47	瑞士	瑞士质量奖	1997年
48	拉脱维亚	拉脱维亚质量奖	1997年
49	南非	南非卓越质量奖	1997年
50	冰岛	冰岛质量奖	1997年
51	埃及	卓越质量政府奖	1997年
52	立陶宛	立陶宛国家质量奖	1998年
53	斯洛文尼亚	经营卓越奖	1998年
54	摩洛哥	摩洛哥国家质量奖	1998年
55	斐济	斐济经营卓越奖	1998年
56	白俄罗斯	政府质量奖	1998年
57	蒙古	国家生产奖	1999年
58	约旦	阿卜杜拉二世卓越奖	1999年
59	沙特阿拉伯	国王质量奖	1999年
60	阿曼	阿曼卓越奖	1999年
61	古巴	古巴国家质量奖	1999年
62	巴拉圭	巴拉圭国家质量奖	1999年
63	罗马尼亚	朱兰质量奖	2000年
64	斯洛伐克	斯洛伐克质量奖	2000年
65	阿鲁巴	阿鲁巴质量奖	2000年
66	以色列	国家质量奖	2000年
67	马来西亚	质量管理卓越奖	2000年

（续）

序　号	国家或地区	奖项名称	设立时间
68	毛里求斯	毛里求斯国家质量奖	2001 年
69	尼泊尔	FNCCI 国家卓越经营奖	2001 年
70	厄瓜多尔	厄瓜多尔国家质量奖	2001 年
71	爱沙尼亚	爱沙尼亚国家质量奖	2002 年
72	泰国	泰国质量奖	2002 年
73	委内瑞拉	委内瑞拉国家质量奖	2002 年
74	卡塔尔	卡塔尔质量奖	2003 年
75	哥伦比亚	国家质量奖	2003 年
76	卢森堡	卢森堡质量奖	2004 年
77	拉美地区	拉美质量奖	2004 年
78	多米尼加	国家质量奖	2005 年
79	巴基斯坦	巴基斯坦国家质量奖	2006 年
80	伊朗	伊朗国家质量奖	2007 年
81	希腊	雅典工商联合会奖	2007 年
82	哥斯达黎加	哥斯达黎加卓越奖	2007 年
83	克罗地亚	克罗地亚质量奖	2008 年
84	吉尔吉斯斯坦	吉尔吉斯质量奖	2008 年
85	马耳他	马耳他质量奖	2008 年
86	波多黎各	波多黎各质量奖	2009 年
87	塞尔维亚	质量奥斯卡 – 全国质量奖	2009 年
88	哈萨克斯坦	总统质量奖	2009 年
89	中国大陆	中国质量奖	2012 年

附录 B

中国内地各地方政府质量奖一览表

序号	地区（单位）	奖项名称	设立时间	奖项设置	采用标准
1	北京	北京市人民政府质量管理奖	2014年	正奖5个 提名奖5个	《北京市人民政府管理奖评审实施细则》
2	天津	天津质量奖	2014年	正奖5个 提名奖5个	《天津质量奖卓越模式》（DB12/T 630—2016）
3	上海	上海市政府质量奖	2001年	市长质量奖（组织和个人各2个） 质量金奖（组织10个、个人5个）	《卓越绩效评价准则》《上海市政府质量奖个人评价准则》（DB31/T 598）
4	重庆	重庆市市长质量管理奖	2009年	正奖5个 提名奖5个	《卓越绩效评价准则》
5	河北	河北省政府质量奖	2010年	组织奖10个 个人奖10个	《河北省政府质量奖组织奖评价标准》《河北省政府质量奖个人奖评价标准》+管理模式
6	山西	山西省质量奖	2005年	组织奖（正奖和提名奖各5个） 个人奖5个	《山西省质量奖组织类评价规范》（DB14/T 1463—2017） 《山西省质量奖个人类评价规范》（DB14/T 1464—2017）

（续）

序号	地区（单位）	奖项名称	设立时间	奖项设置	采用标准
7	辽宁	辽宁省省长质量奖	2009年	质量奖金奖3个 银奖7个	《卓越绩效评价准则》
8	吉林	吉林省质量奖	2003年	正奖10个	《吉林省质量奖评审标准》
9	黑龙江	黑龙江省人民政府质量奖	2016年	正奖10个 提名奖10个	《黑龙江省人民政府质量奖评审细则》+管理模式
10	江苏	江苏省质量奖	2012年	正奖10个 优秀奖10个	《卓越绩效评价准则》
11	浙江	浙江省人民政府质量奖	2010年	正奖5个 贡献奖（团体和个人各不超过2个）	《卓越绩效评价准则》《浙江省人民政府质量奖个人评价准则》
12	安徽	安徽省人民政府质量奖	2010年	正奖5个 提名奖10个	《卓越绩效评价准则》《安徽省人民政府质量奖个人评价准则》
13	福建	福建省政府质量奖	2009年	正奖5个 提名奖5个	《卓越绩效评价准则》
14	江西	江西省井冈质量奖	2014年	正奖（组织和个人各3个） 提名奖（组织和个人各5个）	《卓越绩效评价准则》
15	山东	山东省省长质量奖	2009年	组织奖10个 个人奖10个	《山东省省长质量奖评审通则》
16	河南	河南省省长质量奖	2009年	组织奖不超过8个	《卓越绩效评价准则》
17	湖北	湖北省长江质量奖	2009年	正奖5个 提名奖5个	《长江质量奖评审标准》
18	湖南	湖南省省长质量奖	2010年	组织奖8个 个人奖8个	《湖南省省长质量奖评审准则》
19	广东	广东省政府质量奖	2008年	组织奖10个	《广东省政府质量奖评价细则》+管理模式
20	海南	海南省政府质量奖	2015年	正奖、提名奖各3个 特别奖1个	《卓越绩效评价准则》
21	四川	四川省天府质量奖	2008年	组织奖8个 个人奖1个 工匠奖1个 提名奖25个	《四川省天府质量奖评审规范》+管理模式

（续）

序号	地区（单位）	奖项名称	设立时间	奖项设置	采用标准
22	贵州	贵州省省长质量奖	2016年	正奖3个 提名奖5个	《卓越绩效评价准则》
23	云南	云南省人民政府质量管理奖	2012年	正奖5个 提名奖5个	《云南省人民政府质量管理奖评价准则》（DB53/T 409—2012）
24	陕西	陕西省质量管理奖	2009年	正奖不超过3个	《陕西省质量管理奖评价标准》《陕西省质量管理奖评定细则》
25	甘肃	甘肃省人民政府质量奖	2011年	正奖3个 提名奖5个	《卓越绩效评价准则》《甘肃省人民政府质量奖实施办法》
26	青海	青海省质量奖	2014年	正奖3个 提名奖3个	《卓越绩效评价准则》
27	内蒙古	内蒙古自治区主席质量奖	2011年	组织奖5个 个人奖5个	《内蒙古自治区主席质量奖评价标准》+管理模式
28	广西	广西壮族自治区主席质量奖	2012年	组织奖4个 提名奖若干	《卓越绩效评价准则》
29	西藏	西藏自治区政府质量奖	2021年	组织奖3个 个人奖3个	《卓越绩效评价准则》
30	宁夏	宁夏回族自治区质量奖	2012年	质量奖3个 质量贡献奖10个	《自治区质量贡献奖评价准则》（DB64/T 804—2013）
31	新疆	新疆维吾尔自治区人民政府质量奖	2013年	组织奖3个	《新疆维吾尔自治区政府质量奖评审标准》
32	新疆生产建设兵团	兵团质量奖	2013年	组织奖2个 提名奖5个	《兵团质量奖评审要点》+管理模式
33	深圳市	深圳市市长质量奖	2004年	金奖、银奖和铜奖，包括六大类，总数不超过21个	《深圳市市长质量奖评定标准》

附录 C

中国质量奖获奖组织（个人）管理模式汇总

表 C-1 首届中国质量奖（组织）名单

序号	类别	名称	所在地	管理模式
1	军工	中国航天科技集团	北京	基于质量问题"双归零"的系统管理方法
2	制造	海尔集团公司	山东	以"人单合一双赢"为核心的质量管理模式

表 C-2 首届中国质量奖（个人）名单

序号	类别	姓名（职称/职务）	所在地	所在单位
1	个人	刘源张 研究员、院士	北京	中国科学院数学与系统科学研究院

表 C-3　第二届中国质量奖（组织）名单

序号	类别	名称	所在地	管理模式
1	制造	华为投资控股有限公司	广东	"以客户为中心、授权与管控相结合"华为管理模式
2		株洲中车时代电气股份有限公司	湖南	"双高双效"高速牵引管理模式
3		上海振华重工股份有限公司	上海	"不欠债离岸"振华管理模式
4	建筑	中国建筑一局（集团）有限公司	北京	"精品工程生产线"质量管理模式
5	服务	厦门航空有限公司	福建	"双引擎四系统立体交互"航空质量管理模式
6		国网上海市电力公司浦东供电公司	上海	电力服务"匹配"管理模式
7	国防工业	中国航天科工防御技术研究院	北京	追求一次成功的"矩阵式"质量管理模式
8	班组	中海油田服务股份有限公司钻井事业部海洋石油981平台	天津	981平台综合管理体系（981IMS）

表 C-4　第二届中国质量奖（个人）名单

序号	类别	姓名（职称/职务）	所在地	所在单位
1	个人	高凤林 高级技师	北京	首都航天机械公司

表 C-5　第三届中国质量奖（组织）名单

序号	类别	名称	所在地	管理模式
1	制造	潍柴动力股份有限公司	山东	潍柴WOS质量管理模式
2		珠海格力电器股份有限公司	广东	"让世界爱上中国造"格力完美质量管理模式
3		江苏阳光集团有限公司	江苏	"经纬编织法"质量管理模式
4	服务	敦煌研究院	甘肃	基于价值完整性的平衡发展质量管理模式
5	建筑	中铁大桥局集团有限公司	湖北	天堑变通途，"四位一体"质量管理模式
6	医疗	首都医科大学宣武医院神经内科	北京	"问题导向、全员协作、全程控制、持续改进"的规范化质量管理模式

（续）

序号	类别	名称	所在地	管理模式
7	教育	重庆市九龙坡区谢家湾小学校	重庆	"红梅花儿开，朵朵放光彩"素质教育质量管理模式
8	军工工业	中国航空工业集团成都飞机设计研究所（611所）	四川	611质量管理模式
9	班组	中国商用飞机有限责任公司上海飞机设计研究院总体气动部总体布置班组	上海	"两透一创一'布'到位"的质量管理模式

表 C-6　第三届中国质量奖获（个人）名单

序号	类别	姓名（职称/职务）	所在地	单位
1	个人	潘玉华 技师	四川	中国电子科技集团公司第二十九研究所

表 C-7　第四届中国质量奖（组织）名单

序号	类别	名称	所在地	管理模式
1	制造	京东方科技集团股份有限公司	北京	"双向驱动'屏'取胜"质量管理模式
2		中铁工程装备集团有限公司	河南	"同心圆"质量管理模式
3		美的集团股份有限公司	广东	"5全5数"智能质量管理模式
4		福耀玻璃工业集团股份有限公司	福建	"四品一体双驱动"质量管理模式
5		博世汽车部件（苏州）有限公司	江苏	博世Q4.0质量管理模式
6	服务	宁波舟山港集团有限公司	浙江	"一核四共双循环"质量管理模式
7		银行间市场清算所股份有限公司	上海	"得其环中，以应无穷"的风险管家质量管理模式
8	一线班组	中国核电工程有限公司"华龙一号"研发设计创新团队	北京	"极致安全 协同创新"质量管理模式
9	国防工业	北京空间飞行器总体设计部	北京	复杂系统质量管理模式

表 C-8　第四届中国质量奖（个人）名单

序号	类别	姓名（职称/职务）	所在地	单位
1	个人	林鸣 总工程师	北京	中国交通建设股份有限公司

表 C-9　首届中国质量奖提名奖（组织）名单

序号	类别	组织名称	所在地	管理模式
1	制造	华为投资控股有限公司	广东	以客户为中心的质量管理模式
2		山西太钢不锈钢股份有限公司	山西	以六西格玛为核心的全员全过程精细化模式
3		大连造船厂集团有限公司	辽宁	基于零缺陷的全面质量管理模式
4		雅戈尔集团股份有限公司	浙江	"复盘"管理模式和NUDD质量风险管控体系
5		联想（北京）有限公司	北京	以品牌为核心的"三全"质量管理模式
6		中联重科股份有限公司	湖南	分层级矩阵式质量管控模式
7		云南白药集团股份有限公司	云南	以GMP为基础、以风险管理为核心的全面质量管理体系
8		潍柴动力股份有限公司	山东	卓越绩效管理与WOS精益相融合的质量管控模式
9		珠海格力电器股份有限公司	广东	以"掌握核心科技"为理念的质量管理模式
10		长春轨道客车股份有限公司	吉林	贯穿"质量门—里程碑—控制点"的生产全过程质量控制模式
11		上海振华重工（集团）股份有限公司	上海	基于零缺陷的全过程质量管理体系
12		西安飞机工业（集团）有限责任公司	陕西	基于"四强一惠"理念的质量管理模式
13		广西玉柴机器股份有限公司	广西	基于"零缺陷、零容忍"的全员精益质量管理模式
14		三一集团有限公司	湖南	基于"五步卓越法"的质量管理模式
15		徐工集团工程机械股份有限公司	江苏	基于精益六西格玛的全过程质量管理模式
16		正泰集团股份有限公司	浙江	以绿色为主题的全面质量管理模式

（续）

序号	类别	组织名称	所在地	管理模式
17	制造	广西柳工机械股份有限公司	广西	基于数据与事实的量化质量管理模式
18		沈阳机床股份有限公司	辽宁	以"全面监管与分体运行"为核心的双层质量管理模式
19		万向钱潮股份有限公司	浙江	基于"四不、四早"的质量安全风险管理模式
20		杭州汽轮机股份有限公司	浙江	"模块化设计、并行化制造、个性化服务"质量管理模式
21		广东格兰仕集团有限公司	广东	以顾客为中心的预防型质量管理模式
22		青岛海信电器股份有限公司	山东	"一二三四五"全方位质量管理体系
23		特变电工新疆变压器厂	新疆	以质量责任制为核心的质量管理模式
24		上海锅炉厂有限公司	上海	以"六个精心"为基础的工程质量管理模式
25		山东如意科技集团有限公司	山东	以"科技领先、精品战略"为理念的全过程质量管理模式
26		甘肃大禹节水集团股份有限公司	甘肃	以创新为引领的质量管理模式
27		许继集团有限公司	河南	"横到边、纵到底"的质量责任管理体系
28		烽火通信科技股份有限公司	湖北	以五级质量保证为核心的质量保证责任体系
29		山东东阿阿胶股份有限公司	山东	以"全产业链质量控制"为核心的管理模式
30		安徽合力股份有限公司	安徽	融合先进质量管理方法的精益品质管理
31		青海盐湖工业股份有限公司	青海	以技术创新为引领的全面质量管理模式
32		西安陕鼓动力股份有限公司	陕西	以质量文化引领的零缺陷质量管理模式
33		好孩子儿童用品有限公司	江苏	以预防为主的全方位质量管理模式
34	服务	上海新世界股份有限公司	上海	基于"精钻"模型的服务质量管理体系

（续）

序号	类别	组织名称	所在地	管理模式
35	服务	四川航空股份有限公司	四川	以"九大联动"为基础的质量管理模式
36		上海核工程研究设计院	上海	以"万无一失、一失万无"为理念的设计质量管理模式
37		金陵饭店股份有限公司	江苏	以"细意浓情"为核心的服务管理模式
38		黄山旅游发展股份有限公司	安徽	以"标准化、精细化、个性化、国际化"为引领的质量管理体系
39	国防工业	成都飞机工业（集团）有限责任公司	四川	"过程为基础、流程显性化、三位一体"质量管理体系
40		航天科工防御技术研究院	北京	基于武器系统总承包的质量管理模式
41		中国人民解放军第五七一九工厂	广东	柔性化修理模式、主动化服务模式与信息化经营模式相结合的质量管理模式
42		中船702所	江苏	以"八个注重"为特色的质量管理模式
43		中国船舶重工集团公司第七二五研究所	河南	以科技驱动为核心的质量管理模式

表 C-10 首届中国质量奖提名奖（个人）名单

序号	类别	姓名（职务/职称）	所在地	单位
1	个人	李斌 工段长	上海	上海电气液压气动有限公司
2		程虹 院长	湖北	武汉大学质量发展战略研究院
3		张吉平 高级技师	山东	中石化胜利石油工程有限公司渤海钻井总公司

表 C-11 第二届中国质量奖提名奖（组织）名单

序号	类别	组织名称	所在地	管理模式
1	制造	珠海格力电器股份有限公司	广东	以自主创新为核心的全面质量管理模式
2		潍柴动力股份有限公司	山东	潍柴动力全链条运营系统
3		联想（北京）有限公司	北京	"双引擎驱动"质量管理模式

（续）

序号	类别	组织名称	所在地	管理模式
4	制造	云南白药集团股份有限公司	云南	"新白药·大健康"战略下的四全管理模式
5		江苏阳光集团有限公司	江苏	基于新木桶理论的经纬编织法质量管理模式
6		海信集团有限公司	山东	双擎驱动的精益创新管理模式
7		中信重工机械股份有限公司	河南	"金蓝领"工程——打造质量时代的工人创客群
8		好孩子儿童用品有限公司	江苏	和风质量管理模式
9		广东坚美铝型材厂（集团）有限公司	广东	价值链嵌入全过程的"三关两全"质量经营管理模式
10		江苏上上电缆集团有限公司	江苏	以"四个人人"为核心的全员绩效体验模式
11		特变电工衡阳变压器有限公司	湖南	差异化装备制造业"3366"现场质量管控模式
12		福耀玻璃工业集团股份有限公司	福建	"福耀铁三角"质量经营模式
13		杭州汽轮机股份有限公司	浙江	基于数字技术的全生命周期质量管理模式
14		上海电气核电设备有限公司	上海	体系量化管理模式
15		宁波方太厨具有限公司	浙江	基于客户体验管理、追求顾客净推荐值提升的质量管理模式
16		广西玉柴机器股份有限公司	广西	以消除浪费、持续改善为核心的精益管理模式
17		中国石化润滑油有限公司	北京	"全生命周期为客户创造价值"的质量管理模式
18		西安西电开关电气有限公司	陕西	以信息化为驱动的全过程质量管理模式
19		太原重工股份有限公司	山西	以市场为核心的管理模式
20		新疆天业（集团）有限公司	新疆	工农业深度融合的循环经济模式
21		特变电工沈阳变压器集团有限公司	辽宁	基于大数据平台的阿米巴大质量管理模式
22		中车长春轨道客车股份有限公司	吉林	以质量安全风险管理为核心的全过程质量管控模式

（续）

序号	类别	组织名称	所在地	管理模式
23	制造	中铁工程装备集团有限公司	河南	以人力资本增值为核心的人本主义组织管理模式
24		扬子江药业集团有限公司	江苏	以护佑众生为使命的药业G-D-P管理模式
25		西南铝业（集团）有限责任公司	重庆	全方位精准控制及持续提升的管理模式
26		京东方科技集团股份有限公司	北京	以事业群为核心的集团化管理模式
27		内蒙古和信园蒙草抗旱绿化股份有限公司	内蒙古	基于生态、尊重的师法自然管理方法
28		西安陕鼓动力股份有限公司	陕西	以质量文化为引领的"零缺陷"质量管理模式
29		安徽合力股份有限公司	安徽	以"人、精品"为核心、以中国传统文化为基础的管理模式
30		人民电器集团有限公司	浙江	PCDM绩效管理系统
31		中国人民解放军第五七一九工厂	广东	"一个平台、三多融合"的问题导向式自主化柔性管理模式
32		东阿阿胶股份有限公司	山东	以"全产业链质量控制"为核心的管理模式
33		江苏亨通光电股份有限公司	江苏	降低潜在质量损失的"破冰"管理模式
34		天津钢管集团股份有限公司	天津	基于"TBR"（技术、品牌、责任）的质量管理方法
35		哈尔滨电机厂有限责任公司	黑龙江	基于精细过程精品结果的管理方法
36		广东美的制冷设备有限公司	广东	基于用户和产品的全价值链精品导向的管理方法
37		九阳股份有限公司	山东	基于整机安全的产品可靠性全面质量管理方法
38		东旭集团有限公司	河北	以自主创新为核心的"三位智创"质量管理模式
39		天津海鸥表业集团有限公司	天津	基于机械手表工作原理以质量为核心的啮合联动管理模式
40		上海三菱电梯有限公司	上海	追求卓越的动态质量管理模式
41		九牧集团有限公司	福建	基于战略、客户经营、信息数据决策的卓越绩效管理模式

（续）

序号	类别	组织名称	所在地	管理模式
42	制造	山东如意科技集团有限公司	山东	以"科技领先、精品战略"为理念的全过程质量管理模式
43		安徽华茂集团有限公司	安徽	以"用户满意"为核心的"四个一"质量管理模式
44		纳爱斯集团有限公司	浙江	以目标管理平台，推动管理体系实现卓越绩效的管理模式
45		大全集团有限公司	江苏	基于顾客零距离的"大全智造"管理模式
46		江阴兴澄特种钢铁有限公司	江苏	价格市场化、成本明细化、为用户创造价值的"PCV"管控模式
47		加西贝拉压缩机有限公司	浙江	以人为本、创新驱动、品牌引领的卓越绩效管理模式
48		贵州钢绳股份有限公司	贵州	以顾客为核心的全面管理模式
49		迅达科技集团股份有限公司	湖南	以技术创新为核心，质量控制、质量保证、质量预防为支撑的管理模式
50		湖北恒隆汽车系统集团有限公司	湖北	客户需求为动力、产品质量为核心的管理模式
51		鑫缘茧丝绸集团股份有限公司	江苏	基于提升茧丝绸产业化经营核心竞争力的质量管理模式
52		长飞光纤光缆股份有限公司	湖北	以顾客为中心的"五位一体"大质量管理模式
53		新疆蓝山屯河化工股份有限公司	新疆	基于结果导向的全过程精细化管理模式
54		通威股份有限公司	四川	基于一票否决权的"三线三级"质量管理模式
55		浙江阳光照明电器集团股份有限公司	浙江	以卓越绩效为核心的管理模式
56	工程建设	中国建筑第八工程局有限公司	上海	4M建筑工程质量管理体系
57		中铁四局集团有限公司	安徽	管控与稽查相结合的三级质量管理体系
58		中国通信建设集团有限公司	北京	以客户为焦点、以项目质量为中心的管理模式

（续）

序号	类别	组织名称	所在地	管理模式
59	工程建设	中铁山桥集团有限公司	河北	以卓越绩效管理模式为框架的卓越精细化质量改进体系
60		中国能源建设集团安徽电力建设第一工程有限公司	安徽	以"四精"为核心的全面质量管理模式
61		上海建工集团股份有限公司	上海	四层级企业质量管理模式
62		中国水利水电第四工程局有限公司	青海	以全员全过程为核心的精细化管理模式
63		中铁二十四局集团有限公司	上海	抓改革、强管理、重执行、提效益为核心的集中管控模式
64	服务	中青旅控股股份有限公司	北京	"用心陪伴、持续优化，以标准化为工具提升旅游服务质量"的管理模式
65		上海杨浦科技创业中心有限公司	上海	植入质量因子的孵化全链条杨浦模式
66		中国国际贸易中心有限公司中国大饭店	北京	将企业文化贯穿于服务细节的管理模式
67		北京菜市口百货股份有限公司	北京	以产品质量和服务质量为核心的经营质量管理模式
68		中国黄金集团黄金珠宝有限公司	北京	"品牌+连锁"的经营管理模式
69		中智上海经济技术合作公司	上海	业务流程化、管理标准化、操作系统化的组织管理模式
70		焦作云台山旅游发展有限公司	河南	以满足游客需求为核心的质量标准化经营管理模式
71		四川航空股份有限公司	四川	基于客户接触点的全流程管理方法
72	一线班组	东航凌燕乘务示范组	上海	以人为本"燕"字管理法
73		中建三局集团有限公司争先QC小组	湖北	基于PDCA循环的施工工序和关键环节质量控制模式
74		上航吴尔愉劳模团队创新工作室	上海	吴尔愉服务法
75	国防工业	中国电子科技集团公司第十四研究所	江苏	以精益求精为核心的"智慧"质量管理模式
76		哈尔滨东安发动机（集团）有限公司	黑龙江	以零超差为核心的东安"超差"质量管控模式

（续）

序号	类别	组织名称	所在地	管理模式
77	国防工业	中国航空工业集团公司成都飞机设计研究所	四川	基于自主创新的先进飞行器精益研发质量管理体系
78		中国船舶重工集团公司第七〇一研究所	湖北	规范化、程序化、信息化相融合的质量管理模式
79		中国运载火箭技术研究院	北京	基于零缺陷文化、卓越质量管理的系统工程管理模式
80		沪东中华造船（集团）有限公司	上海	以军民融合为核心的卓越质量管理模式

表 C-12 第二届中国质量奖提名奖（个人）名单

序号	类别	姓名（职务/职称）	所在地	单位
1	个人	宁允展 高级技师	山东	青岛四方机车车辆股份有限公司
2		周东红 捞纸工人	安徽	中国宣纸股份有限公司
3		周建民 班长	山西	淮海工业集团有限公司
4		管延安 班长	北京	中国交通建设股份有限公司
5		童党值 钳工	陕西	西安陕鼓动力股份有限公司
6		张冬伟 组长	上海	沪东中华造船（集团）有限公司
7		王刚 班长	辽宁	中航工业沈阳飞机工业（集团）有限公司
8		胡双钱 组长	上海	中国商用飞机有限责任公司
9		陈洁 班长	天津	中国航天科工集团第三研究院第八三五七研究所
10		李锦华 班长	湖南	江南造船（集团）有限责任公司

表 C-13 第三届中国质量奖提名奖（组织）名单

序号	类别	组织名称	所在地	管理模式
1	制造	扬子江药业集团有限公司	江苏	扬子江药业质量风险管控模式
2		中铁工程装备集团有限公司	河南	"三个转变"的"同心圆"质量管理模式
3		中车长春轨道客车股份有限公司	吉林	基于全要素全生命周期的"三零"质量管理模式

（续）

序号	类别	组织名称	所在地	管理模式
4	制造	好孩子集团有限公司	江苏	好孩子"极致"质量管理模式
5		青岛啤酒股份有限公司	山东	"双叠加三解码"质量管理模式
6		万丰奥特控股集团有限公司	浙江	专注于大交通的"野马"质量管理模式
7		新疆金风科技股份有限公司	新疆	"风电长跑"质量管理模式
8		中车青岛四方机车车辆股份有限公司	山东	基于数据驱动、全生命周期协同创新的质量管理模式
9		浙江洁丽雅股份有限公司	浙江	"红柳精神孕育品牌"质量管理模式
10		中车株洲电力机车有限公司	湖南	"双创新·五安全"质量管理模式
11		宁波方太厨具有限公司	浙江	基于仁爱之心和NPS（顾客净推荐值）的集成产品研发质量管理模式
12		京东方科技集团股份有限公司	北京	"创新引领产业"为核心的管理模式
13		安琪酵母股份有限公司	湖北	以无菌管理为目标的清洁管理模式
14		贵州茅台酒股份有限公司	贵州	"传承时代匠心，铸就卓越品质"的质量管理模式
15		福耀玻璃工业集团股份有限公司	福建	"五星十连环"质量经营模式
16		合肥通用机械研究院	安徽	以"人""科技"为核心的PES管理模式
17		内蒙古伊利实业集团股份有限公司	内蒙古	坚持"三不准则"的质量管理模式
18		江苏亨通光电股份有限公司	江苏	三化融合"质造"管理模式
19		桂林三精药业股份有限公司	广西	以文化引领的数字化全产业链质量管理模式
20		江苏奥赛康药业股份有限公司	江苏	以健康为本的"头尾创新"管理模式
21		江阴兴澄特种钢铁有限公司	江苏	特钢精品管理模式
22		河南羚锐制药股份有限公司	河南	以"精准用药、造福人类"为宗旨的质量管理模式

（续）

序号	类别	组织名称	所在地	管理模式
23	制造	浙江奥康鞋业股份有限公司	浙江	以诚信文化为核心的质量管理模式
24		威高集团有限公司	山东	以"三心"文化为核心的八位一体的管理模式
25		广州立白企业集团有限公司	广东	以消费者为导向，数字一体化、高效运营的组织管控模式
26		蒙娜丽莎集团股份有限公司	广东	陶瓷与艺术、绿色、智能融合的微笑管理模式
27		石家庄君乐宝乳业有限公司	河北	"纵横交织"全面质量管理模式
28		江苏上上电缆集团有限公司	江苏	以"四个人人"为核心的全员绩效体验管理模式
29	服务	大亚湾核电运营管理有限责任公司	广东	一次把事情做好的"流程·匠心"双核聚变质量管理模式
30		深圳顺丰泰森控股（集团）有限公司	广东	"为了每一份托付的智慧服务"质量管理模式
31		井冈山旅游发展总公司	江西	"红色+"旅游发展模式
32		四川航空股份有限公司	四川	"全网全程"耦合式质量管理模式
33		招商局港口发展（深圳）有限公司	广东	稳健高效精细化质量管理模式
34		黑龙江省五大连池风景名胜区自然保护区管理委员会	黑龙江	"服务用行动体现、满意让顾客说话"的质量管理模式
35	工程建设	中国科学院合肥物质科学研究院等离子体物理研究所	安徽	"匠心聚合，质量极限"大国重器质量管理模式
36		国核工程有限公司	上海	"以核安全为先"的质量管理模式
37		甘肃第七建设集团股份有限公司	甘肃	综合性三级施工监管质量管理模式
38		浙江精工钢结构集团有限公司	浙江	"五精"为核心的项目全生命周期管理模式
39		沈阳远大铝业工程有限公司	辽宁	以顾客创造价值为核心的精益质量管理模式
40	医疗机构	上海长海医院泌尿外科	上海	"双管齐上"质量管理模式
41		上海交通大学医学院附属瑞金医院血液科	上海	"五精"质量管理模式

（续）

序号	类别	组织名称	所在地	管理模式
42	医疗机构	中国医学科学院阜外医院心血管外科	北京	"用心守护健康"医疗质量管理模式
43		中国人民解放军第二军医大学东方肝胆外科医院吴孟超肝胆外科团队	上海	"临床和基础并举""治疗和预防并存"的质量管理模式
44		广东省中医院	广东	三级四控网格化质量管理模式
45		首都医科大学附属北京友谊医院	北京	信息化评价与综合目标管理相结合质量管理模式
46		天津市宝坻区人民医院	天津	管理与自我管理相结合的四级质量管理模式
47		华中科技大学同济医学院附属同济医院外科学系	湖北	基于KTQ（德国医疗认证）理念的质量管理模式
48	教育机构	福建船政交通职业学院	福建	"精益求精、密益求密"现代职业教育质量管理模式
49		云南大学附属中学	云南	基于"文理汇通、有无相生"教育理念的"星象互动"质量管理模式
50		合肥职业技术学院	安徽	人才、教研、教师、创业、社会一体的质量管理模式
51		江苏省南通师范学校第二附属小学	江苏	"以美激智、以爱导行"情境教育质量管理模式
52		太原市小店区晋阳街小学	山西	学校、家庭、考核一体的质量管理模式
53		广西纺织工业学校	广西	"以人为本、精细求实"质量管理模式
54	政府	宁波市人民政府	浙江	诚信、责任、创新、卓越
55		泰州市人民政府	江苏	祥泰之州，品质为尚
56		成都市人民政府	四川	质量至优、诚信至上
57	国防工业	中国核动力研究设计院	四川	"131"质量管理模式
58		中国船舶工业集团江南造船（集团）有限责任公司	上海	"百年信誉"质量管理模式
59		中国航天科工集团三十一研究所	北京	追求零缺陷的"四个两"一体化质量管理模式

（续）

序号	类别	组织名称	所在地	管理模式
60	国防工业	中国电子科技集团第四十三研究所	安徽	零缺陷质量管理的系统方法——集成化预防型质量管理模式
61		中国船舶重工集团公司第七二五研究所	河南	以"科技驱动、成果产业化"为核心的管理模式
62		解放军第四八零一工厂黄埔军械修理厂	广东	全寿命保障责任制、巡修项修并重、技术文件结构化质量全过程管控的质量管理模式
63	一线班组	上海航天设备制造总厂对接机构总装组	上海	"五零三化"质量管理模式
64		景德镇溁知味陶瓷文化有限公司胭脂红扒花班组	江西	豊瑶品牌胭脂红扒花班组质量管理模式
65		解放军第四七二三厂理化室非金属探索无限 QC 小组	河北	"双向思维主动预防式精准保障"质量管理模式
66		中核四〇四有限公司第四分公司一车间一组	甘肃	"四〇四"质量管理模式
67		中国兵器工业集团北京北方车辆集团有限公司工具液压分厂攻坚班	北京	追求"高品质、零误差"的精益质量管理模式
68		中国航天科工集团第二研究院第二总体设计部张奕群研究室	北京	面向空天防御导弹控制系统设计全流程的质量管控体系
69		许继集团有限公司换流阀班组	河南	以四阶段管理为核心，基于智慧制造 IMS 和精准管控 QMS 方法
70		北京奔驰汽车有限公司发动机工厂 M276 装配线外围班组	北京	基于奔驰"同一质量"体系的主动预防式质量管理
71		河北保定交通运输集团有限公司保定汽车总站郭娜陆地航空班	河北	"陆地航空+"特色、制度、方法、智能的客运站服务模式

表 C-14　第三届中国质量奖提名奖（个人）名单

序号	类别	姓名（职务/职称）	所在地	单位
1	个人	方文墨 高级技师、钳工	辽宁	沈阳飞机工业（集团）有限公司
2		洪刚 技师、部长助理	上海	上海外高桥造船有限公司加工部

（续）

序号	类别	姓名（职务/职称）	所在地	单位
3	个人	黄春燕 高级技师、主任	安徽	安徽博微长安电子有限公司
4		徐立平 特级技师、组长	陕西	中国航天科技集团第四研究院七四一六厂
5		王多明 高级技师	甘肃	中核四〇四有限公司
6		薛莹 技师	陕西	西安飞机工业（集团）有限责任公司
7		卢仁峰 高级技师	内蒙古	中国兵器工业集团内蒙古第一机械集团有限公司
8		崔蕴 车间主任	天津	天津航天长征火箭制造有限公司
9		曾正超 焊工	四川	中国十九冶集团有限公司

表 C-15 第四届中国质量奖提名奖（组织）名单

序号	行业	名称	所在地	质量管理模式
1	制造	徐工集团工程机械股份有限公司	江苏	徐工"技术领先、用不毁"助您成功质量管理模式
2		杭州海康威视数字技术股份有限公司	浙江	"基于创新创业创造的数智"质量管理模式
3		中国铁建重工集团股份有限公司	湖南	"双链双品"质量管理模式
4		长飞光纤光缆股份有限公司	湖北	双创驱动的质量管理模式
5		中国船舶重工集团公司第七〇二研究所	江苏	"谋深致远，奋斗最美"质量管理模式
6		中微半导体设备（上海）股份有限公司	上海	中微"三全、三重保险、三个满意"的质量管理模式
7		英飞凌科技（无锡）有限公司	江苏	卓越质量管理 3-2-1 模式
8		陕西汽车集团股份有限公司	陕西	基于"四新"引领的双循环智能质量管理模式
9		好孩子集团有限公司	江苏	好孩子"绝对安全、极致体验"的质量管理模式
10		联合利华（中国）投资有限公司	上海	"使命引领，契合未来"的管理模式

（续）

序号	行业	名称	所在地	质量管理模式
11	制造	中信重工机械股份有限公司	河南	"焦裕禄精神"驱动的重大装备高端定制质量管理模式
12		中车青岛四方机车车辆股份有限公司	山东	双驱动双循环的数字化质量管理模式
13		威高集团有限公司	山东	"以守护健康与尊严为己任的WEGO五携手"管理模式
14		中国电子科技集团公司第五十四研究所	河北	网络通信"一三三一"质量管理模式
15		万向钱潮股份有限公司	浙江	从田野走向世界的万向"四驱动、四个一"质量管理模式
16		宁波方太厨具有限公司	浙江	方太幸福质量管理模式
17		浙江吉利控股集团有限公司	浙江	打造自主核心能力的"梦想成真"品质经营管理模式
18		中兴通讯股份有限公司	广东	以客户为关注焦点的"智能至简"数字化质量管理模式
19		中车长春轨道客车股份有限公司	吉林	"一牵引、双驱动、三保障"质量管理模式
20		杭州制氧机集团股份有限公司	浙江	"大气行天下"需求和创新双驱动质量管理模式
21		内蒙古伊利实业集团股份有限公司	内蒙古	"三线促零"质量管理模式
22		青岛啤酒股份有限公司	山东	基于数字化端到端解码的魅力感知质量管理模式
23		益海嘉里金龙鱼粮油食品股份有限公司	上海	"世界品质 健康中国"的"四全一新"质量管理模式
24		江苏上上电缆集团有限公司	江苏	以"四个人人"为核心的全员质量绩效管理模式
25		太原钢铁（集团）有限公司	山西	精品为本、标准化为基、数字化为魂的"十化"质量管理模式
26		中国一重集团有限公司	黑龙江	"两制、两中心、五体系"的"225"质量管理模式
27		万华化学集团股份有限公司	山东	自主创新和卓越智造双轮驱动的一体化质量管理模式
28		南京玻璃纤维研究设计院有限公司	江苏	"三力协同，纤丝织造创新生态"质量管理模式

（续）

序号	行业	名称	所在地	质量管理模式
29	制造	晶能光电（江西）有限公司	江西	晶能光电六位一体自主创新质量管理模式
30		海南金盘智能科技股份有限公司	海南	采用数字化制造与卓越绩效管理相结合的质量管理模式
31		共享装备股份有限公司	宁夏	以"推进顾客成功"为核心的全数字化（TDM）管理模式
32		中国航空工业标准件制造有限责任公司	贵州	以数字制造为核心的质量管控技术管理模式
33		桂林南药股份有限公司	云南	基于"双循环+双驱动"的产品生命周期质量管理模式
34		隆基绿能科技股份有限公司	陕西	"隆基品牌质量屋"质量管理模式
35		中国一拖集团有限公司	河南	以"三个第一"为核心的质量管理模式
36		新疆众和股份有限公司	新疆	"五性"质量管理模式
37		中航光电科技股份有限公司	河南	"一次做好，零缺陷"为核心的全价值链质量管理模式
38		歌尔股份有限公司	山东	"4P6零"预见式质量管理模式
39		新华三技术有限公司	浙江	"以客户需求为核心、内在博弈驱动创新"的质量管理模式
40	服务	袁隆平农业高科技股份有限公司	海南	基于数字化的"双全双零"质量管理模式
41		科大讯飞股份有限公司	安徽	基于人工智能开放创新平台的赋能型质量管理模式
42		上海申通地铁集团有限公司	上海	"通向都市新生活"的地铁质量管理模式
43		广州金域医学检验集团股份有限公司	广东	以质量为生命的"健康哨兵"五维质量管理模式
44		苏州市东吴物业管理有限公司	江苏	"两高两引、四化融合、育人为先"的质量管理模式
45		盘锦市市直机关综合事务中心	辽宁	构建标准体系，提升机关事务治理效能质量管理模式
46		上海人才服务行业协会	上海	"四位一体"质量管理模式
47		江苏中洋集团股份有限公司	江苏	全产业链"渔天下"服务质量管理模式

（续）

序号	行业	名称	所在地	质量管理模式
48	工程建设	中国三峡建工（集团）有限公司白鹤滩工程建设部	四川	"精品工程+智能建造"双擎驱动白鹤滩质量管理模式
49	工程建设	陕西建工集团股份有限公司	陕西	以绩效为核心，融合"创新、品牌、人才、文化"为一体的质量管理模式
50	工程建设	江苏省江都水利工程管理处	江苏	水利枢纽"精细化"质量管理模式
51	工程建设	新疆生产建设兵团建设工程（集团）有限责任公司	新疆	绿色创新全产业链总承包质量管理模式
52	工程建设	中建材蚌埠玻璃工业设计研究院有限公司	安徽	四链融合的质量管理模式
53	教育机构	云南师范大学附属小学	云南	基于"三维六品"的"做人教育"质量管理模式
54	教育机构	江苏海门中等专业学校（南通市海门张謇职业技术学校）	江苏	张謇式"五大五生"职业教育质量管理模式
55	教育机构	青岛超银中学	山东	"点亮人生""和衡"素质教育质量管理模式
56	国防工业	中国电子科技集团公司第十四研究所	江苏	全周期数字化质量管理模式
57	国防工业	西安飞机工业（集团）有限责任公司	陕西	"172"质量管理模式
58	国防工业	成都飞机工业（集团）有限责任公司	四川	超越客户期望的敏捷响应质量管理模式
59	国防工业	威海拓展纤维有限公司	山东	"三驱动、三牵引"的拓展质量管理模式
60	国防工业	中国船舶重工集团应急预警与救援装备股份有限公司	湖北	全价值链精细化质量管理模式
61	中小企业	福建福光股份有限公司	福建	"两用技术"质量管理模式
62	中小企业	中航富士达科技股份有限公司	陕西	基于"道术结合"的三循环四路径质量管理模式
63	中小企业	浙江精诚模具机械有限公司	浙江	"让技术更艺术"的360°定制服务质量管理模式
64	中小企业	古浪县八步沙林场	甘肃	"以生命价值为最高追求，治养一体，接续发展，不断超越"的质量管理模式

（续）

序号	行业	名称	所在地	质量管理模式
65	中小企业	西藏昆氏文化产业发展有限公司	西藏	以诚信为核心的"勤政"质量管理模式
66		瀚高基础软件股份有限公司	山东	以创新为导向，以顾客为中心，以质量为基石的强融合质量管理模式
67	一线班组	深圳华大基因科技有限公司火眼项目组	广东	快速精准大规模检测服务质量保障管理模式
68		上海空间电源研究所载人航天电源系统班组	上海	"顶天立地"两翼九宫格创"心"质量管理模式
69		华中科技大学附属协和医院江汉方舱医院医疗团队	湖北	突发传染病疫情下方舱医院应急运营的"武汉协和"质量管理模式
70		中国科学院长春光学精密机械与物理研究所大口径碳化硅反射镜高精度制造团队	吉林	面向"三高"打造"三精"的质量管理模式
71		浙江大学医学院附属第二医院心血管内科	浙江	"希望和重生的灯塔"质量管理模式
72		中国航天科技集团有限公司第一研究院第十四研究所飞行器结构设计组	北京	基于"5S设计链"理念的质量管理模式
73		咸阳纺织集团一分厂纺部车间赵梦桃小组	陕西	勇于创新、甘于奉献、精准求精的梦桃精神质量管理模式
74		中国水利水电第四工程局有限公司试验中心白鹤滩试验班组	青海	以"五化为一体，技术创新提质增效"为导向的质量管理模式
75		中国空空导弹研究院引战部件组	河南	基于"一个基础、两条机制"全员全过程多元化质量管理模式
76		四川大学华西医院麻醉手术中心	四川	以"零失误"为核心的全程守护华西麻醉质量管理模式
77		中建三局集团有限公司火神山项目机电施工班组	湖北	以快速建造和精益建造为核心的质量管理模式
78		上海交通大学医学院附属瑞金医院内分泌代谢科	上海	以患者需求为驱动的七大体系内分泌疾病全程质量管理模式
79		嘉兴市南湖区行政审批局受理服务科	浙江	"三员六步七办"政务服务质量管理模式
80		重庆秋田齿轮有限责任公司党建项目创新工作室	重庆	以党建引领、"齿轮"传动的质量管理模式

表 C-16　第四届中国质量奖提名奖（个人）名单

序号	行业	姓名（职务/职称）	所在地	单位
1	个人	李万君 班长、高级技师	吉林	中车长春轨道客车股份有限公司
2		刘传健 副总飞行师	四川	四川航空股份有限公司
3		秦世俊 高级技师	黑龙江	哈尔滨飞机工业集团有限责任公司
4		许启金 启金工作室负责人、高级技师	安徽	国网安徽省电力有限公司宿州供电公司
5		董明珠 董事长兼总裁	广东	珠海格力电器股份有限公司
6		王水福 党委书记、董事长	浙江	西子联合控股有限公司
7		洪家光 工人、高级技师	辽宁	中国航发沈阳黎明航空发动机有限责任公司
8		李刚 主任电气师	天津	天津钢管制造有限公司
9		伍映方 技工	江西	靖安县靖窑陶瓷坊

附录 D

我国常见的产品认证

领域	类别	涉及范围
产品	中国强制性产品认证（3C认证）	3C强制性认证十七大类：电线电缆、电路开关及保护或连接用电器装置、低压电器、小功率电动机、电动工具、电焊机、家用和类似用途设备、电子产品及安全附件、照明电器、车辆及安全附件、农机产品、消防产品、安全防范产品、建材产品、儿童用品、防爆电气、家用燃气器具
产品	国外强制性产品认证	UL认证：美国针对涉及安全、卫生、环保问题的产品认证；认证产品范围包括电器、防火设备、防盗和信号装置等 CE认证：欧盟安全认证，被视为制造商打开并进入欧洲市场的护照 RoHS指令：欧盟发布的《关于限制在电子电气设备中使用某些有害物质的指令》，包括电磁兼容、低压电器、锅炉压力容器等10多个指令 PSE认证：日本电器安全认证，特定电气用品包括软电线、温度保险丝等112种产品，特定电气用品以外的电气产品包括电热拖鞋、电冰箱、超声波加湿器等340种产品 ETL认证：北美最具活力的安全认证，是出口美国及加拿大的电气、机械或机电等产品所需的认证 FCC认证：在美国、哥伦比亚地区销售的与生命财产有关的无线电和有线通信产品的安全性的一种认证 PCT认证：商品清单上的产品进入俄罗斯海关需出具的强制性产品认证

（续）

领域	类别	涉及范围
产品	自愿性产品认证	国外：GS 认证（德国自愿性的安全认证）、JIS 标志（日本涉及机械、电器、汽车、铁路、船舶、冶金、化工、纺织、矿山、医疗器械等几十个行业的自愿性认证）等 国内：CQC 认证（中国自愿性产品认证）、绿色产品标志、节能产品认证、节水产品认证、环境标志认证、低碳产品认证、城市轨道交通装备认证、农机产品认证、信息安全认证等
生产	生产许可证	实行生产许可证制度的工业产品目录重点包括以下五大类：一是乳制品、肉制品、饮料、米、面、食用油、酒等直接关系人体健康的加工食品；二是电热毯、压力锅、燃气热水器等可能危及人身、财产安全的产品；三是防伪验钞机、卫星电视广播地面接收设备等关系金融和通信质量安全的产品；四是安全网、安全帽等保障劳动安全的产品；五是电力铁塔、桥梁支座、铁路工业产品、危险化学品及其包装物、容器等影响生产安全、公共安全的产品等
经营	经营许可证	我国经营许可证一般包括以下十一类：网络文化经营许可证、广告经营许可证、煤炭经营许可证、医疗器械经营许可证、药品经营许可证、道路运输经营许可证、网吧经营许可证、文化经营许可证、食品经营许可证、危险化学品经营许可证、烟花爆竹经营许可证

附录 E

常见管理体系认证

体系认证名称	涉及领域	采用标准
质量管理体系认证	质量	ISO 9001（GB/T 19001）
汽车工业质量管理体系认证	质量	IATF 16949（原 TS 16949）
医疗器械质量管理体系认证	质量	ISO 13485
航空航天质量管理体系认证	质量	AS 9100
通信行业质量管理体系认证	质量	TL 9000
军工产品质量管理体系认证	质量	GJB 9001
石化行业质量管理体系认证	质量	ISO/TS 29001
工程建设施工企业质量管理体系认证	质量	GB/T 50430
环境管理体系认证	环境	ISO 14001（GB/T 24001）
职业健康安全管理体系认证	职业健康	ISO 45001（GB/T 28001）
能源管理体系认证	能源	ISO 50001（GB/T 23331）
社会责任管理体系认证	社会责任	ISO 26000（原 SA 8000）

（续）

体系认证名称	涉及领域	采用标准
食品安全管理体系认证	食品	ISO 22000（GB/T 22000）
HACCP 认证	食品生产	《危害分析和关键控制点（HACCP）体系及其应用准则》
信息安全管理体系认证	信息	ISO/IEC 27001
IT 服务管理体系认证	信息	ISO 20000-1（GB/T 24405.1）
商品售后服务评价体系认证	商业	GB/T 27922
培训管理体系认证	人力资源	ISO 10015
知识产权管理体系认证	知识产权	GB/T 29490
供应链安全管理体系认证	供应链	ISO/PAS 28000（反恐认证）
企业诚信管理体系认证	企业诚信	ICE 8000（GB/T 31950）
食品工业企业诚信管理体系	食品工业	GB/T 33300
危险物品进程管理体系认证	电子产品	QC 08000

参考文献

[1] 中华人民共和国国家质量监督检验检疫总局. 卓越绩效评价准则：GB/T 19580—2012 [S]. 北京：中国标准出版社，2012.

[2] 雷恩，贝德安. 管理思想史：第 6 版 [M]. 孙健敏，黄小勇，李原，译. 北京：中国人民大学出版社，2012.

[3] 迪尔，肯尼迪. 新企业文化：重获工作场所的活力 [M]. 孙健敏，黄小勇，李原，译. 北京：中国人民大学出版社，2015.

[4] 北京市质量技术监督局，中国矿业大学（北京）. 政府质量奖导读 [M]. 北京：中国质检出版社，2016.

[5] 天津市市场和质量监督管理委员会. 天津质量奖：标准与案例 [M]. 天津：天津社会科学院出版社，2018.

[6] 贾夏帕拉. 知识管理：一种集成方法：第 2 版 [M]. 安小米，等译. 北京：中国人民大学出版社，2013.

[7] 韦斯特兰. 全球创新管理：一种战略方法 [M]. 宋伟，等译. 合肥：中国科学技术大学出版社，2017.

[8] 格尔根. 公司治理 [M]. 王世权，杨倩，侯君，等译. 北京：机械工业出版社，2014.

[9] 明茨伯格，阿尔斯特兰德，兰佩尔. 战略历程：穿越战略管理旷

野的指南：原书第 2 版 [M]. 魏江，译. 北京：机械工业出版社，2012.

[10] 毕意文，孙永玲. 平衡计分卡中国战略实践 [M]. 2 版. 北京：机械工业出版社，2009.

[11] 安索夫. 战略管理 [M]. 邵冲，译. 北京：机械工业出版社，2010.

[12] 中国质量协会，卓越国际质量研究中心. 卓越绩效模式理解与实施指南 [M]. 北京：中国标准出版社，2005.

[13] 埃文斯，林赛. 质量管理与质量控制：第 7 版 [M]. 焦叔斌，译. 北京：中国人民大学出版社，2010.

推荐阅读

中文书名	作者	书号	定价
公司理财（原书第11版）	斯蒂芬 A. 罗斯（Stephen A. Ross）等	978-7-111-57415-6	119.00
财务管理（原书第14版）	尤金 F. 布里格姆（Eugene F. Brigham）等	978-7-111-58891-7	139.00
财务报表分析与证券估值（原书第5版）	斯蒂芬·佩因曼（Stephen Penman）等	978-7-111-55288-8	129.00
会计学：企业决策的基础（财务会计分册）（原书第17版）	简 R. 威廉姆斯（Jan R. Williams）等	978-7-111-56867-4	75.00
会计学：企业决策的基础（管理会计分册）（原书第17版）	简 R. 威廉姆斯（Jan R. Williams）等	978-7-111-57040-0	59.00
营销管理（原书第2版）	格雷格 W. 马歇尔（Greg W. Marshall）等	978-7-111-56906-0	89.00
市场营销学（原书第12版）	加里·阿姆斯特朗（Gary Armstrong），菲利普·科特勒（Philip Kotler）等	978-7-111-53640-6	79.00
运营管理（原书第12版）	威廉·史蒂文森（William J. Stevens）等	978-7-111-51636-1	69.00
运营管理（原书第14版）	理查德 B. 蔡斯（Richard B. Chase）等	978-7-111-49299-3	90.00
管理经济学（原书第12版）	S. 查尔斯·莫瑞斯（S. Charles Maurice）等	978-7-111-58696-8	89.00
战略管理：竞争与全球化（原书第12版）	迈克尔 A. 希特（Michael A. Hitt）等	978-7-111-61134-9	79.00
战略管理：概念与案例（原书第10版）	查尔斯 W. L. 希尔（Charles W. L. Hill）等	978-7-111-56580-2	79.00
组织行为学（原书第7版）	史蒂文 L. 麦克沙恩（Steven L. McShane）等	978-7-111-58271-7	65.00
组织行为学精要（原书第13版）	斯蒂芬 P. 罗宾斯（Stephen P. Robbins）等	978-7-111-55359-5	50.00
人力资源管理（原书第12版）（中国版）	约翰 M. 伊万切维奇（John M. Ivancevich）等	978-7-111-52023-8	55.00
人力资源管理（亚洲版·原书第2版）	加里·德斯勒（Gary Dessler）等	978-7-111-40189-6	65.00
数据、模型与决策（原书第14版）	戴维 R. 安德森（David R. Anderson）等	978-7-111-59356-0	109.00
数据、模型与决策：基于电子表格的建模和案例研究方法（原书第5版）	弗雷德里克 S. 希尔尔（Frederick S. Hillier）等	978-7-111-49612-0	99.00
管理信息系统（原书第15版）	肯尼斯 C. 劳顿（Kenneth C. Laudon）等	978-7-111-60835-6	79.00
信息时代的管理信息系统（原书第9版）	斯蒂芬·哈格（Stephen Haag）等	978-7-111-55438-7	69.00
创业管理：成功创建新企业（原书第5版）	布鲁斯 R. 巴林格（Bruce R. Barringer）等	978-7-111-57109-4	79.00
创业学（原书第9版）	罗伯特 D. 赫里斯（Robert D. Hisrich）等	978-7-111-55405-9	59.00
领导学：在实践中提升领导力（原书第8版）	理查德·哈格斯（Richard L. Hughes）等	978-7-111-52837-1	69.00
企业伦理学（中国版）（原书第3版）	劳拉 P. 哈特曼（Laura P. Hartman）等	978-7-111-51101-4	45.00
公司治理	马克·格尔根（Marc Goergen）	978-7-111-45431-1	49.00
国际企业管理：文化、战略与行为（原书第8版）	弗雷德·卢森斯（Fred Luthans）等	978-7-111-48684-8	75.00
商务与管理沟通（原书第10版）	基蒂 O. 洛克（Kitty O. Locker）等	978-7-111-43944-8	75.00
管理学（原书第2版）	兰杰·古拉蒂（Ranjay Gulati）等	978-7-111-59524-3	79.00
管理学：原理与实践（原书第9版）	斯蒂芬 P. 罗宾斯（Stephen P. Robbins）等	978-7-111-50388-0	59.00
管理学原理（原书第10版）	理查德 L. 达夫特（Richard L. Daft）等	978-7-111-59992-0	79.00

推荐阅读

中文书名	作者	书号	定价
创业管理（第4版）（"十二五"普通高等教育本科国家级规划教材）	张玉利等	978-7-111-54099-1	39.00
创业八讲	朱恒源	978-7-111-53665-9	35.00
创业画布	刘志阳	978-7-111-58892-4	59.00
创新管理：获得竞争优势的三维空间	李宇	978-7-111-59742-1	50.00
商业计划书：原理、演示与案例（第2版）	邓立治	978-7-111-60456-3	39.00
生产运作管理（第5版）	陈荣秋，马士华	978-7-111-56474-4	50.00
生产与运作管理（第3版）	陈志祥	978-7-111-57407-1	39.00
运营管理（第4版）（"十二五"普通高等教育本科国家级规划教材）	马风才	978-7-111-57951-9	45.00
战略管理	魏江等	978-7-111-58915-0	45.00
战略管理：思维与要径（第3版）（"十二五"普通高等教育本科国家级规划教材）	黄旭	978-7-111-51141-0	39.00
管理学原理（第2版）	陈传明等	978-7-111-37505-0	36.00
管理学（第2版）	郝云宏	978-7-111-60890-5	45.00
管理学高级教程	高良谋	978-7-111-49041-8	65.00
组织行为学（第3版）	陈春花等	978-7-111-52580-6	39.00
组织理论与设计	武立东	978-7-111-48263-5	39.00
人力资源管理	刘善仕等	978-7-111-52193-8	39.00
战略人力资源管理	唐贵瑶等	978-7-111-60595-9	45.00
市场营销管理：需求的创造与传递（第4版）（"十二五"普通高等教育本科国家级规划教材）	钱旭潮	978-7-111-54277-3	40.00
管理经济学（"十二五"普通高等教育本科国家级规划教材）	毛蕴诗	978-7-111-39608-6	45.00
基础会计学（第2版）	潘爱玲	978-7-111-57991-5	39.00
公司财务管理：理论与案例（第2版）	马忠	978-7-111-48670-1	65.00
财务管理	刘淑莲	978-7-111-50691-1	39.00
企业财务分析（第3版）	袁天荣	978-7-111-60517-1	49.00
数据、模型与决策	梁樑等	978-7-111-55534-6	45.00
管理伦理学	苏勇	978-7-111-56437-9	35.00
商业伦理学	刘爱军	978-7-111-53556-0	39.00
领导学：方法与艺术（第2版）	仵凤清	978-7-111-47932-1	39.00
管理沟通：成功管理的基石（第3版）	魏江等	978-7-111-46992-6	39.00
管理沟通：理念、方法与技能	张振刚等	978-7-111-48351-9	39.00
国际企业管理	乐国林	978-7-111-56562-8	45.00
国际商务（第2版）	王炜瀚	978-7-111-51265-3	40.00
项目管理（第2版）（"十二五"普通高等教育本科国家级规划教材）	孙新波	978-7-111-52554-7	45.00
供应链管理（第5版）	马士华等	978-7-111-55301-4	39.00
企业文化（第3版）（"十二五"普通高等教育本科国家级规划教材）	陈春花等	978-7-111-58713-2	45.00
管理哲学	孙新波	978-7-111-61009-0	49.00
论语的管理精义	张钢	978-7-111-48449-3	59.00
大学·中庸的管理释义	张钢	978-7-111-56248-1	40.00

推荐阅读

中文书名	作者	书号	定价
供应链管理（第5版）	马士华等	978-7-111-55301-4	39.00
供应链管理（第2版）	王叶峰	978-7-111-52425-0	35.00
供应链物流管理（原书第4版）	唐纳德 J. 鲍尔索克斯（Donald J. Bowersox）等	978-7-111-45565-3	59.00
供应链物流管理（英文版·原书第4版）	唐纳德 J. 鲍尔索克斯（Donald J. Bowersox）等	978-7-111-47345-9	59.00
物流学	舒辉	978-7-111-49905-3	40.00
物流管理概论	王勇	978-7-111-54639-9	35.00
现代物流管理概论	胡海清	978-7-111-58576-3	39.00
物流经济学（第2版）	舒辉	978-7-111-50312-5	35.00
采购与供应链管理（原书第9版）	肯尼斯·莱桑斯（Kenneth Lysons）等	978-7-111-59951-7	89.00
采购与供应管理（原书第13版）	米歇尔 R. 利恩德斯（Michiel R. Leenders）等	978-7-111-27379-0	65.00
物流系统规划与设计	陈德良	978-7-111-54660-3	35.00
物流系统规划与设计：理论与方法	王术峰	978-7-111-58897-9	39.00
运输管理	王术峰	978-7-111-59221-1	39.00
电子商务物流	刘常宝	978-7-111-60671-0	35.00
电子商务物流管理（第2版）	杨路明	978-7-111-44294-3	39.00
社交商务：营销、技术与管理	埃弗雷姆·特班（Efraim Turban）等	978-7-111-59548-9	89.00
电子商务安全与电子支付（第3版）	杨坚争等	978-7-111-54857-7	35.00
网上支付与电子银行（第2版）	帅青红等	978-7-111-50024-7	35.00
区块链技术与应用	朱建明	978-7-111-58429-2	49.00
企业资源计划（ERP）原理与实践（第2版）	张涛	978-7-111-50456-6	36.00
ERP原理与实训：基于金蝶K/3 WISE平台的应用	王平	978-7-111-59114-6	49.00
SAP ERP原理与实训教程	李沁芳	978-7-111-51488-6	39.00
企业资源计划（ERP）原理与沙盘模拟：基于中小企业与ITMC软件	刘常宝	978-7-111-52423-6	35.00
商业数据分析	杰弗里 D. 坎姆（Jeffrey D. Camm）等	978-7-111-56281-8	99.00
新媒体营销：网络营销新视角	**戴鑫**	978-7-111-58304-2	55.00
网络营销（第2版）	杨路明	978-7-111-55575-9	45.00
网络营销	乔辉	978-7-111-50453-5	35.00
网络营销：战略、实施与实践（原书第5版）	戴夫·查菲（Dave Chaffey）等	978-7-111-51732-0	80.00
生产运作管理（第5版）	陈荣秋，马士华	978-7-111-56474-4	50.00
生产与运作管理（第3版）	陈志祥	978-7-111-57407-1	39.00
运营管理（第4版）"十二五"普通高等教育本科国家级规划教材	马风才	978-7-111-57951-9	45.00
运营管理（原书第12版）	威廉·史蒂文森（William J. Stevens）等	978-7-111-51636-1	69.00
运营管理（英文版·原书第11版）	威廉·史蒂文森（William J. Stevens）等	978-7-111-36895-3	55.00
运营管理（原书第14版）	理查德 B. 蔡斯（Richard B. Chase）等	978-7-111-49299-3	90.00
运营管理基础（原书第5版）	马克 M. 戴维（Mark M. Davis）等	978-7-111-46650-5	59.00